우리가 영화를
—— 만듭니다

- 이 책의 인터뷰 내용은 2020년부터 2021년까지 한국영상자료원 교육 프로그램으로 진행한 '스텝 바이 스태프'와 '영화 사(社)생활'을 재구성한 것이다. '스텝 바이 스태프'는 서울시립청소년미디어센터 스스로넷과 한국영상자료원이 공동으로 진행했다. '스텝 바이 스태프'는 김세연·김이현·문병진, '영화 사(社)생활'은 박은비가 기획과 진행을 맡았다.

- '바이어 편: 유현택(그린나래미디어)', '마케터 편: 강효미·이윤정(퍼스트룩)', '영화제 프로그래머 편: 김영덕(BIFAN 수석 프로그래머)'의 인터뷰는 '영화 사(社)생활'(2020)에서 추계예술대학교 영상비즈니스과 교수 김은영이 진행했고, 그 외 인터뷰는 '스텝 바이 스태프'(2020~2021)를 통해 《씨네21》 기자 이다혜가 진행했다.

- 이 책의 기획과 구성, 책임편집은 한국영상자료원 학예연구팀장 정종화, 연구원 이수연이 맡았다.

- 이 책의 필자로 김혜선과 이다혜가 참여했다. 김혜선은 영화 제작 과정과 각 파트의 역할을 소개하는 글을 작성하였고, 이다혜는 인물해제를 쓰고 인터뷰 원고를 재구성하였다.

- 책에 등장하는 영화의 작품명과 연도는 한국영상자료원 한국영화데이터베이스(KMDb)를 따랐다. 감독명과 개봉 연도는 각 장마다 해당 영화가 맨 처음, 주요하게 언급될 때 (감독명, 개봉 연도) 형태로 병기했다. 감독명, 개봉 연도, 배우 이름 등 영화 관련 정보는 (   ) 안에 표기하되, 본문 괄호와 구분되도록 작은 글씨로 표기하였다.

- 맞춤법과 띄어쓰기는 국립국어원의 《표준국어대사전》을 따랐다. 논문 및 영화 등의 작품명은 〈 〉, 문헌이나 저서명·정기간행물(학회지 포함)·신문명은 《 》, 직접 인용은 " ", 강조 및 간접 인용은 ' '로 표기했다.

- 인명이나 지명은 국립국어원의 외래어 표기용례를 따랐다. 단, 널리 알려진 이름이나 표기가 굳어진 명칭은 그대로 사용했다.

- 인터뷰 질문 중 교육 참가자들에게 사전에 신청 받은 질문과 현장에서 나온 질문은 음영이 들어간 글자로 표기하였다.

제작자 감독 촬영감독
시나리오 작가

영화계 직업 탐구

우리가 영화를
___ 만듭니다

프로덕션 디자이너
VFX 아티스트
바이어 편집감독
사운드 디자이너
특 수 분 장 사
영화제 프로그래머
포스터디자이너
영화 번역가

김혜선 · 이다혜 지음
한국영상자료원 엮음

앨피

'한국영상자료원'은 한국의 영화문화를 한층 더 풍요롭게 만들기 위해 노력하는 국가기관입니다. 영상자료원의 직원들은 영화를 사랑하는 모든 사람이 시네마테크KOFA, 한국영화박물관, 영상도 서관이라는 특별한 공간을 통해 영화는 물론 관련한 모든 자료를 편하게 만나고 뜻깊게 향유할 수 있도록 최선을 다하고 있습니다. 이러한 영상자료원의 임무 중에서 가장 중요한 것이 바로 영화교 육입니다. 이 사업은 영화를 보고 전시를 감상하고 영화 책을 읽는 이들의 궁금증을 해결해 주고, 더 나아가 연출부터 비평까지 영화 와 관련된 공부를 하고 싶은 사람들을 체계적으로 돕고 있습니다.

영상자료원은 한국영화 100주년을 맞은 2019년부터 영화교육 사 업을 본격적으로 펼쳤습니다. 이전에도 영화관의 상영 프로그램 이나 박물관의 전시와 연계하여 여러 강좌를 진행했지만, 2019년 영화교육의 중요성을 재차 인식하고 사업을 더 확장할 수 있도록 모색하기 시작했습니다. 공공기관의 뻔한 살림에 표면적으로 사 업 확대이지 실은 교육 담당자들이 일당백으로 최선을 다해 준 덕분에 어린이, 청소년, 성인 등 전 계층을 대상으로 하는 다채로운 프로그램들이 기획되고 운영될 수 있었습니다. 특히 2020년부터 찾아온 팬데믹의 혼란 속에서도 신속하게 온라인 교육을 시도해 2년 만에 다른 기관들이 노하우를 물어볼 정도로 안정적인 교육을 수행하게 되었습니다.

영상자료원이 무엇보다 중요하게 생각하는 교육 대상은 중고등학생 청소년 그리고 대학생을 포함한 후기청소년 세대입니다. 미디어 지형이 한층 더 복잡해진 시대, 영화라는 매체에 한 번 더 관심을 가지고 좀 더 많은 인력이 한국영화계에서 일하게 되기를 바라기 때문입니다. 또한 꼭 영화 일을 선택하지 않더라도 수많은 영상이 흘러넘치는 세상에서 스스로 생각하고 판단하는 힘을 기를 수 있도록 돕는 것도 우리 교육의 중요한 임무라고 생각합니다. 이 책은 지난 2년간 영상자료원이 교육 프로그램으로 진행한 '스텝 바이 스태프Step by Staff'와 '영화 사(社)생활'에서 가장 중요한 내용만을 엄선해서 구성했습니다. 이 책을 통해 영화라는 매력적인 직업을 꿈꾸는 청소년들이 많아지길 바라고, 앞으로 이들이 영상자료원의 영원한 친구가 되어 주길 희망합니다.

이 책이 나오기까지 많은 이들의 노고가 있었습니다. 지난 2년간 영상자료원과 함께 '스텝 바이 스텝'를 진행한 서울시립청소년 미디어센터 '스스로넷', 영상자료원의 교육 프로그램에 선뜻 재능을 기부해 준 많은 영화인들, 영화교육의 중요성에 공감하고 열정적으로 일한, 또 이 책을 기획하고 세상에 나올 수 있도록 준비한 학예연구팀의 직원들에게 감사의 뜻을 전합니다. 그리고 영상자료원의 교육 프로그램에 참가해 준 분들께 다시 한 번 감사의 인사를 전합니다. 앞으로도 영상자료원은 영화교육 사업에 최선을 다하겠습니다. 많은 관심과 독려를 바랍니다.

2021년 12월
한국영상자료원 원장 주진숙

차례

1부 영화 만들기

2부 영화와 관객 잇기

영화를 직업으로 삼는다는 것

한국영화는 1919년생이다. 1919년 단성사에서 상연한, 영화와 공연이 결합된 연쇄극 〈의리적 구토〉(김도산, 1919)를 한국영화의 시작으로 보기 때문이다. 태어난 지 100년이 조금 넘은 셈인데, 그 사이 한국영화의 성장세는 사뭇 가팔랐다. 사람으로 치면 '드라마틱한 성공 신화'의 주인공이라고 해도 좋겠다. 최근 다방면의 사례들이 이를 증명하고 있다. 2000년대 초반까지만 해도 한국영화는 세계 영화계에서 낯선 존재였다. 그러나 탄생 100주년을 맞은 2019년, 영화 〈기생충〉(봉준호, 2019)이 칸영화제에서 황금종려상을 수상했다. 〈기생충〉은 이듬해인 2020년에도 기세를 몰아 아카데미 시상식에서 작품상을 포함하여 4개 부문을 휩쓸었다. 2021년에는 배우 윤여정의 아카데미 여우조연상 수상도 이어졌다. 영화 〈수상한 그녀〉(2013), 〈남한산성〉(2017)의 황동혁 감독과 한국영화 스태프들이 대거 참여한 2021년 넷플릭스 오리지널 시리즈 〈오징어게임〉(황동혁,

2021)은 전 세계의 호응을 얻으며 하나의 문화현상이 되었다. 연이은 한국 영화인들의 활약으로 한국영화 산업, 감독과 스태프, 배우들에게 스포트라이트가 쏟아졌다. 설익은 신인들의 행운이 아니라 무르익을 대로 무르익은 이들의 실력이 증명된 덕분에 세계 영화계에서 한국영화의 위상은 놀랄 만큼 급부상했다.

　한국영화 산업은 규모 면에서도 2020년 팬데믹 직전까지 이미 큰 성장을 기록했다. 2019년 한국영화 산업 규모는 역대 최대인 6조 1,772억 원, 관객 수 역시 최대인 2억 2,688만 명이었으니 말이다. 그해 박스오피스에서는 한국영화와 수입 외화를 포함해 '천만 관객'이 든 영화가 다섯 편(〈극한직업〉(이병헌, 2018), 〈어벤져스: 엔드게임〉(앤서니 루소·조 루소, 2019), 〈겨울왕국 2〉(크리스 벅·제니퍼 리, 2019), 〈알라딘〉(가이 리치, 2019), 〈기생충〉)이나 쏟아졌다. 물론 대작 영화에 편중된 탓에 한국영화 제작 환경의 부익부 빈익빈이 심화되고, 소재와 장르가 한정적이며, 전반적인 완성도 역시 하향평준화되고 있다는 우려도 있었다. 그럼에도 불구하고 〈벌새〉(김보라, 2018), 〈우리집〉(윤가은, 2019), 〈메기〉(이옥섭, 2018), 〈윤희에게〉(임대형, 2019) 등 호평 받은 독립예술영화들의 약진이 잇따르면서 새로운 물결에 대한 희망도 가질 수 있었다.

2020년 등장한 코로나19 바이러스는 인류의 삶 구석구석을 변화시켰다. 한 편의 영화가 관객을 만나기까지 기획·제작·배급·상영의 과정을 거치도록 구조화되어 있던 전 세계 영화산업도 그 변화를 피할 수 없었다. 한국영화 산업 역시 같은 상황에 처해 있다. 바이러스 때문에 힘겨워진 극장 생태계, 재난을 기회로 포착한 글로벌 미디어 플랫폼 사이에서 어떤 슬기로운 선택을 해야 할지 고민 중이다. 하지만 변하지 않은 것도 있다. 우리는 여전히 새로운 영화가 보고 싶고, 팬데믹 와중에도 조심스레 극장에 간다. 그 수가 줄긴 했지만 극장은 사라지지 않고 있다. 제작 편수와 개봉 편수가 줄어들긴 했으나 영화도 계속 만들어진다. 영화는 멈추지 않고 있는 것이다.

한국영화 산업은 여전히 전통적인 방식으로 움직인다. 제작사는 투자배급사의 자본을 받아서 영화를 만든다. 좋은 시나리오를 개발하고 감독과 배우 및 주요 스태프들을 캐스팅한다. 예정된 촬영 스케줄 안에서 최선을 다해 촬영하고 공들여 후반작업을 마친다. 투자배급사는 그렇게 만들어진 영화를 극장·OTT[#]·인터넷·부가시장 등으로 분배해서 상영한다(OTT의 영향력이 팬데믹 이전보다 훨씬 커지고 극장 개봉의 영향력은 줄어들고 있다는 차이는 있지만). 그 결과로 얻은 수익을 제작사와 나눈다. 제작사와 배급사는 그 수익을 다시 새로운 영화 제작에 재투자한다. 영화산업은 이렇듯 돌고 도는 자본을 에너지원으로 삼는 거대한 생명체다. 다만, 이 생명체

[#] 'Over The Top'의 줄임말. 'top'은 셋톱박스를 가리킨다. 즉, '셋톱박스를 넘어선 어떤 것'을 의미한다. 전파나 케이블을 통한 기존의 TV 서비스와 달리, 범용 인터넷망을 통해 영상 콘텐츠를 제공하는 동영상 서비스를 말한다. 구글 유튜브, 넷플릭스, 애플TV, 디즈니플러스, 아마존 프라임 비디오, 왓챠, 웨이브, 티빙, 카카오TV, 쿠팡플레이 등이 있다

가 코로나19로 인해 변이를 일으키고 있다는 점은 부인할 수 없다. 21세기 영화산업 내부에서 콘텐츠와 미디어의 크로스오버가 더욱 가속화되고 있기 때문이다. 영화와 드라마를 동시에 제작하는 영화제작사와 배급사가 급격히 늘어나고 있다. 영화 현장의 전문가들은 드라마 현장에서도 '영화 같은 드라마'를 만들어 내며 그 실력을 인정받고 있다.

중요한 건 이렇게 들끓는 에너지로 꽉 차 있는 한국영화 산업이 어느 때보다도 뜨겁게 주목받고 있다는 사실이다. 잠재력이 무궁무진한 인재들의 놀이터이자 전 세계 영화계가 흥미롭게 지켜보는 엔터테인먼트이자 트렌드로서 말이다. 한국영화 산업의 다양한 분야에서 활약하는 전문가들은 불과 4, 5년 전과는 현격하게 다른 대우와 관심을 받는다. 우리는 어느새 한국영화 산업 안에서 진로를 찾으면 세계로 진출할 가능성도 높은 시대를 살고 있다. 영화계에 진입할 새로운 세대에게 구체적인 직업을 소개하고 안내할 필요성은 그래서 더욱 커진다. 과거엔 존재 자체가 드물었던 롤 모델이 이제는 한국영화의 각 분야에 다양하게 포진해 있다. 이런 때야말로 새로운 미래를 그리며 스스로에게 투자해야 하는 시기다.

이 책에서는 한국영화계의 직업군을 '기획', '제작 현장', '후반작업', '배급 및 마케팅', '글로벌' 등 다섯 개 부문으로 나눴다. 각 부문에서 현재 왕성한 활동을 펼치고 있는 이들 가운데 각 직업군을 자세히 설명해 줄 만한 전문가를 선정했다. 아무것도 모르던 어린 시절을 거쳐 흥미진진한 현장 경험을 하고, 각 분야에서 한 획을 그을 만한 뛰어난 결과물을 만든 이들이다. 영화와 관련된 일을 직업으로 삼는다는 것의 의미, 도달할 수 있는 목표, 영화계의 진짜 워라밸work-life balance(!)까지, 막 꿈을 꾸기 시작한 이들에게 솔직하고 진심 어린 조언을 전한다. 어떻게 시작하고, 어디까지 나아갈 수 있을지 함께 생각해 볼 수 있을 것이다. 물론 이 책의 전문가 인터뷰에서 소개된 직업 외에도 영화계에는 훨씬 더 많은 직업이 있다. 다섯 개 부문마다 중요하게 활약하는 직업군을 일별하고 자세한 해설을 덧붙였다.

　좋아서 하는 일, 좋아해서 더 잘하고 싶은 일. 그런 일을 만나는 것은 행운이다. 어쩌면 영화가 그런 일일 수도 있다. 비효율적인 업무 과정에서 소모되고, 누군가의 무례를 속수무책으로 견디고, 엉뚱한 곳에서 문제가 터지고, 노력 대비 초라한 성과에 스트레스를 받는 등 '모든 직업의 A to Z'가 영화라는 일 안에도 존재한다. '영화 보기'라는 취미를 확장시켜 '영화 만들기'를 직업으로 택한 사람들이 이미 겪은 일이다. 중요한 건 그들이 '누구보다 영화를 좋아하는 마음'에서 머물지 않았다는 것이다. 안온한 경계에서 한 걸음 나아가 영화 안으로 스스로를 던졌다. 경험하고 이해하면서 내가 잘할 수 있는 일이 무얼까 궁금해했고, 각자의 방식으로 그 방법을 찾았다.

　영화인으로서의 미래를 탐구하고 싶은 친구들이라면 궁금할 것이다. '나는 뭘 할 수 있을까?', 아니 '내가 뭘 좋아하는지 나도 잘 모르겠는데 영화계 전문가들은 언제, 어떻게 영화를 좋아하게 되었을까?', '영화감독이 되겠다거나, 시나리오 작가로 살고 싶다거나, 촬영감독이 되고 싶다고 어떻게 맘먹었을까?' 결정적으로 '어떻게 그 일을 시작했을까?' 그런 질문에 정답을 말해 줄 순 없지만, 답을 유추할 수 있는 다양한 사례를 제시할 수는 있다. 영화의 '빛나는 순간'에 끌려서 그 안에 몸담을 방법을 찾은 이들이 직접 들려주는 이야기를 통해서.

1부
영화 만들기

지금 이 순간에도 대한민국의 많은 제작사들은 새로운 영화의 소재가 될 참신한 아이템을 찾고 있다. 수많은 시나리오 작가들은 오늘도 노트북 앞을 떠나지 못한다. 전국의 수많은 촬영장과 숨은 명소에서는 계속 영화가 촬영되고 있다. 후반작업 업체들은 한국영화의 완성도를 높일 기술을 개발하고 실행 중이다.

그렇다. 모든 것은 연결돼 있다. 영화는 기획, 제작, 후반작업의 전문가들이 서로를 가이드하고 보완하면서 완성된다. 그들 모두는 영화에 대한 애정과 동료에 대한 책임감을 갖고 하나의 목표를 향해 일한다. 1부에 소개된 직업들이 마음에 든다면, 그래서 한번 도전해 보고 싶다면 이 사실을 꼭 기억하자.

Part 1

영화 기획

영화 밑그림 그리기

영화를 보는 것은 지극히 개인적인 나만의 체험이다. 좋은 영화에는 나 혼자 만끽하고 싶은 순간과 감정이 있으니까. 하지만 때로는 영화를 보고 누군가와 대화를 나눔으로써 더 큰 것을 얻을 수도 있다. 친구, 선후배, 가족, 선생님과 함께. 학교 수업 때문이든 취미로든, 온라인에서든 오프라인에서든. 그렇다면 영화에 대해 이야기할 때 가장 즐거운 순간은 언제일까? 그 영화가 왜 좋고 싫은지, 주인공의 액션과 표정이 얼마나 멋있거나 형편없는지 떠올리고 얘기하는 순간이 아닐까? '주인공이 영화 초반에 찾아가는 서점에 꼭 한번 가 보고 싶어', '주인공 친구가 타고 다니던 스케이트보드 완전 멋있지?' 이런 얘기들을 나누면서 촬영 장소를 검색하거나 비슷한 물건을 사려고 인터넷쇼핑을 할 때일 수도 있다. 영화의 배경이 되는 역사적 사건이 실제로는 어떻게 전개됐는지 궁금해서 책을 뒤져 보다가 가족이나 선생님께 물어볼 수도 있고, 실화에 기초한 영화라면 실존 인물들의 근황이 궁금해서 뉴스를 찾아볼 수도 있겠다. '악당이랑 만난 순간 주인공의 태도와 대사가 아주 좋았어', '솔직히 엔딩은 용두사미야' 등 한 편의 영화를 두고 나눌 수 있는 얘기는 꼬리에 꼬리를 물 것이다.

이게 영화 기획과 무슨 상관이냐고? 영화를 기획하는 일은 이런 생각 하나하나를 소중히 여기는 일이다. 더불어 장차 영화를 볼 관객들이 이런 생각들을 또다시 할 수 있게 만드는 일이다. 좋은 아이디어를 발전시켜 영화로 만들고 싶은가? 그 아이디어는 어떤 이야기로 구체화시킬 수 있을까? 세세하게 완성되어 가는 이야기 속에 어떤 즐거움과 의미를 담길 원하나? 영화 '기획'은 영화라는 큰 그림의 밑그림을 그리는 단계다.

엔지니어의 사고와 아티스트의 심장을

영화 기획 단계에서 대표적으로 활약하는 이들은 제작자와 프로듀서다. 제작자는 영화를 만드는 제작사의 대표로, 사실상 한 편의 영화를 기획부터 개봉까지 총괄한다. 시나리오를 개발하고, 필요한 제작비를 투자받기 위해 동분서주하며, 그 시나리오를 영화화하는 과정에서 실제 진행을 맡을 프로듀서를 찾는다. 프로듀서는 제작자가 운영하는 제작사에 소속되거나 일시적으로 고용되어 제작자의 지휘를 받는다. 규모가 작은 영화는 제작자가 프로듀서를 겸하는 경우도 많다. 기획 단계에서 프로듀서는 제작자와 긴밀히 논의하면서 감독과 주연 배우, 주요 스태프의 캐스팅을 진행하는 등의 역할을 맡는다. 한 편의 영화가 만들어질 수 있는 실질적인 환경을 조성하는 셈이다.

수많은 사람들이 모여 함께 영화를 만드는 과정에서 제작자는 한 집안의 가장이라고 할 수 있다. 가족 구성원들이 각자의 몫을 하며 개성을 발휘하고 성장하게 만드는 역할이랄까. 때로는 배를 지휘하는 선장이나 오케스트라의 지휘자, 큰 식당을 운영하는 사장에 비유되기도 한다. 식당으로 예를 들어 보자. 감독이 식당에서 주방을 책임지고 맛있는 요리를 내놓는 메인 셰프라면, 사장인 제작자는 셰프와 보조요리사들이 무리 없이 완벽한 음식을 조리할 수 있는 주방 시스템을 만든다. 프로듀서는 주방과 홀의 인력들이 각자의 업무를 잘 진행하도록 챙기는 매니저라고 할 수 있겠다. 제작자는 프로듀서와 소통하며 관객인 손님이 요리의 맛을 볼 때까지의 과정을 문제없이 관리해야 한다. 식당이 문을 열기 전 준비 상황부터 영업을 끝내고 문을 닫을 때까지 식당 운영 전체를 책임지는 셈이다. 기획부터 개봉까지의 총지휘는 그런 의미다. 영화의 완성도와 운명까지 책임져야 하는 제작자는, 그러므로 예술과 기술에 대한 정교한 이해를 갖춰야 한다. 계획적인 엔지니어의 사고와 창의적인 아티스트의 심장을 지니려는 노력이 꼭 필요하다. 절대 쉽지는 않겠지만(촬영에 들어가면 예상 외로 불어나는 제작비 때문에 점점 작아지는 마음을 붙잡느라 힘들 테니 말이다).

　　그렇다면 제작자가 새로운 영화를 기획하면서 가장 먼저 해야 할 일은 뭘까? 참신하고 좋은 소재, 혹은 그런 소재를 바탕으로 한 이야기가 담긴 시나리오를 개발하는 것이다. 앞에서 이미 말했다고? 몇 번을 말해도 부족하다. 좋은 소재를 찾으려는 경쟁은 전 지구적으로 치열하다. 제작자들은 세상의 모든 사건 사고 뉴스는 물론이요, 정치 · 경제 · 사회 · 과학 · 문화 · 예술 분야에 두루 촉각을 곤두세운다. 이미 만들어졌거나 발표될 예정인 온갖 소설과 자서전 · 에세이 · 동화 · 만화 · 웹툰 · 웹소설 · 애니메이션 · 게임 · 드라마 · TV 프로그램 등에서 소재를 찾고, 그런 작품들의 판권을 구입해 영화화하려고 한다. 지금 이 순간에도 아이디어를 떠올리느라 밤잠을 설치면서 넷플릭스 같은 OTT 플랫폼을 전전하는 이들이 부지기수일 것이다. '괜찮은 소재는 벌써 다 영화로 만들었잖아!' 싶어서 '이불 킥'을 하는 이들도. 하지만 그렇다고 제작자가 반드시 판권 경쟁에 발 빠르게 끼어들고 유행을 따라야 하는 건 아니다. 제작자의 역할은 '어떤 이야기를 할 것인가', '그 이야기가 할 만한 가치가 있는가'를 영화를 만드는 그 누구보다 먼저 생각하는 것이라는 의미다.

아무리 뛰어난 제작자라도 세상의 수많은 콘텐츠를 다 챙겨 보고 새로운 아이디어를 끊임없이 떠올릴 수는 없다. 한 사람의 시간과 체력은 한정돼 있으니까. 그래서 대부분의 제작자들은 제작사 내부에 영화 기획을 담당하는 기획실 혹은 기획팀을 둔다. 팀원들과 함께 회의를 하고, 좋은 아이디어가 나오면 토론을 거쳐 시놉시스synopsis[#]로 발전시키고, 시나리오를 써 줄 인재를 찾는다. 그 인재는 시나리오 작가일 수도 있고, 시나리오를 끝내주게 잘 쓰는 감독일 수도 있다. 다양한 공모전에서 주목을 받았거나 제작사로 들어온 수많은 오리지널 시나리오original scenario[##] 가운데에서 기발하고 빛나는 '물건'을 발굴하기도 한다. 그럴 때는 오리지널 시나리오를 쓴 작가와 함께 시나리오의 완성도를 높이는 과정(초고에 이은 2고, 3고, 4고… ! 하여튼 여러 번의 수정)을 거친다. 감독 캐스팅은 그 이후다. 좋은 시나리오의 저작권을 사서 연출을 할 감독이나 다른 작가를

[#] 영화의 간단한 줄거리 또는 개요. 작가가 작품의 주제를 다른 사람에게 알리기 위해 알기 쉽게 간단히 적은 것을 말한다 시놉시스에는 주제, 기획 및 집필 의도, 등장인물, 전체 줄거리가 구체적으로 포함되어야 한다.

[##] 소설이나 희곡 따위를 각색한 것이 아니라 처음부터 영화나 드라마를 염두에 두고 쓴 창작 시나리오.

섭외해 각색 혹은 윤색을 맡기기도 한다. 전체 예산이나 배우 캐스팅을 염두에 두고 시나리오의 요소들을 적절하게 조율할 필요가 있기 때문이다. 제작자는 이렇게 감독, 시나리오 작가와 치열하게 소통하면서 시나리오 개발의 모든 과정을 함께한다. 제작사의 기획실에서 출발하여 한 편의 영화를 책임지는 프로듀서가 되고, 그 경험을 바탕으로 자신만의 회사를 차려 제작자가 된 이들이 꽤 많다. 그들이 오늘도 한국영화의 허리를 묵묵히 받치고 있다.

투자가 쇄도할 시나리오를!

이쯤에서 영화 기획의 또 다른 핵심 인력이 누구인지 눈치 챘을 것이다. 영화를 연출하는 감독과 시나리오 작가다. 기획 과정에는 감독보다 시나리오 작가가 좀 더 빨리 발을 담글 수밖에 없다. 영화에서 감독의 역할은 말할 것도 없이 중요하지만, 영화는 시나리오 없이는 만들 수 없기 때문이다. 지도 없이 여행을 떠날 수 없고 설계도 없이 건물을 지을 수 없듯, 시나리오가 없으면 영화는 시작할 수도 없고 끝낼 수도 없다. 그렇게 중요한 영화의 이야기를 직접 글로 쓰는 사람이 시나리오 작가다.

영화를 한 명의 사람이라고 치자. 시나리오 작가는 이야기라는 뼈대를 만들고, 그 사이 사이에 사건과 상황의 흐름이라는 혈관과 근육을 심는다. 영화의 심장인 개성 넘치는 캐릭터들을 설정하고 그들이 말할 대사를 만든다. 작가는 대사와 지문, 행간으로 이루어진 시나리오를 통해 그 영화의 연령, 외모, 성격, 말투, 가치관, 스타일을 결정한다. 영화의 매력과 첫인상을 만드는 것이 바로 시나리오다. 세상의 많은 관계가 대개 첫인상이 좋으면 잘 풀리는 법. 시나리오가 흥미롭고 매력적이라면 당연히 그 영화에 투자가 쇄도할 수밖에. 그러니 시나리오 작가는 머릿속으로 그림을 그리며 글을 써야 한다. 어떻게 하면 활력 넘치는 생생한 캐릭터와 대사를 만들 것인가, 어떻게 하면 이 장면과 다음 장면을 멋지게 연결시킬까, 어떻게 하면 시나리오를 다 읽는 순간 짜릿한 흥분과 깊은 감동을 줄 수 있을까, 이런 고민을 끌어안고 의자에 엉덩이를 붙이고 시나리오를 쓴다는 건 보통 일이 아니다. 자칫하면 거북목이요, 프로게이머 뺨칠 승모근 통증은 덤이니(사족이겠지만 꾸준한 건강 관리가 글을 더 깊고 오래 쓰는 비결이다).

시나리오를 쓰는 방법은 작가마다 다르지만 심도 깊은 자료 조사, 부지런한 취재와 관찰, 풍부한 상상력 동원은 모두에게 요구되는 기본 요건이다. 원작이 있는 작품을 영화화하는 경우라면 이 과정은 각색이 된다. 작가는 시놉시스, 트리트먼트treatment[#]를 거쳐 시나리오를 발전시키고 완성한다. 그런데 여기서 잠깐. 우리가 알고 있는 한국영화의 주요 감독들은 최고의 시나리오 작가이기도 하다! 직업적으로 영화감독과 시나리오 작가의 역할은 나뉘어져 있지만 그렇다고 감독이 연출만 하는 건 아니다.

봉준호 감독은 장편 데뷔작 〈플란다스의 개〉(2000)부터 최근작

[#] 시나리오를 쓰기 전 단계로, 대강의 줄거리를 신scene별로 늘어놓는 작업.

〈기생충〉(2019)까지 자신의 모든 영화의 시나리오를 썼다. 물론 공동 작가가 있었지만 최종 완성본 시나리오는 봉준호 감독이 직접 썼고, 그래서 시나리오 작가로서의 자부심이 크다. 최동훈 감독도 장편 데뷔작 〈범죄의 재구성〉(2004)부터 〈도둑들〉(2012)·〈암살〉(2015)까지 직접 시나리오를 썼고, 류승완 감독 역시 〈죽거나 나쁘거나〉(2000) 이후 〈피도 눈물도 없이〉(2002)·〈베를린〉(2013)·〈베테랑〉(2014) 등 자기 영화의 시나리오를 썼다. 2000년대 이후 걸출한 데뷔작을 내놓은 한국영화 감독들도 그렇다. 〈지구를 지켜라!〉(2003)의 장준환 감독, 〈추격자〉(2008)의 나홍진 감독, 〈우리들〉(2015)의 윤가은 감독, 〈벌새〉(2018)의 김보라 감독, 〈남매의 여름밤〉(2019)의 윤단비 감독 등, 모두 자신이 꼭 하고 싶은 이야기를 하기 위해 직접 시나리오를 썼다. '감독으로 데뷔하고 싶다면 시나리오를 쓰라'는 말의 산증인들이다. 호흡이 잘 맞는 시나리오 작가와 파트너십을 이뤄 시나리오를 쓰는 감독도 있다. 박찬욱 감독은 〈복수는 나의 것〉(2002)과 〈올드보이〉(2003)까지는 직접 시나리오를 썼지만, 〈친절한 금자씨〉(2005) 이후 〈아가씨〉(2016)까지 정서경 시나리오 작가와 함께 공동 각본을 쓰면서 뛰어난 영화들을 만들어 왔다.

　　감독들이 시나리오를 쓰는 것은 그들 자신이 곧 영화의 기획자이기 때문이다. 물론 다른 사람이 쓴 훌륭한 시나리오와 감독 자신의 장점을 연결해서 좋은 영화를 만들 수 있으며, 실제로 많은 영화가 그렇게 만들어진다. 하지만 자기 아이디어를 바탕으로 직접 글을 써서 영화를 만들면, 제작 과정에서 부딪히는 여러 어려움 속에서 자신의 예술적 가치와 신념, 연출의 장점을 제대로 발휘할 수 있는 가능성도 크다. 그 과정의 도입부인 기획 단계에서 감독이 좋은 제작자, 프로듀서를 만난다면 영화의 밑그림을 더욱 정확하고 탄탄하게 그리게 된다.

그런 측면에서 시나리오 작가들이 연출을 하기로 마음먹고 감독이 된 경우도 있다. 〈과속스캔들〉(강형철, 2008)과 〈써니〉(강형철, 2011)를 각색하며 시나리오 작가로 활동하다가 〈극한직업〉(2018)을 만든 이병헌 감독, 〈악마를 보았다〉(김지운, 2010)와 〈부당거래〉(류승완, 2010)의 시나리오를 쓰고 〈신세계〉(2012)와 〈마녀〉(2018)를 연출한 박훈정 감독이 대표적이다.

출발! 프리프로덕션, 오케이! 포스트프로덕션!

작은 아이디어에서 출발한 시나리오가 완성되고 투자를 받아 제작비를 확보하면, 이제 시동이 걸린다. 영화라는 생물은 그때야 비로소 기지개를 펴고 움직인다. 사전 준비 단계인 프리프로덕션pre-production부터 촬영이 이루어지는 과정인 프로덕션production과 후반작업인 포스트프로덕션post-production까지, 실질적인 영화 제작은 마법의 옷장 문을 열고 모험의 나라로 들어가듯 새로운 문을 여는 것과 같다. 그 문을 열기 전에 질문을 하나 던지고 싶다. '영화가 세상을 변화시킬 수 있을까?' 예전엔 이런 대답이 돌아오곤 했다. '뭘 또 그렇게까지?', '영화 한 편에 너무 큰 기대를 갖지 마.' 지금은 어떨까? '작정하진 않았더라도 경우에 따라서 가능하다'고 답하고 싶다. 세상에 크고 작은 변화를 일으킨 영화들이 있으니까. 우리는 종종 그런 영화들을 봐 왔으니까.

영화 〈도가니〉(황동혁, 2011)를 떠올려 보라. 광주인화학교에서 청각장애 아동에게 교장과 교직원이 저지른 성폭행 사건을 다룬 이 영화는 장애인 인권에 대한 관심을 불러일으켰다. 4백만 명이 넘는 관객들이 영화를 본 뒤, 성폭력 범죄의 처벌에 관한 특례법 개정안인 일명 '도가니법'이 만들어졌다. 영화 〈암살〉은 어떤가. 우리가 잊고 있던 독립운동가들, 특히 역사 속에 가려졌던 여성 독립운동가들을 찾아보게 했다. 영화 〈기생충〉 속 반지하 집과 부잣집을 보면서 빈곤의 악순환이 "무계획이 가장 좋은 계획"이라던 영화 속 아버지의 무능력 때문만이 아니라 사회 시스템에서 비롯된 문제임을 생각하게 되지 않았나.

소소하고 즐거운 변화를 불러온 영화도 있다. 〈극한직업〉이 각인시킨 수원왕갈비통닭(!). '그 통닭, 나도 좀 먹어 보겠다'며 배달 앱을 켜거나 원조 맛집을 찾아 나선 이들이 얼마나 많았는가. 영화 〈엑시트〉(이상근, 2018)에서 재난 상황에 놓인 남녀 주인공이 대학 시절 동아리에서 쌓은 클라이밍 실력을 발휘하여 서로 도우며 위기를 헤쳐 나가는 모습을 보고, 클라이밍에 대한 관심이 폭증했다.

좋은 영화, 의미 있는 영화, 재미있는 영화를 기획하면 이런 경험을 할 수 있다. 영화를 기획하는 일은 작게는 나를 움직이고 변화시키며, 나아가 누군가와 무언가도 변화시킬 수 있다. 신나고 즐거운 가능성을 품은 일, 어렵지만 꿈꿀 만한 일이다. 영화라는 '멋진 신세계'를 탐험하기 위해 분명한 한 걸음을 뗄 수 있는.

1 _____ 제작자

"아이디어를 극장에 걸기까지 전 공정의 책임자"

심재명

· 명필름 대표
· 대표작 ─────────
〈코르셋〉 〈접속〉 〈조용한 가족〉
〈해피엔드〉 〈공동경비구역 JSA〉
〈와이키키 브라더스〉 〈건축학개론〉
〈아이 캔 스피크〉

영화제작사 '명필름'의 심재명 대표는 영화 스태프들 사이에서 가장 많이 언급되는 영화인 중 한 사람이다. 명필름은 90년대 후반부터 한국영화 관객들에게 충격에 가까운 즐거움을 준 작품들을 줄줄이 내놓았다. 1996년 〈코르셋〉(정병각)을 시작으로, 〈접속〉(장윤현, 1997), 〈조용한 가족〉(김지운, 1998), 〈해피엔드〉(정지우, 1999), 〈공동경비구역 JSA〉(박찬욱, 2000), 〈와이키키 브라더스〉(임순례, 2001) 등이 빼곡하게 명필름의 필모그래피를 채우고 있으며 〈건축학개론〉(이용주, 2011), 〈아이 캔 스피크〉(김현석, 2017)를 비롯해 최근까지 활발하게 영화를 만들며 장수하는 영화제작사가 명필름이다.

1990년대 후반부터 한국영화가 급성장한 배경에는 바로 '한국영화 영향력 톱'으로 꼽히던 제작자들이 있었다. 심재명, 차승재, 이춘연 등 제작자들은 신인 감독을 발굴하고, 흥행작을 연달아 내놓고, 때론 감독의 색깔이 선명한 모험적인 시도를 보여 주는 영화에도 투자를 아끼지 않았다. 스타 중심, 감독 중심, 자본과 유통 중심으로 영화와 드라마 제작의 주도권이 넘어가는 이 시대에, 제작자란 무엇을 하는 사람이며 어떠해야 하는지 묻고 답하는 데 심재명 대표만 한 적임자가 또 있을까?

제작자는 영화의 첫 출발부터 완성까지를 총괄하고 책임지는 사람이다. 최초 기획에서부터 시나리오 검토와 수정, 감독 기용과 캐스팅, 스태프 구성과 제작비 산정, 투자, 촬영과 후반작업 총괄, 개봉에 이르기까지의 전 과정을 책임진다. 제작자는 프로듀서라는 명칭과 혼용되는데, 촬영 현장에서 제작 과정을 책임지는 라인 프로듀서('제작실장'이라고도 불린다)도 있고, 심재명 대표처럼 제작사를 이끌며 그야말로 기획부터 전 과정을 이끄는 제작자도 있다. 심재명 명필름 대표에게 제작자의 눈을 갖기 위해 필요한 자질에 대해 물었다.

명필름의 심재명 대표님은 한국영화사에서 중요한 영화들, 또 관객들에게 큰 사랑을 받은 영화들을 만들었습니다. 90년대 한국영화가 재미있어지고 있구나 생각하게 만든 영화들 중 심재명 대표님이 제작한 영화가 많아요. 먼저 포괄적으로 영화 제작 분야가 어떤 일을 하는지 설명해 주시겠어요?

저의 직업은 영화제작자고요, 영어로 프로듀서producer라고 부릅니다. 영화사 명필름의 대표로 일하고 있기도 합니다. 제작자, 프로듀서는 곧 영화의 첫 출발부터 완성까지를 총괄하고 책임지는 사람이에요. 어떤 이야기를 영화로 만들어 낼 것인지를 결정하는 일부터 시나리오의 완성도를 높이고 어떤 감독을 기용하고 어떤 배우를 캐스팅하고 어떤 스태프를 구성할지를 정하고, 이야기에 걸맞는 제작비 예산을 결정하고, 전체 촬영 일정과 예산을 책임지면서 영화가 관객을 만나기까지의 전 과정을 총괄하고 책임지는 사람이니까 쉽게 말하면 한 집안의 가장이라고 해야 될까요? 엄마나 아버지의 역할, 그게 바로 제작자, 프로듀서의 역할입니다.

지금 10대, 20대 관객분들은 중장년층보다 명필름이라는 회사를 잘 모를 거예요. 명필름은 만들어진 지 25년 됐고 명필름의 이름으로 세상에 나온 영화는 41편, 그리고 교육기관인 명필름랩에서 만든 영화가 현재까지 5편이니 총 46편의 영화를 제작했습니다. 한국영화계에서 꽤 많은 영화를 만든 편이죠.#

인터뷰는 2020년에 진행되었다. 2021년 1월 현재 명필름은 설립된 지 26년째를 맞이했으며, 제작 개봉 편수는 44편, 명필름랩에서 제작된 영화는 6편이다.

결국 영화 만들기의 모든 공정에 어느 정도 다 개입하는 역할이네요. 그만큼 영화에 대해 잘 알아야 할 수 있는 일이고, 또 영화에 대한 애정이 있기 때문에 하나의 아이디어가 극장에 걸리기까지의 전 공정을 책임질 수 있는 것 같습니다. 그런데 우리나라에서 25년 동안 영화를 꾸준히 만든 제작사가 많지 않아요.

(웃음) 네. 우리나라 영화산업 현장이 매우 역동적이고 다른 나라의 영화산업보다 세대교체도 굉장히 빨라서 오랫동안 지속적으로 영화제작자로 일하면서 제작사를 운영하는 곳이 흔치 않아요. 직업의 세계에서는 좀 아쉬운 면이죠.

처음부터 영화제작자가 되겠다고 생각했는지 궁금해요.

사실 저는 영화감독이 꿈이었어요. 그때는 영화제작자라는 직업이 무엇인지, 뭘 하는지도 몰랐거든요. 저도 영화는 배우와 감독이 있으면 되는 줄 알았어요. 영화감독을 꿈꾸고 영화를 열심히 보러 다녔는데, 요즘은 영상 전공 관련 학과나 영화학과가 많지만 제가 대학에 입학할 때만 해도 전국에 영화과가 몇 개 없었어요. 그러다 보니까 영화는 굉장히 특별한 재능을 가진 사람만 하는 줄 알고 겁이 났어요. 그래서 대학은 국문학과를 졸업했습니다. 전공은 문학이었지만 대학 시절부터 프랑스문화원에서 프랑스영화를 접하고 《스크린》이라는 우리나라 최초의 영화 전문 월간지를 매월 구독했어요. 대학 졸업하고는 작은 출판사에 취업했다가 용기를 내서 종로 서울극장에서 운영하는 영화사에 들어가게 됐어요. 영화 광고 카피라이터를 뽑는다는 공채 공고를 보고 용기를 냈죠.

내가 꿈꿨던 영화 일을 안정적으로 할 수 있겠다 싶어서요.

직장인으로 월급을 받으면서 영화 일을 할 수 있으니까요.

　　그렇죠. 현장에서 연출부를 하거나 감독을 지향하는 건 두려웠어요. 그래서 매달 꼬박꼬박 월급을 받으면서 영화 일을 하는 사람으로 출발했죠. 처음부터 영화제작자가 되려는 생각은 아니었어요. 하지만 시간이 지나니까 결국 영화제작자가 지향점이 되더라고요. 영화사를 4년 정도 다니다가 '명기획'이라는 영화 홍보·마케팅회사를 차리고 결혼과 함께 '명필름'이라는 영화사를 만들고 영화 제작을 하게 됐죠. 영화에 대한 절실한 사랑이 있었고, 영화산업을 겪고 영화 현장을 겪으면서 구체적으로 영화제작자라는 직업을 알게 되고, 영화 제작에 대해서도 알게 된 셈입니다. 시간이 지나면서 꿈을 구체화한 경우죠.

심재명 대표와
명필름의 대표작들
| 제공《씨네 21》

영화 일뿐만 아니라 어떤 일을 해도 내가 어떤 일에 재능이 있고 어떤 걸 잘할지를 처음부터 알기 어려운데요. 일단 내가 할 수 있고 나한테 기회가 주어지는 일을 하다가 더 맞는 방향으로 커리어를 바꾸어 간 셈이네요. 그런데 광고 카피나 마케팅은 가장 마지막에 하는 일이잖아요. 영화가 거의 완성된 뒤에 작품이 관객들과 어떻게 만날지 고민하는 단계에서 하는 일이고, 그러다 보니 지금 유행하는 것이나 사람들이 원하는 감성에 촉각을 곤두세울 수밖에 없거든요. 영화 광고 카피, 마케팅 일로 시작해서 영화 제작을 했기 때문에 트렌드를 잘 읽을 수 있었겠다는 생각이 듭니다.

그렇죠. 처음 일했던 곳도 영화를 한창 개봉하는 극장이었고 영화 수입을 병행하는 회사였으니까 영화 시장에 대한 개념을 익힐 수 있었고요. 영화를 만든 뒤에 어떻게 포장하고, 어떻게 관객을 만나면 좋을지를 경험할 수 있었어요. 저는 영화계 입문이 너무 오래전 일이라, 지금 촬영 중인 영화 〈싱글 인 서울〉(박범수, 2021)[#]의 조감독, 제작실장, 회계팀장, 제작팀장한테 어떻게 영화계에 입문하게 됐는지 물어봤어요. 다섯 분이 20대 후반, 30대인데 경로가 다양하더라고요. 관련 영화과의 교수님이 추천해서 영화 현장에서 출발한 경우, 또 영화 전공이 아닌데 '필름메이커스'(www.filmmakers.co.kr)라는 영화계 구인구직 사이트에서 일을 구해서 시작한 경우도 있더라고요. 영화 제작과 연출 일을 하는 분들은 대개 진입 통로가 정식으로 정해져 있지 않아요. 중요한 건 현장에 진입했다는 것이죠.

[#] 인터뷰 당시 〈싱글 인 서울〉이 촬영 중이었다. 2021년 1월 현재 촬영은 종료되고 후반작업을 진행하고 있다.

일의 특성상 영화제작자는 영화와 관련된 여러 가지 일을 하다가 나중에 제작자 쪽으로 옮기는 분들이 많을 것 같아요.

네. 그렇죠. 사실 영화제작자는 당장 할 수도 있어요. 어떤 좋은 시나리오, 이야기를 발굴했고 좋은 감독을 만나 '파이낸싱financing', 그러니까 제작비 투자 유치에 성공하면 당장에도 제작자가 될 수 있어요. 하지만 말씀 드린 것처럼 영화 제작 전반의 과정을 익히고 알고 책임질 수 있는 자기만의 능력이 쌓여야만 실패 확률이 줄거든요. 그러니까 제작자는 당장에라도 될 수 있지만 사실은 그 전 단계를 익히고 경험하고, 그리고 자기 이야기를 준비한 다음에 그것을 영화로 만들 수 있다면 제작자로서 일을 더 잘할 수 있겠죠.

코로나19 이후 영화산업에도 굉장히 큰 변화가 있는데요, 제작 업무도 달라진 점이 있는지 궁금합니다.

지금 한국영화 산업은 영화관 매출 의존도가 80퍼센트 정도 차지해요. 다시 말해 영화관 수익이 지대한 영향력을 갖고 있어요. 그런데 영화관 관객이 대폭 줄었으니 영화산업 전체가 굉장히 많이 위축돼 있습니다. 그러다 보니까 OTT 같은 스트리밍 서비스나 새로운 플랫폼에서 영화를 보여 주고 소비자를 만나는 일이 급격하게 확산되는 변화를 맞이

하고 있어서 '꼭 영화는 영화관에서 만나야 되는 것인가'라는 근본적인 고민을 하게 되죠. 플랫폼의 변화에 맞는 영상 콘텐츠들이 무엇일지에 대해서 그 어느 때보다도 고민과 숙제가 많은 시대에 접어들었어요. 저 역시도 제작자로서 많은 공부를 해야 하는 시기입니다.

영화제작자의 일은 기술적인 측면보다는 좋은 이야기를 갖고 있는 사람들을 많이 알고 관계를 맺는 그런 노하우가 중요할 것 같아요. 예를 들어, 영화 전공자라면 연출 지망을 하고 시나리오를 쓰는 사람들이 가까이 있을 테고요. 하지만 아는 사람 영화만 만드는 것은 아닐 테니, 좋은 이야기를 발굴하는 나름의 방법이 있나요?

좋은 이야기를 가지고 있는 사람과의 네트워크도 굉장히 중요하지만 창의적인 측면과 비즈니스적인 측면, 두 가지 역량을 함께 갖추면 완벽한 제작자라고 할 수 있어요. 그런데 두 가지를 다 겸비하긴 참 어려워요. 그래서 이야기의 발굴이나 소재, 주제, 트렌드에 관심이 많은 사람이라면 비즈니스적인 능력이 있는 사람과 네트워킹하면 되고, 반대로 자본을 유치하고 스태프를 패키징하는, 사람 간의 비즈니스 능력이 뛰어난 사람이라면 창의적인 사람하고 네트워킹하면 되겠죠. 그런데 좋은 이야기를 가지고 있는 사람을 아는 것보다는 제 입장에서는 좋은 이야기인지 아닌지를 스스로 판단하는 능력이 중요해요. 거기서 한 발짝 더 나아가서 '이런 이야기를 영화로 만들고 싶다'라는 선명한 생각까지 갖고 있으면 훨씬 더 능력 있는 제작자가 되는 거죠. 결국은 자기 콘텐츠가 없으면 제작자가 될 수 없어요.

직접 영화를 찍거나 시나리오를 쓰지는 않지만 좋은 이야기를 생각해 내고 어떤 영화가 필요할지 고민하는 역할이라는 면에서 창의적인 일일 수밖에 없는 거네요. 제작 파트 일을 하다가 제작자가 되는 경우도 있다고 들었습니다. 제작 파트에는 어떤 파트들이 있고 어떤 일을 하는지도 설명해 주시겠어요?

명필름 제작 파트는 할리우드 영화산업의 개념들을 많이 공부하고 매뉴얼화했어요. 전반적으로 전체 영화 제작 과정을 나누면 이런 식입니다. 가장 먼저 시나리오나 이야기를 개발하는 '개발development 단계'입니다. 그 이야기가 완성이 돼서 시나리오화되면 그걸 가지고 자본을 끌어 모으고 스태프를 꾸리고 감독을 기용하는 프리프로덕션pre-production 단계가 있어요. '촬영 준비', '제작 준비'라고도 하죠. 프리프로덕션 단계에서는 스태프를 고용하고 미술 준비를 하고 공간 헌팅을 하고, 제작자는 거기에 필요한 자본을 유치하는 과정을 거쳐요.

제작 준비 과정이 끝나면 프로덕션production, 그러니까 '촬영'이 이루어집니다. 정해진 예산과 일정에 따라 감독의 휘하에서 실제적인 촬영이 진행되고, 프로덕션이 끝나면 포스트프로덕션post-production, '후반작업'이 있습니다. 편집부터 사운드, VFXVisaul Effects 등 여러 가지 후반작업을 거쳐서 영화를 완성하는 겁니다. 그런데 대부분의 사람들이 개발 단계와 프리프로덕션 단계를 혼동해요. 개발 단계임에도 불구하고 프리프로덕션을 병행하는 바람에 비용을 쓰게 돼서 제작 단계에서 리스크를 안는 경우도 있거든요. 명필름은 개발 단계를 완벽하게 끝내고, 완벽한 시나리오가 준비되면 그때 프리프로덕션 단계에 들어갑니다.

'제작자'는 개발 단계부터 완성까지 다 책임지는 사람인데요. 제작실장도 있잖아요? 요즘에는 제작실장을 '프로듀서'나 '라인 프로듀서' 이런 식으로도 부르더라고요.

제가 기용한 '라인 프로듀서line producer', 즉 제작실장은 제작자가 준 역할 하에 예산과 일정을 짜는 사람입니다. 영화에 걸맞는, 적합한, 능력 있는 스태프를 꾸리고, 그 다음 이야기에 걸맞는 예산을 책정하고요. 그래서 제작자와 라인 프로듀서가 긴밀하게 소통하면서 일하게 됩니다. 제작실장은 예산과 일정을 총괄할 수 있어요. 책임져야 하고요. 그렇기 때문에 프리프로덕션 단계부터는 제작실장이 함께 하죠. 제작실장 밑에 있는 제작팀장은 실제적으로 계약을 하고, 라인 프로듀서의 지휘 하에 실무적인 일을 맡습니다. 또 제작진행이라고 하는 '로케이션 매니저'도 있고, '현장진행'은 제작팀장을 어시스트합니다. 그런 식으로 제작실장·제작팀장·현장진행 그리고 현장회계(전체적인 예산보고서를 작성하고 정산을 하는 업무)가 수직적인 관계에서 일을 합니다. 단계별로 결합이 다르죠. 제작자는 처음부터 끝까지, 제작실장·라인 프로듀서는 프리프로덕션부터 완성까지, 제작팀장은 프로덕션부터 일하는 식으로요.

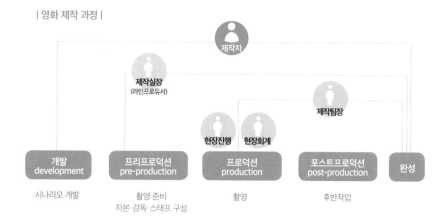

보통 상업영화의 경우 제작부 인력은 몇 명 정도인가요?

지금 촬영 중인 〈싱글 인 서울〉은 7~8명이고요, 예산 규모가 굉장히 큰 대작은 20명까지도 있어요. 유닛을 두 개로 나눠 진행하기도 합니다.

사전에 신청받은 질문을 드릴게요. 많은 분들이 궁금해한 질문입니다. 대표님이 접하는 수많은 시나리오 중 명필름에서 제작할 영화를 선택하는 기준은 무엇인가요?[#]

요즘은 딱 잘라 말하기 힘들어지긴 했지만, 저는 세 가지 기준을 세웠어요. 첫 번째는 '제가 하고 싶은 이야기'입니다. 영화가 한두 달

[#] 인터뷰 질문 중 사전에 또는 인터뷰 현장에서 신청 받은 질문은 음영이 들어간 글자로 표기하였다.

만에 완성되는 게 아니라 어떤 영화는 10년에 걸쳐서 감독하고 만나기도 하고 수년 동안 개발하다가 무산되기도 하거든요. 오랜 시간 작업하는 특성이 있어요. 그 긴 시간 동안 하나의 이야기에 매달리는데 하기 싫은, 재미없는 이야기는 만들고 싶지 않죠. 긴 시간을 버티게 하는 것은 결국 '이 이야기를 영화로 만들어 관객하고 만나고 싶다'라는 소망과 꿈이니까요.

　　두 번째는 '그럼 어떻게 잘 만들 수 있을 것인가'입니다. 어떤 스태프를 고용하고 예산과 일정을 어떻게 짤 것인가. 또 시나리오는 궁극적으로 어떤 방향으로 완성할 것인가. 그런 현실적인 책임감을 가지고 고민합니다. 마지막 기준은 '과연 들어간 돈을 회수할 수 있나.'

> **제작할 영화를 고르는 기준은, 하고 싶은 이야기를 잘 만들 수 있을 것인가? 그리고 투자비를 회수할 수 있을 것인가?**

예술영화든 상업영화든 들어간 돈을 회수해야 되는 책임이 제작자에게 있죠.

　　그래야 다음 영화를 찍을 수 있으니까요. 제작자가 감독과 가장 다른 점은 제작비를 회수하는 책임이거든요. 그것이 어떻게 보면 제작자의 역할 중에 가장 큰 특징이라고 할 수 있어요. 저는 그 세 가지 질문을 스스로에게 던지고, 이 세 가지 질문에 완벽하게 답이 나오지 않는다 해도 판단이 서면 제작을 결심합니다.

모험도 해야 하고, 회사도 안정적으로 이끌어야 한다는 두 가지 상반된 가치를 동시에 추구하는 것이 제일 어려운 일 같네요. 다음 영화를 만들 수 있으려면 이번 영화를 잘해야 하니까요. **영화제작자로서 영화의 작품성·대중성 둘 다 중요하겠지만 더 중요하게 생각하는 게 있다면 무엇인가요?**

최근 큰 화제를 일으키고 평단의 호평을 받은 〈벌새〉(김보라, 2018)는 독립영화로는 많은 10만 명이 넘는 관객이 들었어요. 그럼 그 영화는 작품성만 있는 것인가 하는 의문이 들어요. 또 이상근 감독의 영화 〈엑시트〉(이상근, 2018)는 마냥 대중적인 영화인가? 그렇지 않고 청년 백수의 현실적인 애환이 담겨 있잖아요. 그래서 저는 작품성과 대중성이 그렇게 별개로 나눠지는 개념은 아니라고 생각합니다. 대중이 이해하기 어려운 영화들도 물론 존재하고 극단적으로 영화적 쾌감이나 오락적 측면을 지향한 영화들도 있지만, 궁극적으로는 그 두 가지가 그렇게 분리되는 개념이라는 생각은 안 들어요. 결국은 특정 영화에 만족할 만한 관객을 완벽하게 만족시키는 것, 그것이 중요한 거 같아요. 예를 들면 〈남매의 여름밤〉(윤단비, 2019)을 보고 펑펑 울면서 좋아할 관객과 할리우드의 마블 영화를 좋아하는 관객의 취향이 다르다면, 선택하고 보는 관객을 완벽하게 만족시키는 것, 완성도를 높이는 것, 그것이 작품성과 대중성을 떠나서 가장 중요하다고 생각합니다.

말씀하셨듯이 상업성과 예술성 중 하나를 극단적으로 추구하는 경우도 있지만, 대체로는 그 두 가지를 다 추구하려고 하잖아요? 그런 점에서 제작자의 역할이 중요하다는 생각이 듭니다. 심재명 대표님은 감독과 어떻게 조율하시나요? 찍어 놓고 보니까 이런 부분은 편집해야 될 것 같은데 감독은 생각이 다른 경우도 있지 않나요?

할리우드하고 우리나라의 큰 차이는 '편집권을 누가 갖느냐에 있다'고 들었어요. 우리나라의 경우 요즘에는 편집권을 투자사가 갖기도 해요. 투자사와 제작사가 합의를 하게 돼 있기도 하고, 또 감독이 편집권을 갖고 있기도 한데, 할리우드에서는 대부분 제작자가 편집권을 갖고 있다고 하죠. 저는 90년대 중후반에, 다행히도 제작자의 역할이 굉장히 중요하고 또 제작자가 주목받던 시대에 영화를 만들기 시작했어요. 그때 박찬욱 감독님이나 봉준호 감독님, 허진호 감독님, 임순례 감독님이 데뷔했고요.

> **"** 작품성과 대중성은 분리된 개념 아냐. 그 영화를 선택한 관객을 완벽하게 만족시키는 것, 완성도 높이는 것이 중요. **"**

그런 감독들의 색깔이 제작사 색깔과 긴밀하게 연결되어 있다고 판단했던 시기였던 거죠.

지금은 제작자의 역할과 책임이 많이 위축돼 있고 스타 중심, 감독 중심, 자본과 유통 중심의 시대로 바뀌고 있어요. 제작자로서 많이 아쉽죠. 하지만 할리우드처럼 상업영화에서는 제작자의 역할이 절대적으로 중요하다고 생각해요. 월권이나 간섭이 아니라 영화의 완성도와 영화의 운명을 제작자가 책임져야 된다고 보거든요.

　　　예를 들면 이런 거예요. 명필름 영화 중에 〈나의 특별한 형제〉(육상효, 2018)가 있습니다. 〈방가? 방가!〉(2010)를 만든 육상효 감독님이 연출하고 신하균 씨가 지체장애인 역할을, 이광수 씨가 지적장애인 역할을 맡은 작품이에요. 〈레인맨〉(배리 레빈슨, 1989)이나 〈오! 브라더스〉(김용화, 2003) 같은 경우에는 장애인과 비장애인 이렇게 두 사람의 버디무비로 이야기가 진행되는데, 〈나의 특별한 형제〉는 각각 다른 장애를 갖고 있는 두 사람이 주인 공이니까 상업영화치고는 특별한 인물들이 나오는 거잖아요. 그런데 사실 육상효 감독님이 처음 갖고 온 시나리오는 지체장애인과 지적장애인이 한 여자를 사랑하는 삼각관계 로맨스였어요. 영화 제목은 '나의 일급 러브스토리'였고, 여자 주인공한테 조폭 애인이 있는 설정이었습니다. 그 이야기도 굉장히 좋았고 감독님의 개성이 담겨 있었지만 상업영화 제작자로서 이야기를 풀기가 굉장히 어렵더라고요. 그래서 오랫동안 시나리오를 각색해서 결국은 두 장애인의 우정 이야기로 이야기의 축이 옮겨졌고, 이솜 씨가 연기한 여자 주인공은 그 두 사람의 조력자가 되는 식으로 이야기의 운명이 크게 바뀌었어요.

사회적 약자들의 이야기로 큰 울림을 준
〈나의 특별한 형제〉
| 제작: 명필름·조이래빗, 배급: NEW

핵심적인 것은 유지하되, 어떻게 표현해야 상업적으로도 성공할 수 있을까를 고민하는 사람이 제작자라고 할 수 있겠네요.

예, 그렇죠. 시나리오 완성에 4년 정도 걸렸는데, 그 다음에는 '장애인을 전면에 내세우는 영화가 상업적으로 가능성이 있겠냐' 해서 투자 유치가 어려웠어요. 그래서 상대적으로 평균 제작비보다 낮은 제작비를 책정해서 완성했는데, 다행히 손익분기점을 넘겼죠. 그것이 제작자의 역할입니다.

10년 동안 영화계에서 시나리오가 돌아다니면서 영화화되지 못한 〈건축학개론〉도 저희가 처음 시나리오를 받았을 때는 '어른 서연은 바람 피우는 남편에게 매를 맞으며 사는 여자이고, 나중에 아버지가 돌아가신다'는 식으로 극적 장치가 많은 영화였어요. 이용주 감독님에게 물었더니 '이래야지 투자를 받을 수 있을 거 같다'라는 연출적 자기검열이 있었더라고요. 워낙 멜로드라마가 투자를 받기 어려운 시대였으니까요. 저는 담백한 멜로드라마로 만드는 편이 좋겠다 싶어서 신파, 불륜을 버리자고 했어요. 거꾸로 제작자가 더 "담백하게 가자"고 제안한 경우죠. 영화가 기획되는 단계에서 감독도 이것이 맞는 방향인지, 궁극적으로 내가 하고자 하는 주제인지 흔들릴 때가 많아요. 자본의 입김, 주변 사람들의 조언 등 여러 가지 말을 듣게 되니까.

영화 일을 시작할 때 두려움은 없었나요? 있었다면 어떻게 그 문제를 해결했는지 궁금합니다.

저는 과거에 용기를 내지 못하는 캐릭터여서 영화과로 진학하지 못했고, 대학을 다닐 때 영화동아리 가입도 주저했어요. 많이 주저하다가 영화사에서 영화 광고 카피라이터 신입사원을 뽑는 걸 알고 그때 처음 용기를 내서 영화와 인연을 맺었습니다. 저 역시 구체적으로 일을 하기 전에는 두려움이 많죠. 지금 후배들한테는 "일단 시작해라"라고 하고 싶어요. 시행착오를 겪기도 하고 다시 길을 돌아가기도 하지만, 일단 관계를 맺고 일을 시작하는 것이 중요합니다. 아니면 돌아가면 되고 다른 일을 해도 되니까요.

> **"** 하고 싶으면 일단 시작하라. 시행착오 겪더라도 관계 맺고 일을 시작하는 것이 중요 … 제작자는 '함께' 길을 찾는 가이드. **"**

제작자 입장에서 좋은 시나리오는 어떤 조건을 갖추고 있을까요?

시나리오는 문학작품이 아니에요, 정확하게 영화를 찍기 위한 설계도입니다. 그런데 많은 프로 영화인들도 현란한 지문이나 굉장히 관념적인 대사에 현혹되기 쉬워요. 박찬욱 감독, 봉준호 감독의 시나리오는 굉장히 훌륭한데 지문이 간결하고 대사도 꼭 필요한 것만 있어요. 할리우드에서는 시나리오를 1분에 한 페이지로 프로그래밍하고 있어요. 지금 우리나라에도 그런 시나리오 프로그램이 있는데 결국은 100신scene이면 100분짜리 영화가 되고 130신이면 130분짜리 영화가 되거든요. 근데 막연하게 130신짜리 영화를 찍어서 100분짜리 영화로 편집하면 어떻게 되겠어요. 이야기에 구멍이 생기겠죠. 결국 시나리오는 영화의 뼈대이자 설계도라는 말씀을 드리고 싶고, 객관적인 눈으로 시나리오를 볼 줄 아는 안목이 있어야 해요. 궁극적으로 다 읽었을 때 시나리오가 전달하려는 주제나 소재가 선명하게 다가와야 하고요. 또 여러 캐릭터가 생생하게 입체적으로 다가온다면 훌륭한 시나리오죠.

요즘에는 시나리오 공모전도 많더라고요.

많은 분들이 공모전에 출품하거나 시나리오를 선택하는 곳에 제출해서 검증을 받기도 하잖아요? 저희 같은 현장 영화인들은 투자 유치를 위해서 시나리오를 많이 보는데 시나리오에 많이 속아요. (웃음) 그러니까 당장 투자가 됐다고 해서 좋은 시나리오라는 건 아닌 거죠. 〈건축학개론〉 같은 경우 모든 투자자들이 "이렇게 밋밋한 시나리오가 있나?" 이랬거든요. 또 〈우리 생애 최고의 순간〉(임순례, 2007)은 "승리하지 못하는 이야기를 왜 영화로 만들어요?" 했고요. 박찬욱 감독의 〈공동경비구역 JSA〉처럼 훌륭한 영화도 그때 시나리오를 놓고 "이렇게 낯선 구조와 형식의 이야기가 과연 될까요?" 이랬거든요. 결국 누군가 검증하고 인정하는 기관이나 자본이라고 해서 그분들이 정답은 아니라고 말씀 드리고 싶어요.

시나리오가 좋다고 영화가 무조건 잘되는 것도 아니죠.

'이것이 과연 될까?', '이게 성공할 수 있을까?' 걱정하거나 의문을 품었던 것들 중에서 크게 성공하는 경우도 많아요. 의문이 있다는 건 때로 새롭다는 뜻이기 때문에 자본의 필터링이나 주변 사람들의 편견에서 자유로워지면 좋겠어요. 자기 중심이 있어야 해요. 멋대로 하면 안 되겠지만, 결국 훌륭한 제작자는 우리가 만들고자 하는 영화의 길을 감독 그리고 스태프들과 함께 정답에 가까운 답을 찾는 작업입니다. 함께 머리를 맞대고 '우리가 만들고자 하는 영화의 궁극적인 방향을 찾아가는 길'의 가이드 역할을 하는 것이 제작자의 역할이라고 할 수 있어요. ★

2 _____ 시나리오 작가

"지금 영화계에서 제일 부족한 건 시나리오!"

배세영

· 대표작 ──────────
〈사랑방 선수와 어머니〉〈미나문 방구〉〈우리는 형제입니다〉〈극한직업〉〈완벽한 타인〉〈인생은 아름다워〉

영화계에서 농담 반 진담 반으로 하는 말이 있다. '좋은 시나리오가 형편없는 영화가 되기는 쉬워도, 형편없는 시나리오가 좋은 영화가 될 수는 없다.' 사실 형편없는 시나리오가 영화로 만들어지기도 어렵다. 캐스팅도 투자도 시나리오를 기반으로 이루어지기 때문에, 좋은 시나리오는 영화의 완성도를 결정짓는 첫 번째 단계이다.

영화 제작 과정 중 가장 파란만장한 시기가 시나리오가 완성되기까지인데, 이 단계에서 주인공이 바뀌고, 줄거리가 바뀌고, 결말이 바뀌고, 더 심하게는 장르가 바뀐다. 시나리오는 수십 번 바뀌고서야 완성되고, 그 과정에서 여러 명의 작가와 감독이 시나리오 작업에 참여한다. 한국에서는 감독이 시나리오 작업에 직접 참여하는 경우가 많다. 그러다 보니 과거 작업이 진행됨에 따라 시나리오의 방향이 많이 바뀌면서 시나리오 초안 작업에 참여한 작가들의 크레디트credit[#]가 인정되지 않는 고질적인 문제도 오래 지속되었다. 그러나 최근에는 만화와 소설을 영화로 각색하는 사례가 늘어나고, 이에 따라 전문 시나리오 작가의 존재가 점점 더 강조되고 있다.

배세영 시나리오 작가는 2018년 한 해에만 히트작 두 편을 만들어 냈다. 문충일 작가의 원안을 각색한 〈극한직업〉(이병헌, 2018)과 이탈리아영화를 리메이크한 〈완벽한 타인〉(이재규, 2018)을 통해 유머와 긴장의 줄타기에 능숙한 '말맛' 나는 작가로 이름을 알렸다. 원고가 풀리지 않으면 기분 전환을 위해 다른 일을 하며 머리를 환기시키는 게 아니라 오히려 원고가 풀릴 때까지 매달린다는 배세영 작가의 말은, 보는 사람의 마음을 쥐락펴락하는 대본이 한순간의 영감으로 완성되는 게 아님을 알려 준다. 배세영 작가는 창작자가 개성을 뾰족하게 유지하는 것만큼이나 중요한 '보편적인' 감각을 유지하는 법에 대한 이야기를 들려준다.

[#] 크레디트란 영화를 비롯한 영상 작품의 제작에 참여한 프로덕션, 스태프, 출연자 등의 명단을 말한다. 때문에 크레디트에 이름이 오른다는 것은 이 작품에 참여했음을 증명해 주는 동시에 각 파트의 책임자를 명확하게 한다는 의미가 있다.

시나리오 작가는 어떤 일을 하는 직업인가요.

시나리오 작가는 쉽게 말해 각본을 쓰거나 각색을 합니다. 한 주제를 가지고 처음부터 끝까지 스토리를 짜서 이야기를 쓰는 것을 '각본'이라고 하고, 그렇게 완성된 각본에서 부족한 부분을 메꿔 가면서 수정하는 작업이 '각색'입니다.

시나리오 작가가 된 계기는 무엇인가요?

원래 문예창작과를 나왔어요. 소설을 전공했고요. 소설가가 되는 게 꿈이었는데, 어째서인지 소설을 쓰고 합평회를 할 때마다 항상 혼나는 거예요. "네 글은 왜 이렇게 대사가 많니?" 그렇게요. 소설이라고 하면 무게감 있는 감정의 묘사 같은 것을 써야 하는데, 저는 묘사보다 대사가 왔다 갔다 하는 상황들이 더 재미있었어요. 그러다 보니 대학교 때 소설 못 쓰는 애로 찍혔어요. 그때는 몰랐던 거죠. 시나리오를 잘 쓸 줄.

대사를 쓰는 게 재밌다고 해서 바로 시나리오 작가를 떠올린 건 아닐 텐데요.

어느 날 학교 선배가 "내가 아는 분이 영화를 제작하는데 시나리오가 필요하대. 문예창작과 나왔으니까 혹시 엄마와 딸 얘기를 쓸 수 있겠니?" 물었어요. 그때는 시나리오를 어떻게 쓰는지 몰라서 포털사이트를 뒤져서 형식이 어떤지 봤어요. 내용을 공간으로 나눠서 쓰면 된다고 설명이 돼 있더라고요. 그럼 무슨 내용을 쓸까 고민이 되잖아요.

당시에 제가 학원에서 학생들에게 국어를 가르치고 있었어요.

그날도 수업을 하는데 마침 진도가 주요섭의 소설《사랑손님과 어머니》였어요. '이 시대 사람들을 현재 시대로 데리고 와서 성격과 캐릭터를 약간 바꿔 진행하면 어떨까?' 그런 생각 끝에 첫 시나리오 〈사랑방 선수와 어머니〉(임영성, 2007)를 쓰게 됐어요. 정말 운이 좋게도 그 작품이 영화가 됐고요. 그렇게 '입봉'했어요.

시나리오 작가로 입문하기에 유리한 전공이 따로 있을까요?

시나리오 작가는 누구나 할 수 있는 직업이에요. 자격증이 필요하거나 등단을 해야 하는 일이 아니니까요. 변호사나 의사 일을 하면서 쉬는 시간에 시나리오 쓰는 분들도 있어요. 그러니 꼭 어떤 전공을 해야 한다고는 할 수 없지만, 영화·영상 관련 전공자가 유리한 건 사실이죠. 영상에 대한 이해가 있으면 쓰기가 더 수월해요. 동시에 시나리오는 글이잖아요. 당연히 문장력이 있으면 좋으니, 글을 접하는 전공이 유리하겠죠.

좋은 시나리오를 쓰기 위해 지키는 습관이 있는지 궁금합니다. 또 배세영 작가가 영화를 보는 특별한 방법이 있다면요?

저는 개봉하는 한국영화는 거의 다 봐요. 훌륭한 대사가 나오면 질투하고요. (웃음) 하지만 그런 노력보다도, 저는 사실 굉장히 많이 쓰고 있어요. 제가 써야 하는 이야기를 여러 면에서 달리 생각해 보면서 새로 구성해 보고, 써 봐요. 직업병처럼 계속 글을 쓰고 있습니다.

배세영 작가는 시나리오를 쓸 때, 어제 17번 신까지 썼으면 다음 날

18번 신에서 바로 시작하는 것이 아니라 18번 신을 시작하기 위해서 1번부터 다시 읽어 본다고 들었어요. 매번.

버릇인데요, 다른 작가들은 '트리트먼트_treatment'를 쓰고 1신_scene 부터 쓰는 경우가 많다고 들었어요. 트리트먼트는 시나리오를 쓰기 전 단계로, 대강의 줄거리를 신별로 늘어놓는 작업이거든요. 저는 트리트먼트 없이 1신부터 쓰기 시작해요. 그 신에서 주인공들의 관계가 대화를 통해 발전하면서 생각지도 않은 신으로 넘어가고, 또 넘어가고 하는 식으로….

> **시나리오 작가는 누구나 할 수 있지만 영상에 대한 이해 필요해.**
> **개봉하는 한국영화 꾸준히 보고 직업병처럼 계속 글 써.**

결말은 정해져 있나요?

큰 구조는 있어요. 이 사람이 어떤 일을 할 것이다. 어떻게 성공 할 것이다. 하지만 세세한 에피소드나 구성은 순간 순간 쓰면서 잡아요.

시나리오를 쓸 때 특정 배우를 가상 캐스팅하고 쓰기도 하나요? 캐릭터 를 잡거나 말투를 생생하게 느끼는 방법으로는 유효할 것 같은데요.

저는 그래요. 주인공을 맡을 만한 배우들을 놓고, 가상 캐스팅 을 하는 거죠. 예를 들어 박서준 배우라면, 그동안 한 역할 중에서 '〈이태 원 클라쓰〉(김성윤·강민구, 2020)의 박서준 배우 느낌으로 쓸 거야' 하는 식 이죠. 배우의 외모보다는 이전에 연기한 배역으로 연상해요.

영화의 시나리오는 '사공이 많은' 글입니다. 제작자, 투자자, 감독 등 여러 사람의 입김이 작용해 수정을 거듭하기도 하고요. 영화가 개봉할 때까지 시나리오가 얼마나 바뀌어 있을지 정확히 알기가 어렵잖아요?

'VIP 시사회'라는 게 있어요. 영화 제작에 참여한 분들과 그 지인들을 부르는 시사회인데요, 그날이 제일 떨려요. 제게 영화가 잘 나오고 못 나오고는 중요하지가 않고 무슨 무슨 신이 남아 있나, 내가 쓴 게 얼마나 남아 있나, 이걸 보느라 정신을 못 차려요. 끝나고 나면 무슨 내용이었는지도 모를 정도예요. 그래서 제가 시나리오 쓴 영화가 개봉하면 최소한 세 번 이상은 극장에 가서 봐요.

처음 극장에 가면 내가 쓴 시나리오 중 어떤 게 남아 있는지 봅니다. 두 번째 갔을 때는 관객들 반응을 봐요. 그래서 영화에 몰입을 못 해요. 옆 사람이 안 웃으면 '왜 안 웃지? 저거 웃기라고 쓴 건데 왜 안 웃지?' 생각하고요. 의외의 곳에서 웃으면 좋아서 또 영화를 못 봐요. 세 번째쯤 되어야 영화 내용이 보여요. 네 번째, 다섯 번째, N차 관람을 하죠. 맨 앞줄에서도 보고, 맨 뒷줄에서도 봐요. 관객들이 웃음 포인트를 모르는 것 같으면 제가 먼저 웃으면서 관객의 한 사람인 양 반응할 때도 있어요.

관객 피드백을 체크하는 것이네요. 내가 쓴 대사가 정확한 역할을 했는지, 내가 슬프게 하려고 쓴 부분에서 보는 사람이 슬퍼하는지, 웃기려고 한 부분에서는 웃는지 확인하는 작업이네요.

네, 맞아요. 나중에 "관객이 1,600만 명 들었대"라는 말을 듣는 것보다, 제가 객석에 앉아서 사람들이 어떤 대사에 웃는지 정확히 체크해야 다음 시나리오 쓸 때 도움이 돼요.

글이 안 풀릴 때는 어떻게 하나요?

저는 예민한 편이에요. 글이 안 써지면 그 자리에서 안 일어나요. 써질 때까지 앉아 있어요. 대충이라도 써야 돼요. 잠을 길게 잘 수가 없죠. 하지만 이 일의 제일 힘든 점은 계속 평가를 받는 직업이라는 거예요. 시나리오를 써서 제작사 평가를 받고 나면 감독, 배우, 투자사, 나중엔 관객들까지 차례로 평가를 받아요. 그러다 보니 항상 긴장되어 있어요. 다 통과해서 영화가 만들어지고 개봉을 했으면 즐거워야 하는데 포털사이트에 댓글 올라오는 걸 보게 돼요.

배세영 작가가 생각하는 좋은 시나리오는 어떤 작품인가요?

남의 시나리오를 많이 읽는 편은 아니지만 좋은 플롯이 있어서

작업실에서 집필 중인
배세영 작가

말씀드려 보고 싶어요. 애니메이션 〈토이 스토리Toy Story〉(존 라세터, 1995)입니다. 지금도 가끔 봐요. 정말 잘 짜여진 플롯이거든요. 시나리오 작가를 꿈꾸는 분들이라면 한 번쯤 꼼꼼하게 보기를 권합니다.

그 짧은 이야기 속에 8개의 시퀀스sequence#가 '시나리오 작법서'에서 설명하는 공식대로 정확히 들어가 있어요. 10분 단위로 1시퀀스, 2시퀀스 이렇게 나눠져 있는데, 그 10분 단위로 이야기가 계속 전환돼요. 예를 들면 1시퀀스에는 무조건 인물에 대한 소개, 인물 주변 환경에 대한 소개가 들어가야 돼. 이건 약속이거든요. 그리고 2시퀀스에서는 사건이 시작되고, 3시퀀스에서는 이 사건이 진행이 돼요. 그러다 4시퀀스에서는 말도 안 되는 어마어마한 장애물이 나타나서 사건을 역전시켜 버려요. 그런 다음에 5, 6시퀀스에서 그것들을 해결하려는 행위들이 나오고, 7시퀀스에서는 모든 문제가 해결되면서 8시퀀스는 마무리. 이게 〈토이 스토리〉 안에 정확하게 배분돼서 들어 있어요. 그래서 '시퀀스를 나눈다'는 개념을 공부할 때, 〈토이 스토리〉를 참고하면 좋아요.

학교에서 이야기의 구조를 기승전결이라고 배우는데요. 요즘 만들어지는 상업영화는 전체 분량의 5할에서 7할 부분에서 한 번 반전이 나오고, 뒤에 또 반전이 나와요. 반전이 두 번 나오는 식이 많아요.

〈극한직업〉을 예로 들어 볼게요. 고 형사(류승룡 분)가 형사들을

\# 서로 연관된 작은 사건들이 연쇄되어 이루어지는 내용상의 단위. 몇 개의 신scene이 한 시퀀스를 이룬다.

데리고 치킨 집을 열심히 하다가 고발 프로그램 때문에 완전히 망하고 형사직도 박탈당하죠. 그 시점에서 이야기가 전환되는 거예요. 마약사범 체포는 고사하고 당장 내 삶에 위기가 오는 그 상황이 이야기의 반에 해당하는 거죠. 그렇게 이야기를 전환할 수 있었던 이유가 〈토이 스토리〉 덕분이었어요.

> "
> 애니메이션 〈토이 스토리〉 플롯, 시퀀스 구성의 정석! 시나리오 작가를 꿈꾼다면 꼼꼼하게 볼 것 권해.
> "

〈극한직업〉을 본 분들이 '어떻게 이렇게 대사를 재미있게 쓰지?', 또 '어떻게 웃음 포인트를 예측하고 잡아내지?' 궁금해합니다.

예측을 해서 쓸 수 있다면 얼마나 좋을까요. 관객 반응을 정확히 예측할 수가 없어요. 〈극한직업〉에서 "지금까지 이런 맛은 없었다" 대목이 이렇게 큰 반응을 얻을 줄 몰랐어요. 아이러니한 상황이라고 생각했지만 그렇게까지 웃으실 줄은 몰랐는데, 그 대사가 메인 카피가 됐더라고요. 섣불리 예측할 수 없다는 걸 다시 한 번 알게 됐죠.

사실 제가 코미디에 특화되었다거나, 개그감이 좋은 사람이라고는 생각하지 않아요. 저는 그냥 저한테 재미있는 대사를 쓰는 거예요. 그러니까 제가 전달하고자 하는 언어가 '코미디'인 거예요.

시나리오에 대한 피드백은 보통 어디서 구하나요?

가장 일반적인 관객이 될 법한 사람들한테 보여 줘요. 20대부터 50대까지 연령대도 다양하게요. 그런 다음 피드백을 받아요. 그게 제일 맞는 방법이라고 생각해요. 영화를 잘 아는 사람이나 전문가라면 구조나 구성과 관한 이야기를 해 줄 수 있지만, 그런 부분은 나중에 영화 제작이 본격화되면 도움을 얻을 수 있는 사람들을 만날 수 있어요.

저도 공모전 심사를 해 봤지만 구조가 완벽한 시나리오보다 일단 아이템이 좋아야 해요. 번뜩이는 아이템과 그걸 뒷받침할 수 있는 문장력! 그렇게 자신이 쓴 시나리오를 주위 사람들에게 보여 주고 어느 정도 좋은 피드백을 받으면 과감하게 지원하는 거죠. 시나리오 구조라든가 전문적인 부분들은 그 이후에도 얼마든지 피드백을 받을 수 있다고 봅니다.

> **＂**
> 완벽한 구조보다는 우선 아이템이 좋아야. 번뜩이는 아이템과
> 그걸 뒷받침할 수 있는 문장력! **＂**

말씀을 들으니 처음 시작하는 단계부터 주변에 전문가가 없다고 좌절할 필요는 없겠네요.

저는 오로지 포털사이트밖에 없었어요. 아무것도 몰랐는데 제 시나리오가 완벽했겠어요? 아마 엉망진창이었을 거예요. 그래도 아이디어 때문에 됐거든요. 지금 제작사나 감독들이 필요로 하는 건 아이템이에요. 나중에 대사 잘 쓰는 작가의 도움을 받을 수도 있고요.

극장까지 가는 데뷔작을 쓰기도 어렵지만 흥행작을 쓰는 것은 더 어렵습니다. 긴 시간 동안 멘탈 관리는 어떻게 하나요?

시나리오 작가의 삶은 끊임없는 평가와 거절의 연속입니다. 그래서 멘탈 관리도 작가의 역량이라고 생각하게 됐어요. 처음엔 저도 많이 좌절했어요. 힘든 일들이 굉장히 많았는데 그럴 때마다 '이걸 해야 돼 말아야 돼?' 하는 고민을 항상 반복했어요. 그런데 상업영화가 큰 성공을 거두는 조건이 훌륭한 시나리오가 다는 아니거든요. 감독, 배우 그리고 사회적 분위기가 다 맞아떨어져야 해요. 시나리오만으로, 좋은 작품만으로 결과가 나오는 게 아니라고 생각하고 희망을 잃지 말아야죠. 그렇지 않으면 계속 좌절하게 돼요. 제가 멘탈을 잡는 방법은 '다음 작품'이에요.

시나리오 작가는 계약을 한 뒤 어떤 단계로 지급을 받나요?

시나리오 작가라는 직업의 가장 큰 장점이라면, 그나마 영화가 제작에 들어가기 직전에 정산을 마친다는 거예요. 처음 시나리오를 쓰기 시작할 때 계약금을 받고, 그 다음 초고가 나왔을 때, 중간에 수정했을 때, 이런 식으로 나눠서 지급을 받다가 영화가 투자를 받게 되면 나머지 잔금을 다 받아요. 그래서 영화 흥행의 영향은 안 받는 대신, 투자가 이루어지지 않으면 잔금을 못 받는 경우가 생기죠.

배세영 작가는 천만 관객이 본 〈극한직업〉을 포함해 많은 히트작을 썼습니다. 전작의 관객 동원 성적에 따라 각본비가 올라가나요?

그럼요. 시나리오 작가가 1차적으로 책임져야 하는 몫은 투자까

많은 유행어를 만들어 내며 천만 관객을 동원한
〈극한직업〉
| 제작: 어바웃필름·영화사 해그림·CJ ENM
　　배급: CJ ENM

대사와 상황을 통해 긴장감을 끌어내는
각본의 힘이 잘 드러난 〈완벽한 타인〉
| 제작: 필름몬스터, 배급: 롯데엔터테인먼트

지예요. 저는 히트작만큼이나 투자를 받은 시나리오를 쓴 경험이 많은 작가이기 때문에 작품비에 그런 경력이 반영됩니다. 투자 유치에 성공했다고 해서 모든 영화가 제작되는 건 또 아니거든요. 그래서 일반 관객들이 저를 모를 때에도 영화 업계에는 제 이름이 알려졌어요. 그래도 어느 수준에서 작품비가 동결되어 있었는데, 〈극한직업〉이 잘되어 도움이 됐죠.

　　〈완벽한 타인〉 개봉 때는 〈극한직업〉을 쓴 배세영 작가의 존재가 부각되었습니다.

　　네. 그러다 보니까 아예 시나리오에 지분 계약을 같이 하기도 해요. 앞으로 저뿐만 아니라 다른 시나리오 작가들께도 좋은 영향이 되었으면 하는 바람입니다. 시나리오의 중요성에 대한 인식이 높아지리라고 기대하죠.

공모전 외에 시나리오 작가가 되는 경로는 어떤 것이 있을까요?

공모전 이외에는…, 사실 공모전에서 선정되더라도 참 힘들어요. 시나리오 작가가 되는 여러 방법 중에 시나리오 작가 사설학원이나 시나리오작가협회를 통하는 길도 있습니다. 또, 사실 주변 인맥이 굉장히 중요해요. 시나리오 한 편을 감독님한테 읽게 만들고 제작사에 보여 줄 수 있는 방법이 그렇게 많지 않더라고요. 그게 그렇게 어려운 일인가 싶었는데, 주변에 영화와 관련된 사람이 없으면 무슨 방법으로 작품을 보여 주겠어요. 갑자기 메일로 보낼 수도 없고요. 그런데 또 영화 쪽에서 지금 제일 부족한 게 시나리오이기도 해요. 다들 눈에 불을 켜고 "좋은 시나리오 없어?" 찾고 있거든요. 제작사 쪽에서는 시나리오를 찾고 있고, 시나리오 쓰는 분들은 이걸 어떻게 보여 줘야 하는지 모르고, 그런 상황 같아요.

요즘 가장 마음에 들었던 한국영화 시나리오가 있나요? 꼭 요즘 영화가 아니라도 비교적 최근에 본 한국영화 중에서 '이거 시나리오 좀 잘 쓴 것 같아'라고 인상에 남는 영화가 있다면요?

저는 한국영화를 대부분 다 좋아해요. 〈지푸라기라도 잡고 싶은 짐승들〉(김용훈, 2018)도 너무 재미있게 봤고, 웬만한 영화는 다 좋아합니다. 최근에 정진영 감독님께서 만든 〈사라진 시간〉(2019)을 봤는데, 제가 휴먼 코미디를 좋아해서 저랑 결이 안 맞을 거라 생각했는데 꽤 괜찮더라구요. 해석을 어떻게 하느냐에 따라서 영화를 보는 재미가 확 달라지는 영화였어요. 그래서 처음에는 "어? 이게 뭐야, 결말이?" 하고 봤다가 나중에, 제가 세 번을 봤는데 세 번째에는 이게 뭔지 알겠다, 알 것 같다

했습니다. 세 번째 보니까 다른 안 보이던 게 보이더라고요.

시나리오 쓸 때 취재나 자료 조사는 어떻게 하나요?

얼마 전에도 돼지농장에 다녀왔어요. 제가 필요한 공간, 장소가 있으면 자문해 주실 분들을 섭외해서 답사하고 인터뷰해요. 얼마 전에는 외국에서 일어난 이야기를 쓸 일이 있었는데, 구글 지도를 하나하나 확대하면서 '무슨 로드에서 밥을 먹었다'는 식으로 동선을 짰어요.

하지만 이런 말씀을 드리고 싶어요. '전문용어를 모르겠어요', '사투리를 모르겠어요' 고민하는데, 내 지식에서 벗어나는 전문적인 것을 잘 모른다고 고민하기 전에 스토리를 정해야 해요. 그런 전문적인 것들은 어느 정도 스토리가 정해지면 영화 제작이 진행되는 과정에서 얼마든지 도움을 받을 수 있어요. 제 작품 중 하나는 전라도 사투리로 전체 내용을 썼는데 경상도 출신 배우 분들이 캐스팅되었어요. 그래서 내용을 다 경상도로 바꾸었어요. 그런 일이 많거든요.

작품별로 작업 시간에 차이가 있나요?

시나리오마다 달라요. 〈완벽한 타인〉하고 〈극한직업〉은 빨리 썼어요. 둘 다 한 달 안에 다 썼습니다. 정확히는 3주 걸려서 썼어요. 하지만 그런 경우는 드물죠. 아이디어를 구체화하는 데에만 5년씩 걸리는 이야기들도 있거든요. 그렇지만 그만큼 오래 생각해 왔기 때문에 막상 시작하면 금방 쓸 수 있어요.

쓸 때는 3주, 4주지만 그 앞 5년이 없으면 못 쓰는 거죠.

맞아요. 그런 작품이 있는 반면 또 어떤 작품은 죽어도 안 써져요. 그런 작품은 과감하게 버려야 해요. 제 게 아닌 거예요. 각색이나 각본 맡았다가 "제 작품이 아닙니다" 하고 돌려 드릴 때가 있어요. 그 대신 다른 작품을 드리기로 하고요.

완성한 시나리오가 이미 제작이 결정된 작품과 겹칠 때도 있죠?

너무 안타까워요. 사실 하늘 아래 완전히 색다른 소재가 얼마나 되겠어요. 정말 독특하고 오로지 나만 생각할 수 있는 소재라고 생각한다면 저작권 등록을 해 놓으라고 해요. 쓰자마자 저작권 등록을 하면 논란이 생겼을 때 증빙할 수 있으니까요. 저작권 등록이 너무 번거롭고 어렵다면 내가 쓴 작품을 누군가한테 메일로 보낸 흔적이라도 남겨 두라고 합니다. 같은 소재의 영화가 동시에 개봉되기도 하잖아요.

> **"** 전문적인 것을 잘 모른다고 고민하기 전에 스토리를 정해야.
> 웹툰이나 외국영화를 한국판으로 바꿔 보는 연습도 추천. **"**

슬럼프도 있었나요?

하나도 안 써질 때가 너무 많아요. 거의 대부분의 날들이 하나도 안 써지는 느낌일 정도로요. 그런데 안 써질 때 영화를 본다든가 여행을 간다든가 친구를 만난다든가 하는 식으로 기분 전환을 하지 않아요.

안 써질 때일수록 더 앉아서 쓰려고 해요. 그렇게 하는 이유는 기분 전환을 하려고 해도 머릿속에서 안 풀리는 이야기가 사라지지 않기 때문이에요. 그래서 어떻게든 해내자는 쪽입니다. 시나리오 잘 쓰려면 많이 써 보는 수밖에 없거든요. 슬럼프가 와도 저는 일단은 씁니다.

마지막으로, 시나리오 작가를 꿈꾸는 분들께 해 주고 싶은 말이 있다면요?

제가 만약 청소년기에 시나리오 작가의 특강을 들었다면 저는 더 빨리 다른 인생을 살았을 거예요. 제가 어떤 글을 써야 하는 사람인지 몰라서 대학원까지 계속 소설에 매달려서 살았어요. 일단은 열심히, 꾸준히 써 보는 수밖에 없어요. 주변에 전문가가 없고 읽어 줄 사람이 없다는 말은 다 핑계가 아닐까 해요. 그냥 열심히 처음부터 끝까지, 어떻게든 써 보세요. 소재를 못 구하겠으면 재미있게 본 웹툰이나 외국영화를 한국판으로 바꿔 보는 연습을 해 보는 것도 추천합니다. ★

3 ＿＿＿＿＿＿＿＿ 감독

"일단 자기 이야기를 만들어라"

이상근

• 대표작 ─────

〈감상과 이해, 청산별곡〉〈베이베를 원하세요?〉〈명환이 셀카〉〈간만에 나온 종각이〉〈엑시트〉

장편 데뷔작 〈엑시트〉(2018)로 942만 6,161명의 관객을 동원한 이상근 감독은 감독이 배의 선장, 또는 오케스트라의 지휘자와 비슷하다고 설명한다. 감독은 영화의 스토리를 목적지까지 잘 끌고 갈 수 있게 방향을 지시하고 그 과정을 조율한다. 필요한 인적자원을 선별하고 조율해서 원하는 결과물이 나올 수 있게 큰 흐름을 이어 나가는 설계를 하는 사람이다.

감독은 영화가 극장에 걸리는 순간까지 끊임없이 선택을 한다. 한국에서는 감독이 직접 시나리오를 쓰는 경우가 많기 때문에, 첫 번째 선택은 원하는 이야기를 글로 옮기는 작업이다. 직접 시나리오를 쓰든 전문 시나리오 작가가 시나리오를 쓰든, 시나리오가 최종 촬영본으로 확정되기 전까지 수많은 안을 검토하는 것 역시 감독의 일이다. 캐스팅은 때로 영화의 운명을 좌우하는 선택이다. 이런 굵직한 선택 외에도 수많은 선택의 순간이 감독 앞에 놓여 있다. 촬영 현장에서는 테이블을 왼쪽에 둘지 오른쪽에 둘지, 테이블 위에 컵을 둘지 꽃병을 둘지를 포함한 수많은 질문이 감독을 기다린다. 또한, 지금 촬영한 장면이 오케이인지, 아니면 다시 촬영해야 하는지, 다시 촬영하면서 어떤 점을 바꾸거나 보강할지 역시 감독의 선택이다. 어떤 선택은 불가역적이며, 그 순간 영화의 미래를 일정 정도 결정짓기도 하니, 영화감독이 개봉까지 영화를 끌고 가는 매 순간 불안에 시달린다 해도 별로 놀랍지 않다. 이 책에 실린 모든 스태프들의 말을 거칠게 요약하면, 그들은 '감독의 비전을 실현시키는 일'을 한다. 그러니 감독이 무엇을 위해서 영화를 만드는지, 작업 과정은 어떠한지에 대해 자세히 듣는 일은 영화 제작 과정을 이해하는 데 중요할 뿐 아니라 무척 흥미로운 일이다. 〈엑시트〉의 촬영과 관련한 일화를 듣는 재미는 덤이다. 그리고 중요한 질문이 남는다. 감독을 꿈꾸는 당신, 당신이 보여 주고 싶은 이야기는 무엇인가.

배우는 연기를 하고 촬영감독은 촬영을 합니다. 영화감독은 어떤 일을 하는 사람인가요?

비유를 하면, 배의 선장이나 오케스트라 지휘자? 영화의 스토리가 목적지까지 잘 가도록 방향을 잡아 조율하는, 큰 흐름과 설계에 관여하는, 숲을 보는 사람이라고 생각해요.

영화감독이 되고 싶다는 마음을 먹게 된 최초의 계기는 무엇인가요?

어렸을 때부터 창작에 가까운 일을 좋아했어요. 드라마나 영화를 꾸준히 보면서 '누가 만들까?' 하는 호기심을 갖게 됐고요. 그러다 보니 영상 관련 학과로 진학했어요. 영화 전공은 아니었지만 단편영화를 만드는 과제를 하다가 재미를 느꼈고요. 게다가 교수님이 과분한 칭찬을 해 주셔서, 원래 칭찬을 잘해 주시는 분이었는데 제가 오해를 해서…. (웃음)

〈엑시트〉가 장편 데뷔작입니다. 촬영 당시 신인 감독이라 어려웠던 점도 있었을 것 같아요.

실은 영화감독을 꿈꾸기만 했지 이렇게 힘든 직업인지 몰랐어요. 제가 사회에서 누군가의 리더를 해 본 경험이 없어서 더 힘들었던 것 같아요. 어렸을 때 반장 한 번 못 해 본 제가 백 명이나 되는 크루crew를 이끌고 매 순간, 몇 분마다 한 번씩 빠르게 결정을 내려야 한다는 게 압박감이 컸어요. 큰 예산이 들어가는 영화인데, 제 말 한 마디에 마이너스가 될 수도 있고 플러스가 될 수도 있다고 생각하니…. 그런 압박감 속에서 친하지도 않은 사람들을 지휘해서 '앞으로 가자', '저리로 가자', '이걸 해야 된다' 순간의 결정을 내려야 한다는 사실이 좀처럼 적응이 되지 않더라고요. 저 자신에 대해 의심을 많이 하기도 했고요.

> **감독은 매 순간 선택하는 사람. 심적 압박감 이겨 내려고 '할 수 있다' 주문도 외워.**

그런 압박감을 어떻게 극복했나요?

그 얘기를 하면 밤을 새워야 하는데…. (웃음) 말씀 드렸다시피 저는 리더를 해 본 적이 없어요. 기껏해야 친구들 모임에서 식비 걷는 정도? 그런데 어떤 때는 보조출연 연기자들까지 3~4백 명을 진두지휘해야 하는 거예요. 물론 도와주는 현장 스태프분들이 계시지만, 수장이 돼서 오케이 사인을 내야 할 때의 압박감은 상상도 못 할 정도였어요. 주변에서 계속 응원해 준 것이 도움이 되기도 했고, 심적 압박감을 이겨 내려고 스스로 '할 수 있다, 할 수 있다' 주문을 외웠어요. 밤에 숙소에서 혼자 그 날 고민을 이어 가면 계속 괴롭기만 할 뿐이거든요. 사실 괴롭고 정신적으로 피폐한 날이 꽤 길었어요. 그런데 어차피 시작된 거, 사실 제가 망치면 제 인생도 끝인데요…. 물론 끝은 아닙니다만.

영화가 안 된다고 해도 끝은 아닙니다. (웃음)

(웃음) 네, 끝은 아니죠. 근데 그때는 그랬어요, 그때는! 이 일 아니면 내가 뭘 할 수 있나 싶어서. 결국 마인드 컨트롤이 제일 중요하죠.

또 너무 힘들면 옆에 있는 사람들에게 도움을 받으면 돼요. 저도 친구이자 〈엑시트〉 프로듀서인 동료에게 고민도 털어놓고 응원을 받았던 게 큰 힘이 됐어요. 영화감독이란 직책이 수많은 힘듦과 어려움을 겪게 했지만 지나고 나니 결과론적으로 아름다웠죠. (웃음) 힘든 만큼 값어치가 있었어요. 하지만 어떤 직업이든 연습한다고 어려운 과정들이 완전히 사라지지는 않는 것 같아요.

창작하는 일을 하고 싶어 하는 사람들이 내향적인 성격인 경우가 많더라고요.

처음부터 잘하는 사람은 많지 않을 거예요. 경험치의 차이라고 생각합니다. 여기에 이걸 놓을지 저걸 놓을지, 이런 것을 하루에 백 개씩 전부 체크하는 게 감독이라는 직업이에요. 현장에서는 대세에 지장이 없는 한 스태프들이 '좋은 걸 갖고 온다'고 믿고 그 안에서 고르는 식으로 일하죠. 현장에서 돌발적인 상황이 벌어졌을 때는 제가 답을 너무 느리게 내린다 싶으면 경험 많은 스태프들과도 논의를 많이 했어요. 다음 작품에서는 그런 점을 조금씩 줄여 나갔으면 합니다. 경험이 쌓이면 지금보다는 두려움 없이 빨리빨리 좋은 결정을 내릴 수 있지 않을까 생각해요.

〈엑시트〉는 감독님이 직접 시나리오를 쓴 작품입니다. 아이디어는 어떻게 떠올리나요?

저는 아이디어가 진짜 뜬금없이 나오거든요. 제일 확률이 높았던 게 세수하거나 샤워할 때였어요. 그래서 혹시 뭔가 떠오르지 않을까 기대하면서 샤워를 하기도 해요. 작정하고 생각하는 편이 아니라서, 재밌는 다큐멘터리나 재밌는 상황을 보면서 '이렇게 비틀어 보면 재밌겠다' 혹은 '저런 걸 영화로 만들면 재밌겠다' 하는 식이에요. 상황을 보고 메모하고, 생각이 들면 메모하고. 숙면에 빠지기 직전에도 재밌는 생각을 많이 하잖아요? 그때 바로 정신 차려서 메모해요. 결국 메모를 습관화해야 된다는 거죠.

감독님만의 메모 노하우가 있다면요?

스마트폰이 없던 시절에는 노트를 하나씩 갖고 다녔고요. 스마트폰으로 모든 게 가능해지면서 메모 어플을 메일과 연동시켜 놨어요. 오타가 너무 많이 나서 그 다음에는 녹음을 했고요. 메모를 주기적으로 정리합니다.

메모는 모으는 것만큼이나 정리하는 기술이 중요하죠?

주기적으로 메모를 정리해요. 말도 안 되는 메모라도 한글 파일로 정리를 하면 재밌는 대사가 될 때도 있거든요. 사실 90퍼센트는 별 의미 없는 메모인데, 그중 몇 개는 쓸 만한 것들이 나와요.

메모 내용은 대사를 포함한 이야기가 주를 이루나요, 아니면 인물에 대한 아이디어가 중심이 되나요?

매번 달라요. 재밌는 대사가 떠올랐다면 몇 줄로 대사를 써 보기도 했는데, 주로 기획안을 많이 썼어요. 지금 떠오르는 대로 말해 보면

"과자가 갑자기 사람이 되어 누굴 공격하고 지구가 멸망한다." 이런 식으로 두세 줄 정도로 적는 발상의 모음이요. 일종의 로그라인이라고 할 수 있겠네요. 시나리오 기획안을 보면 '로그라인'이라는 항목이 있어요. 영화를 한 문장으로 설명하는 거죠.

> '과자가 갑자기 사람이 되어 공격한다면?' … 뜬금없이 떠오르는 아이디어나 재밌는 생각 늘 메모하면 도움돼.

〈엑시트〉를 예로 든다면요?

"유독가스가 퍼진 세상. 미움 받던 아들이 가족을 구하고 동창 의주와 생존하는 이야기"라는 식이죠. 짧은 문장이지만 내용과 장르를 대략 알 수 있거든요. 저는 그래서 그 정도로 씁니다.

로그라인이 짧아도 듣는 사람이 혹하게 만들려면 훈련이 필요하거든요. 장황하게 얘기하지 않고 한두 문장 정도로 어떤 내용이고 어떤 장르인지 정리해야 하니까요.

그렇죠. 하지만 최초의 메모는 막 쓰셔도 됩니다.

〈엑시트〉에는 등산동호회가 나옵니다. 그런 디테일한 부분은 경험에서 우러난 것인가요?

제가 보면서 지나온 것들이 자연스럽게 주입이 돼 있겠죠. 그렇지만 제가 등산동호회를 한 건 아니었습니다. (웃음) 클라이밍장에 가서 몇 개월 동안 취재를 하긴 했고요. 어떤 단어를 쓰는지, 어떤 분들이 가입하고 어떤 생활을 하는지에 대해서요. 제가 암장(인공 암벽 시설)에 다녀 보기도 했고요.

〈엑시트〉는 재난영화이자 코미디인데요, 흔치 않은 조합입니다. 이런 아이디어를 내게 된 계기가 있나요?

워낙 진지한 걸 별로 안 좋아하고 잘 못해요. 코미디도 일부러 웃기려는 것에는 약간 거부감이 있어요. 그냥 '피식' 정도의 느낌? 그런 걸 좋아해요. 살살 웃는? 그런 정도를 좋아해요.

그게 더 어렵지 않나요?

공감이 됐을 때 약간 피식, 피식거리는 웃음이 나온다고 생각해요. 그 정도 웃음만 주는 것이 제 장기이고, 제가 좋아하는 거고요. 사실 이런 '독가스가 퍼진다'는 방식의 재난영화에 코미디를 넣으면 너무 경망스럽기도 하고 안 어울리잖아요?

위험할 수도 있고요.

네. 사람이 막 죽어 나가는데 왜 웃기려고 그러냐. 그래서 어떻게 잘 조합할 수 있을까 고민했는데, 사실은 외적으로도 사람을 안 죽이는 영화예요. 사람 죽이는 것을 안 보여 줬어요. 저 혼자의 논리로는 사실 죽은 사람이 한 명도 없어요. 〈엑시트〉에서 죽은 사람을… 보셨나요?

유독가스가 퍼진 세상, 미움 받던 아들이 가족을 구하고 동창 의주와 생존하는 이야기 〈엑시트〉
| 제작: 외유내강, 배급: CJ ENM

그게 미스터리이긴 하죠. 〈엑시트〉의 미스터리.

누워만 있지 사실 죽은 건 아니라고 저는 생각했고, 그렇게 영화를 찍었어요. 그런 식으로 조금 순화를 시켜서 제가 하고 싶은 얘기를 하고 싶었어요.

〈엑시트〉는 처음에 어떻게 떠올린 이야기였어요?

택시에서 라디오를 듣다가 떠올랐어요. 라디오에서 유독가스가 퍼지면 어느 높이까지 올라간다는 내용이 나오더라고요. 그러면서 "무거운 성질의 유독가스가 퍼졌을 때는 높은 곳에 있으면 생존할 수 있다"고 하는 거예요. 그 방송을 듣고 '무색무취의 가스가 보통인데 가스가 안개처럼 하얗게 깔리면 방향감각이 사라지고 기묘한 상황이 되겠다'는 생각이 들었고, 거기에 살을 붙이기 시작했습니다. 그때가 2012년도였고, 1년 걸려서 시나리오를 완성했고, 2015년에 지금의 제작사를 만났고 그때부터 〈엑시트〉 초고를 썼어요. 그리고 2019년에 개봉을 하게 됐죠.

7년쯤 걸렸네요. 그 사이에 가장 많이 달라진 내용은 무엇인가요?

유독가스와 남녀 주인공 캐릭터 정도만 남았어요. 처음에는 지금처럼 가족 얘기가 아니라 그냥 결혼식 피로연장에서 벌어지는 소동극이었고, 완전한 저예산영화로 기획했어요. 밖으로 나가는 상황은 전혀 없었고요.

다른 영화들과 어떤 면에서 달랐으면 좋겠다는 차별점이 있었다면요?

재난영화에서 보던 기시감은 어쩔 수 없겠지만 '그 안에서도 최대한 신선함을 찾아보자'가 목표였어요. 제가 잘할 수 있는 것에 대한 일종의 서명을 남기고 싶었죠. 이상근이 누군지는 모르지만 특이한 스타일이 있다는 걸 알리고 싶은, 일종의 '시그니처'가 꼭 남았으면 좋겠다고 생각했어요. 그래서 누구나 예상할 수 있는 풀이법은 지양하려고 했습니다.

영화감독이 되려면 영화 연출 전공을 하는 편이 좋을까요?

절대적이거나 필수적인 조건은 아니라고 봐요. 물론 영화 관련 학과에서 공부했을 때의 장점도 무시할 수는 없죠. 제 주변에 영화 전공을 하지 않은 분도 꽤 있지만, 영화과를 나온 분들도 굉장히 많아요. 그러니까 뭐가 낫다고 말하기는 어려워요. 영화나 영상 관련 학과를 가게 되면 일단 같은 관심사를 공유하는 친구들이 많이 생기잖아요.

그게 인맥이 되죠.

인맥이 구축되고, 좀 더 많은 정보를 빨리 흡수할 수 있겠죠. 영화 스태프를 구성하는 데도 시간이 덜 걸리고요. 또, 같은 꿈을 가진 친구들이 있으니까 좀 덜 외롭다는 거. 하지만 주변 사람들이 해 줄 수 있는 게 아니라 결국 스스로 깨치고 하는 일이에요.

전공을 하면 졸업영화를 찍을 때도 그 안에서 사람을 구하기가 수월하겠네요.

외부에서 활동해도 가능은 하죠. 영화과를 다니면 그 과정이 좀 더 용이하다는 정도입니다. 제 생각에는 영화과 진학이 절대적인 요소는 아닌 것 같아요. 영화과에서 영화를 배워서 좋은 연출가가 된다고 말하기에 애매한 부분이 있거든요.

굳이 영화를 전공하지 않아도 할 수 있는 방법은 있다는 말씀이죠?

대학에서 영화를 전공하지 않아도 외부 기관이나 대학원을 비롯한 다른 기관에서도 영화를 배울 수 있어요. 아예 영화 현장에서 일을 시작해서 영화계에 입문하는 것도 가능하고요. 그래도 영화를 제대로 배워 보고 싶다는 욕망이 커서 영상 전공 학과로 옮기고 싶다면, 한번 도전

해도 나쁘지는 않을 거 같아요. 하지만 영화나 영상 관련 학과를 꼭 나오지 않아도 영화를 할 수는 있습니다.

촬영감독과 숏 구성에 대한 논의는 어떻게 이루어지나요?

앵글을 포함해 그림의 구성이라는 측면에서는 콘티# 작업을 통해 몇 달 동안 촬영감독님과 심도 깊게 논의해서 합의를 하고 현장에 들어가는데요. 물론 현장에 가 보면, 예상했던 것과 여러 가지 여건들이 다를 수 있기 때문에, 다시 대화로 풀어 가야 하는 순간들이 생겨요. 1차적으로 콘티에 근거한 숏을 촬영감독님이 잡아 주면, 수정이 필요 없는 경우 그대로 본 촬영에 들어가고, 리허설을 해서 더 효과적인 숏이 있다는 판단이 들면 바로 논의를 하고 수정합니다. 보통의 경우 촬영감독님이나 제가 아이디어를 새로 내기도 하면서 수월하게 잘 흘러가는 편이에요. 결론적으로는 누가 일방적으로 명령하고 그걸 따르는 식이 아니라, 서로 파트너십을 갖고 창의적으로 일하는 직군이라고 생각합니다.

말씀을 듣다 보니, 배우들과 의견 조율을 어떻게 하는지도 궁금합니다. 대사 해석이나 현장에서 어떻게 연기할지에 대한 의견이 매번 일치하지는 않을 텐데요.

제일 쉬운 해결책은 배우가 원하는 걸 한 번 하고, 제가 원하는

\# 콘티뉴이티continuity의 줄인 말. 영화나 텔레비전 드라마의 촬영을 위하여 각본을 바탕으로 필요한 모든 사항을 기록한 것. 장면의 번호, 화면의 크기, 촬영 각도와 위치에서부터 의상, 소품, 대사, 액션 따위까지 적혀 있다. 영어권에서는 주로 '스토리보드storyboard'라는 용어를 사용한다.

걸 한 번 하는 거예요.

그렇네요. 그중에 더 좋은 컷을 골라 쓰는 식으로요.

하지만 정말 소통이 필요하다고 생각될 때도 있죠. 그렇다면 빨리 압축적으로 의견을 나눠야 해요. 왜냐하면 촬영 현장에서 그런 소통을 하면서 시간을 보낼 수가 없거든요. 촬영 들어가기 전에 캐릭터 설정을 비롯한 논의가 다 끝나 있어야 합니다.

현장에서 돌발 상황이 벌어지면 어떻게 대처하나요?

무조건 해결해서 촬영을 재개할 수 있도록 노력합니다. 어찌 됐든 해결해야 해요. 그런데 많은 배우 분들이 앞서 제가 말씀 드린 방식을 똑같이 택합니다. 한 번은 감독의 연출 의도에 맞춰서 연기하고, 그 다음에 본인이 원하는 대로 해 보는 거예요. "한 번 더 해 보겠습니다" 하는 거

〈엑시트〉 촬영 현장을
지휘하는 이상근 감독

죠. 그렇게 잘 흘러갑니다.

〈엑시트〉 배우들이 촬영 현장 분위기가 굉장히 좋았다고 하는데 비결이 뭔가요?

백 퍼센트 마냥 좋지는 않았을 거예요. 〈엑시트〉 현장도 힘들 때는 힘들었고 날 서 있는 때도 있었어요. 그래도 서로를 위할 수밖에 없었는데, 너무 힘든 현장이라 그랬지 싶어요. 또 웃어른이 많이 계셨거든요. 박인환 선생님, 고두심 선생님이 제가 아들뻘이다 보니까 많이 도와주셨어요. 이 나이에 데뷔한다고 (웃음) 많이 챙겨 주셨거든요. 배우들 사이에서 재밌는 상황도 많았고, 제게 장난을 거는 일도 많고 해서 즐거운 분위기로 촬영했죠.

연출하는 분들은 배우들처럼 여러 현장을 경험하기보다는 자기 영화 현장을 깊고 길게 경험하는 편이니까, 현장 분위기는 배우들이 제일 잘 알 수밖에 없죠.

네, 그렇죠. 어떤 분은 "다른 현장에서는 이런 분위기가 쉽지 않다"고도 했어요.

사전 질문에서 "영상 편집을 위주로 배우고 있는데 영화감독 일을 하는 데 도움이 될까요?" 물어보신 분이 있어요.

영화감독이 되는 경로가 다양해서 영화 편집을 하던 분이 감독으로 데뷔하는 경우도 있습니다. 미국에도 많고요. 편집을 잘하는 능력을 가졌다면 영화상 이야기의 흐름을 구성하는 데 탁월할 수 있겠죠. 압축적으로 이야기를 보여 주는 일도 가능하고요. 편집은 영화를 재창조하는 작업, 영화를 숲에서 바라보는 작업이거든요. 어떤 분야든 영화 일을 꾸준히 접해 보면 연출가가 되는 데 무조건 도움이 된다고 생각합니다.

영화 현장 스태프 경험은 어떤가요? 어떤 면에서 도움이 될까요?

한 번이라도 현장 경험을 하고 일을 시작하면, 전체를 보는 눈이랄까 시야가 넓어진다고 봐요. 영화 스태프 경험 여부가 영화감독이 되는 데 필수는 아니지만, 개인적으로 꼭 한 번 정도는 영화 현장을 경험해 보길 추천합니다.

> **"** 편집감독이 감독 데뷔하기도 해. 어떤 분야든 영화 관련 일을 꾸준히 접하는 것, 현장 경험이 중요. **"**

감독님도 류승완 감독님 작품에 참여했죠? 〈다찌마와 리: 악인이여 지옥행 급행열차를 타라!〉(2008) **조연출을 맡은 걸로 알고 있습니다.**

저는 배우 담당 조연출이었어요. 그 일을 하면서 배우들과 어떻게 얘기를 하면 되는지 알게 됐어요. 무엇보다도 감독이 현장에서 어떻게 해야 하는지 배웠고요. 무엇보다 현장 경험에서 제일 중요한 점은 감독과의 인적 인프라가 구축됐다는 겁니다. 제가 그 감독님 제작사에 시나리오를 건네 볼 수 있는 지인 정도는 된 셈이거든요.

친구들과 시험 삼아 영화를 만들어 보는 것도 좋을까요? 어떤 것이든 안 하는 것보다는 하는 게 낫다고 생각하거든요.

좋죠. 제 친구들은 제 영화에 다 한 번씩 출연했어요. 제가 재미로 그냥 매일 카메라를 들고 나가기도 했고요. 그땐 카메라가 굉장히 컸어요. 지금은 작기라도 하잖아요.

모를 수가 없는 크기였죠.

밤마다 영화 찍자고 친구들 불러내서 말도 안 되는 이야기를 찍고, 막 뛰라고 하고 액션영화도 찍었어요. 친구들은 왜 뛰는지도 모르고 재미로 뛰고, 찍고. 우정도 쌓고 영화적인 경험도 좀 늘려 갔죠. 순수하고 재밌거든요. 대단한 목적 없이 순수하게 시작해서 점점 재미를 붙여 가는 거죠. 꼭 도전해 보면 좋겠어요.

〈엑시트〉 찍으면서 힘든 일도 많았을 텐데, 계속 하게 만드는 힘은 무엇일까요?

뻔한 답으로는 가족의 응원 같은 게 있고요. (웃음) 개인적인 욕망으로는…, '이 작품 한 편 찍으면 후회 없이 눈을 감을 수 있겠다'는 마음이 드는 작품을 만들고 싶은 욕망이 있어요. 아마 모든 창작자들이 비슷할 거예요. 창작자라면 누구나 좋은 작품을 제대로 만들어 보고 싶은 욕망이 있으니까요.

좋은 배우나 좋은 작품에 대한 나름의 기준이 있나요?

〈엑시트〉 촬영 현장. 이상근 감독은 '엔딩 크레디트를 끝까지 보고 싶다'는 생각이 들게 하는 작품을 좋은 영화로 꼽았다

저는 기준을 세워 놓고 영화를 보지는 않습니다. 아마 다 비슷할 거예요. 그런데 영화를 보고 '닭살 돋았다', '심장이 약간 움직였다' 하는 느낌이 들 때가 있어요. 극장에서 나온 뒤에도 약간 멍한 느낌이 지속되거나 '엔딩 크레디트를 끝까지 보고 싶다'는 생각이 들 때, 그런 경험을 하게 한 작품이 좋은 영화였고 좋은 배우였던 것 같아요. 제 감정을 쥐락펴락할 수 있는 영화를 만났을 때 말이에요.

좋아하는 작품을 꼽는다면요?

〈백 투 더 퓨처Back To The Future〉(로버트 저메키스, 1985~1990) 시리즈를 정말 좋아합니다. 그리고 영화만이 줄 수 있는 재미를 느낀 작품은 〈구니스The Goonies〉(리처드 도너, 1985)와 〈인디아나 존스〉 같은 모험물이에요. 어렸을 때 미국영화들이 저를 사로잡았는데 그 시절 영화를 보면 아직도 재밌어요. 꿈과 희망 같은 거창한 단어와 연결된 감정이 생겨나요.

클리셰cliché#와 색다름 중에서 선택하기가 쉽지 않을 것 같은데 감독님은 어떻게 선택하나요?

저는 완전한 색다름은 오히려 재미가 없을 수도 있다는 쪽이에요. 관객들은 오랫동안 익숙한 문법과 관습 속에서 지내 왔기 때문에, 컨벤션convention##을 적절히 살리는 한도 내에서 살짝 비트는 정도로도 충분히 신선하게 느낄 수 있다고 생각합니다. 클리셰도 어떻게 이용하는가에 따라서 신선할 수 있어요. 예상한 컨벤션대로 진행되면서 사이다가 되기도 하고요. 오랜 시간 동안 살아남은 클리셰에는 다 이유가 있다고 보고, 그래서 적절한 참고와 이용은 큰 도움이 된다고 생각합니다.

영화감독이 되고 싶은 사람에게 해 주고 싶은 말이 있다면요?

영화감독이 되기 위해서 뭘 해야 되는가 길게 말할 수도 있지만, 영화감독이 될 수 있는 가장 높은 확률을 보장하는 것은 바로 시나리오를 쓰는 겁니다. 물론 한국에 국한해서 말씀 드리는 겁니다. 재밌는 얘기, 스토리가 뭔지 고민하고 개발하세요. 시나리오 쓰는 방법, 영화 공부하는 방법, 영화 찍는 법은 인터넷이나 책, 각종 관련 기관을 찾아보면 다 있어요. 제일 중요한 건 시나리오를 쓰는 겁니다. 그럼 높은 확률로 영화감독에 더 가까이 갈 수 있어요. 시나리오를 쓰다 보면 영화 창작이 뭔지,

---

오랫동안 습관적으로 쓰여 뻔하게 느껴지는 표현, 진부한 장면, 전형적인 카메라 기법 등을 뜻하는 용어.

관객들에게 이미 익숙해진 요소들을 관습처럼 사용하여, 영화의 내용이나 캐릭터에 대해 빠르게 이해할 수 있도록 해주는 영화의 방식.

영화를 어떻게 만들어야 되는지에 다가갈 수 있고. 또 시나리오를 쓰면
영화 현장을 찾아갈 수도 있고 영화 현장이 어떻게 돌아가는지 구체적으
로 배울 수도 있어요. 그래서 단 하나의 방법, '영화감독이 되기 위해 무
얼 해야 되냐'는 질문에 답을 한다면 시나리오라고 자신 있게 말하겠습니
다. '시나리오를 일단 써라. 자기 이야기를 만들어라.' ★

Part 2

제작 현장

이제부터 실전

본격적인 촬영에 들어가는 단계인 프로덕션은 '첫 촬영일'부터 시작된다. 첫 등교, 첫 출근만큼이나 긴장되고 설레는 날이다. 감독, 배우, 스태프들은 프리프로덕션에서 준비했던 것들을 이날부터 차례로 펼쳐 낸다. 감독은 프로듀서가 계획한 스케줄대로 촬영을 진행하면서 배우들의 연기 톤을 잡아 간다. 배우들도 감독의 연출 스타일을 파악한다. 촬영·조명·미술·의상·분장 등 각 파트의 스태프들과 연출부, 제작부가 바쁘게 움직이면서 현장의 열기는 점점 뜨거워진다.

카메라 PLAY! 조명 ON!

촬영 현장에선 매회 정해진 분량을 '촬영'해야 한다. 촬영감독과 촬영팀의 역할이 중요한 이유다. 촬영감독은 쉽게 말해 현장에서 카메라로 영화를 촬영하는 직업이다. 하지만 카메라 녹화 버튼만 누르는 단순 기술직이 아니다. 촬영감독은 한 편의 영화가 지닌 다양한 감각을 사각의 프레임 안에 담아내는 동시에, 그 영화를 만드는 감독의 시선과 세계관을 이미지로 만들어 주는 현장의 아티스트다. 위대한 화가들이 자신의 그림

| 제작 현장 스태프들과 역할 |

감독

제작부

촬영팀

- 카메라 촬영

연출부

- 감독과 각 팀 소통 담당
- 촬영 스케줄 관리
- 콘티 및 스크립터 관리
- 전반적인 촬영 준비, 진행

조명팀

- 조명 장비 대여
- 조명기 설치
- 장면에 맞는 조명 장비 준비 및 위치 전환

음향팀

- 대사 등 촬영 현장에서 발생하는 소리 녹음

프로덕션 디자이너

의상팀

- 캐릭터와 장면에 맞는 의상 제작 및 코디

미술팀

- 영화 배경 공간 디자인
- 세트 제작
- 소품 선정 및 제작

특수효과

- 폭발 화재 산불 등 실제 촬영 어려운 장면 미니어처 모형 제작 촬영

무술팀

- 액션 연출 및 지도
- 스턴트 장면 연기

분장팀

- 캐릭터에 맞는 헤어와 메이크업

특수분장팀

- 실제 표현이 불가능한 부분 제작
- 인체 모형 더미 제작
- 애니매트로닉스 등 움직이는 기계장치 제작

이제부터 실전

과 손에 맞는 붓을 고르듯이, 촬영감독은 수많은 테스트를 거쳐 그 영화에 가장 알맞는 카메라와 렌즈를 정한다. 시나리오를 철저히 분석한 뒤화면의 사이즈, 카메라의 각도, 카메라 움직임의 방향과 속도, 카메라와배우 사이의 거리도 결정한다. 각 장면에 어떤 색감을 부여해 영화의 정서를 끌어낼까 고민하고, 후반작업에서 색보정digital intermediate도 함께 한다. 뛰어난 시나리오 해석력과 기술력을 갖춘 촬영감독은 그래서 늘 차기작이 줄을 선다.

촬영 현장에서 촬영팀의 제1조수 '퍼스트'는 카메라의 노출과포커스에 문제가 없도록 확인한다. 배우가 두 번 다시 하기 힘든 명연기를 펼치고 촬영감독이 멋진 앵글로 그 모습을 담았는데, 하필 포커스가나간다면? 상상도 하기 싫은 일이다. 제2조수 '세컨드'는 카메라와 렌즈등 장비를 관리하고 현장에서 카메라를 세팅한다. 제3조수 '서드'는 세컨드를 도우면서 배우들의 촬영 위치를 마킹한다. 제4조수 막내(들)는 카메라 배터리와 그 밖의 촬영 소모품을 관리하며 세컨드와 서드를 돕는다. 또한 촬영팀은 스테디캠steadycam, 지미집jimmyjib, 러시안 암russianarm, 스콜피오 헤드scorpiohead 등의 특수촬영 장비[#]가 사용되는 장면을 파악하고 특수

[#] 스테디캠은 카메라를 삼각대에 고정시키지 않고 들고 찍기(핸드헬드handheld)로 촬영할 때 카메라가 흔들리는 것을 방지해 주는 특수 받침대이다.
지미집은 크레인과 같은 긴 구조물 끝에 카메라를 설치하고 이를 리모컨으로 조정이 가능하도록고안된 장비이다.
러시안 암은 자동차 위에 크레인을 설치하고 그 끝에 카메라를 장착할 수 있게 만든 장비로, 카 체이싱 장면 등에서 주로 사용된다.
스콜피오 헤드는 리모트 컨트롤이 가능하도록 만들어진 카메라 받침대이다. 스콜피오 헤드를 장착하면 상하좌우 전 방향으로 카메라를 움직이는 것이 가능하며, 미세한 조정까지 가능하기 때문에거대한 촬영 장비가 들어가기 어려운 군중 장면 촬영 등에 사용된다.

차량 추격신 등의 촬영에 사용되는 러시안 암
| 출처: '러시안 암' 페이스북

리모컨 조작이 가능한 스콜피오 헤드
| 출처: 'SCREW Inc.' 누리집

촬영팀과도 원활하게 소통해야 한다.

　　사람이 실제 눈으로 보고 느끼는 색채나 원근감, 명암을 화면에 완벽하게 담는 건 불가능하다. 영화는 우리 눈으로 보는 현실을 영화답게 '재현'하거나 극적으로 표현하는 것이다. 그럴 때 카메라에 담기는 빛이 중요하다. 감독과 촬영감독, 조명감독은 프리프로덕션 단계부터 함께 영화 전체를 관통하는 빛, 조명에 대한 전략을 세운다. 그 영화만의 조명 스타일을 만드는 것이다. 예를 들어 힘겨운 환경에서도 웃음 짓는 주인공의 이야기라면 부드러운 질감, 따스한 색감의 빛으로 인물과 배경을 감싸는 조명을 택한다. 공포영화나 스릴러라면 인물이 느끼는 공포감을 드러내기 위해 빛을 최소화, 어둠을 극대화할 수 있다. 배우의 얼굴에 어떻게 조명을 비추느냐에 따라 그 인물을 천사로도 악마로도 보이게 할 수 있고, 서 있는 차에 조명을 비춰 터널 속을 달리는 효과도 만들 수 있다. 즉, 조명감독은 카메라가 전략적으로 빛을 잡도록 장면마다 빛의 종류, 색깔, 양, 위치를 설계하는 직업이다.

이제부터 실전

조명의 종류와 콘셉트는 촬영 장소가 야외인가 오픈세트open set(옥외 촬영장)인가, 섭외한 장소인가 아니면 세트인가에 따라 달라진다. 조명감독은 자연광으로 찍을 것인가, 인공 조명으로 찍을 것인가를 촬영감독과 상의한 뒤 장면에 맞는 조명 종류와 배열, 위치를 정한다. 그 후 조명팀의 퍼스트가 조명기를 배치하고 배선을 결정한다. 세컨드와 서드, 막내(들)는 퍼스트의 지시에 따라 광량을 조절한다.

세트부터 분장까지, 분위기를 입히다

훌륭한 촬영과 빛나는 조명도 그 대상과 어울리지 않으면 무용지물이다. 배우는 물론이요, 배우가 연기하는 공간, 그 안의 인테리어나 가구, 소품 등 영화에 담기는 모든 요소들이 촬영과 조명의 대상이다. 이런 요소들이 시각적으로 일관성을 지녀야 하는데, 그래서 프로덕션 디자이너와 미술팀이 필요하다.

프로덕션 디자이너는 영화에 등장하는 모든 시각적인 요소를 디자인하는 직업이다. 나아가 이야기를 시각적으로 전달하기 위해 영화 속 공간, 소품, 의상까지 조율하여 그 영화만의 특별한 분위기를 만든다. 프로덕션 디자이너는 시나리오를 분석하고 아트 디렉터, 세트 디자이너, 미술팀(3~4명)과 함께 영화에 필요한 모든 미술 자료를 파악한 후 프로덕션 디자인 콘셉트를 결정한다. 세트는 필요한 종류, 규모, 형태 등을 파악해 설계하는데 특정 시대나 역사적 사건이 배경인 영화의 경우 더 철저한 자료 조사와 고증이 필요하다. 프로덕션 단계에선 미술팀, 세트팀, 소품팀, 데커레이션팀, 조경팀(촬영 때문에 나무를 심고 잔디를 까는 일이 꽤 많다)과 함께 시공한 세트를 점검한다. 로케이션 헌팅을 한 장소는 미술 자료들이나 소품으로 데커레이션해서 촬영에 알맞게 탈바꿈시킨다. 각 공간에서 카메라와 조명의 위치를 확인하고, 공간에 CG computer graphics(컴퓨터 그래픽)가 접목된다면 VFX Visaul Effects(시각특수효과) 슈퍼바이저와 상의한다. 촬영 도중 공간이나 세트를 복원, 변형, 수리하면서 영화가 시각적인 일관성을 유지하도록 만든다. 〈부산행〉(연상호, 2016)의 프로덕션 디자인을 보자. KTX 열차 세트와 정차하는 기차역 플랫폼의 분위기, 좁고 긴 공간에서 벌어진 좀비들과의 사투가 얼마나 강력하게 다가왔는지. 또 〈리틀 포레스트〉(임순례, 2018)의 프로덕션 디자인이 만들어 낸 주인공 혜원의 고향집과 주변 텃밭의 따뜻함. 1980년대 소말리아의 수도 모가디슈를 완벽하게 재현한 영화 〈모가디슈〉(류승완, 2021)는 어떤가. 내전이 벌어진 도시의 긴장감을 시각적으로 체험케 한 프로덕션 디자인이 놀랍다. 훌륭한 프로덕션 디자이너는 이렇게 공간을 또 다른 주인공으로 만드는 예술가다.

　　프로덕션 디자인과 함께 움직여야 하는 파트가 의상과 분장(헤어&메이크업)이다. 의상은 캐릭터의 신분, 개성, 심리를 드러내고 화면 안에서 프로덕션 디자인과 조화를 이루며 영화의 주제도 은유한다. 그러니 의상감독 역시 시나리오를 깊이 있게 해석할 수 있어야 한다. 의상감독은 패션을 통해 영화를 풍성하게 만들며, 치열한 자료 조사를 바탕으로 고증과 창작 사이에서 디자인을 한다. 캐릭터의 심리를 이해하고, 캐릭터를 연기하는 배우의 생각과 이미지, 신체 조건까지 고려해 어떤 질감과 형태로 디자인한 옷을 '어떻게' 입힐지 고민한다. 각 장면의 목표가 무엇인지 감독이나 다른 메인 스태프들과도 꾸준히 대화한다. 다각도의 노력으로 영화 의상을 디자인하는 것이다. 번쩍! 하고 아이디어가 떠오르는 경우는 흔치 않다.

　　　적합한 의상이 있다면 협찬을 받지만, 대부분의 영화 의상은 의상감독의 디자인을 바탕으로 의상팀이 직접 제작한다. 원단을 구입해 제작한 의상을 배우에게 입혀 보고, 몸에 맞게 조정하는 피팅fitting을 거친다. 현장에서는 장면의 설정이나 상황에 따라 그을음, 음식물 자국, 구김, 피 등을 의상에 '드레싱dressing'한다. 주조연 배우들뿐 아니라 보조출연자들의 의상도 모두 제작하고 현장에서 착용시킨다. 대규모 전쟁영화의 경우 수십에서 수백 명에 이르는 보조출연자의 군복을 제작한다! 의상감독의 지휘 하에 의상실장, 의상팀장, 구두 제작, 테일러tailor(의상 제작), 현장팀 등이 분업과 협업을 한다.

　　　캐릭터가 완성되려면 의상과 조화를 이루는 분장을 해야 한다. 영화 분장은 예쁘게 보이게 하는 화장과 다르다. 작품과 캐릭터를 분석해 배우 얼굴에 색을 입히는 일이다. 분장감독은 주조연, 보조출연자들의 얼굴과 머리에 알맞는 색과 스타일을 부여해 영화 속 인물들을 유기적으로 연결해 주는 직업이다. 배우 개인에게는 캐릭터가 되는 통로를 만들어 준다고 할까. 분장감독은 시나리오를 읽고 분장 콘셉트를 잡은 후 감독과 상의한다. 분장 콘셉트가 결정되면 분장팀(분장팀장, 퍼스트, 세컨드, 막내)과 회의 후 아이디어를 다듬어 주조연 배우들의 분장 테스트를 진행한다.

　　　현장에서 슛shoot을 들어가려면 배우들의 분장이 완벽히 끝나 있어야 한다. 촬영을 시작하면 테이크take(카메라를 중단시키지 않고 한 번에 찍는 장면)를 한 번 갈 때마다 배우들의 열정적인 연기로 인해 분장이 흐트러지기 쉽다. 테이크와 테이크 사이, 장면과 장면을 찍는 사이에 재빨리 헤어와 메이크업을 수정하고 보완해야 한다. 분장팀은 그래서 누구보다 현장에 빨리 나오고 촬영 내내 현장을 지킨다. 배우들이 캐릭터에 몰입할 수 있게 그들의 피부를 잠시나마 다독여 주는 현장의 '쉼터'이기도 하다.

불가능을 실제 상황으로

영화의 장르나 이야기의 특수성에 따라서 분장팀은 종종 전문 특수분장팀과 협업을 한다. 특수분장팀은 배우가 실제로는 하기 힘든 연기를 가능하게 하는 촬영 현장의 해결사다. 현실에 없는 장비, 특수소품을 만들어 촬영을 돕기도 한다. 손재주와 기술 감각, 미적 감각을 갖춘 동시에 해부학과 법의학, 로봇공학 디자인 등을 끊임없이 공부하는 연구자들이다.

특수분장팀의 영역은 꽤 넓다. 마른 사람을 뚱뚱하게, 젊은 사람을 노인으로 만드는 특수분장은 영화에 종종 등장한다. 라텍스, 실리콘 등으로 만든 인조 피부를 붙이고 그 위에 주름과 검버섯 등을 표현한다. 좀비 분장이나 배우 몸의 스크래치, 멍, 복합 상처도 특수분장으로 만든다. 변형된 신체 부위나 칼에 찔린 상처 등 훼손된 신체 부위를 표현하려고 더미dummy(실험용 인체 모형)도 제작한다. 전신, 머리, 상반신, 하반신, 팔, 다리, 손, 발, 얼굴 등 인체 부위별로 제작된 더미들이 공포, 스릴러 영화에 잘 사용된다. 실감나는 움직임을 위해 손 모형 안에 기계장치를 넣어 움직이게 하는 애니매트로닉스animatronics[#] 기법도 쓴다. 촬영하기 힘든 호랑이 같은 동물 더미도 만든다. 최근 특수분장은 자연스러움을 위해 CG와 결합되는 경우가 많아서 VFX팀과의 협업도 중요한 화두이다.

특수분장팀과 더불어 특수효과special effect팀도 현장에서 진가를 발휘한다. 특수효과는 실제 사물을 축소한 미니어처 모형을 근접 촬영하는 기법이나, 다리·건물·자동차 폭파 기술을 예로 들 수 있다. 총격 신에서 총기와 총탄이 사용된 흔적을 만들고, 대형 화재나 산불(심지어 불의 색깔까지)도 만든다. 인공 강우 크레인을 동원해 영화 속에 폭우를 내리기도 한다. 무중력 상태로 우주선이 떠오르는 느낌을 주는 기계장치, 뒤집힌 비행기 내부의 승객들 모습을 촬영할 수 있는 롤링 세트, 인파로 가득한 대형 여객선이 멀미 날 듯이 출렁이는 효과를 주는 짐벌 장치 등도 특수효과에 들어간다. 아무리 CG가 발달해도 실제로 터뜨리고 흔들어야만 얻을 수 있는 생생함이 있다. 특수효과팀은 새로운 장치들을 고안하고, 고도의 집중력으로 장치를 움직여 그런 생생함을 만든다. 이들의 노력으로 관객이 '실제 상황'처럼 느끼는 장면들이 탄생한다.

[#] 물체가 살아 움직이는 것처럼 보이도록 만들기 위해 기계장치에 캐릭터 모형을 덧씌우는 특수효과 기법을 말한다.

포착하고, 채집하고, 합을 맞춰

관객이 영화를 보면서 '체험'하는 듯한 느낌을 받는 것은 눈에 보이는 이미지와 더불어 귀에 들리는 소리 덕분이다. 동시녹음팀은 세상의 많은 소리 중 영화에 꼭 필요한 소리를 골라서 담는다. 동시녹음은 말 그대로 촬영과 동시에 녹음을 하는 것인데, 그냥 녹음하는 게 아니다. 동시녹음 감독과 동시녹음팀인 붐오퍼레이터(일명 '붐맨'), 유틸리티맨(일명 '라인맨')은 촬영 현장에서 배우들의 대사와 꼭 필요한 현장 사운드를 주변 소음과 분리시켜 깨끗하게 포착한다. 동시녹음 감독이 현장에서 조금 떨어진 위치에 녹음 카트(녹음기, 믹서, 마이크, 무선 마이크 등이 들어 있다)를 세팅하면 유틸리티맨이 붐마이크와 녹음 카트의 마이크 케이블을 연결한다. 붐오퍼레이터는 붐마이크를 장착한 붐폴을 들고 배우들의 동선과 입에 맞춰 부드럽고 빠르게 움직이며 대사를 녹음한다. 간단해 보인다고? 붐폴을 들고 움직이는 것만도 숙련된 기술이 필요하다.

한국영화는 종종 불분명한 대사와 입체감 없는 소리를 지적받곤 한다. 뛰어난 동시녹음 감독은 이런 문제를 해결한다. 감정이 고조된 배우의 발성이 목 안으로 말릴 때 대사를 최대한 선명하게 살린다. 테이크마다 미세한 감정의 차이를 보이는 배우의 목소리를 잘 조절해 녹음한다. 후시녹음에선 결코 만들 수 없는 소리다. 찍고 있는 장면의 맥락을 이해하고, 소리와 대사가 스토리의 개연성과 맞는지도 잡아 준다. 현장에서 녹음된 소리를 감독과 스크립터scripter#에게 모니터링하게 하고, 나중에 편집실과 믹싱실에서 좋은 감정이 담긴 대사를 쉽게 찾을 수 있게 사운드 리포트(일종의 녹음 스크립트)를 작성한다. 촬영 기간 동안 후반작업에 필요한 소리들을 채집하기도 한다.

촬영 현장에서 활약하는 직업 중에는 무술감독과 무술팀도 있다. 무술감독은 시나리오를 보고 영화 속 액션 콘셉트를 정한다. 각각의 액션 장면과 세세한 동작을 어떻게 구성하고 어떤 무기나 도구를 사용할지 구체적으로 설계한다. 액션 연기를 해야 하는 배우에게는 미리 액션 훈련을 시키고, 격투 신이 있다면 무술팀과 합도 맞춰 보게 한다. 현장에서는 배우들이 안전하게 액션 장면을 촬영할 수 있게 하고, 콘티에 맞게 배우들의 액션 동작을 교정해 준다. 무술팀을 지휘해 전문적인 액션 장면의 스턴트 연기도 촬영한다. 카 체이싱car chasing(자동차 추격 장면), 격투, 총격, 와이어 액션wire action(몸에 쇠줄을 단 채 주로 공중을 이동하는 연기), 고공 낙하 등 고난도 액션뿐 아니라 막싸움, 창문에 매달리기, 뛰어내리기 등 일상 액션까지 책임진다. 무술감독과 무술팀은 그래서 일정 수준 이상의 체력과 액션 기술, 장면 파악 능력을 갖춰야 한다.

촬영 현장에서 각 장면마다의 연출, 연기, 분장 그 밖의 상세한 작업 내용을 기록하여 전체 촬영의 통일을 기하는 임무를 맡은 사람.

밥차부터 일정표까지, 소통과 진행의 달인

이렇게 많은 스태프들이 현장에서 한꺼번에 움직인다. 영화와 감독의 세계관을 해석해 각자의 기술로 최선을 다해 구현하면서. 그런 스태프들을 챙기는 이들이 바로 연출부와 제작부다. 조감독, 연출부원, 스크립터로 구성되는 연출부의 책임자는 조감독이다. 연출부는 현장 통제를 총괄한다. 메인 스태프들과 긴밀히 협력해서 감독의 의도대로 촬영할 수 있게 현장 상황과 인원을 통솔해야 하니 기민한 리더십이 요구된다. 연출부원(5~7명)들은 각 파트별 담당을 나눠서 더 디테일한 소통을 한다. 일일 촬영계획표, 제작보고서, 콜 시트call sheet(영화 촬영 기간 중에 스태프와 배우에게 미리 건네 주는 다음 날의 예정표), 의상·분장·소품 구분표 작성 등의 서류 업무도 맡는다. 제작부와 공조해 현장 진행도 원활하게 한다. 스크립터(혹은 스크립트 슈퍼바이저)는 매 장면 촬영 때 일어난 모든 일을 기록한다. 꼼꼼함이 필수인 직업이다. 영화는 이야기 순서대로 찍지 않는 경우가 많고, 몇 달에 걸쳐 촬영한다. 장면과 장면이 잘 연결되려면 스크립터가 테이크마다 촬영 각도와 움직임, 의상, 분장, 소품, 렌즈, 배우의 대사나 연기의 느낌, 감독의 연출 지시 등 기록할 수 있는 건 전부 기록해야 한다.

제작부는 제작부장(제작실장, 프로덕션 매니저 혹은 라인 프로듀서로도 불린다), 제작팀장, 제작회계, 제작부원(5~7명)들로 구성된다. 제작부장은 연출부 책임자인 조감독과 함께 현장에서 모든 파트를 챙기는 제작부의 리더로, 매일 촬영 계획과 준비 상황을 점검한다. 배우 스케줄표, 장소 및 장면 구분표, 제작명세서 등의 문서도 작성한다. 무엇보다 프로듀서가 결제한 촬영 예산을 책임지고 관리, 집행, 정산해야 한다. 우선, 각 분야 스태프들과 계약하고 임금을 지불한다. 촬영 장소 섭외, 식당 및 밥차와 야식업체, 배우와 스태프들의 숙소도 선정해 계약하고 비용을 집행한다. 촬영 시 차량 및 행인 통제, 배우 보호, 보조출연자 관리, 추가 인원 고용, 촬영 차량 관리도 한다. 촬영 장비 임대업체, 협찬 업체도 선정해 계약한다. 이때 예상치 못한 변수가 생기면 최대한 예산 낭비를 막는 것도 제작부장의 임무다. 제작팀장은 제작부장 업무를 분담하면서 협찬 소품들이 화면에 잘 등장하도록 메인 스태프들과 의견을 조율한다. 제작회계는 매 회차 촬영이 끝나면 제작비 운영 내용을 확인한다. 제작부원들은 모든 잔업무를 맡는다. 음료, 간식, 우비, 핫팩 등 현장에서 스태프들에게 필요한 모든 물품을 조달한다. 스태프들 사이를 열심히 뛰어다니다가 촬영이 끝나면 마지막까지 남아서 현장을 정리한다.

　　　한 편의 영화를 만드는 데 이토록 많은 이들이 참여한다. 그래서 벌어지는 일도 수없이 많다. 현장에선 모든 파트가 감독에게 묻는다. 감독은 빨리 판단하고 그 많은 질문에 답해야 한다. 할 수 있는 것과 포기해야 할 것을 파악하고 타협점을 찾을 수밖에 없다. 선택하고 타협하길 거듭하면서 오늘의 촬영을 마치면 내일은 또 다른 촬영이 기다린다. 3개월에서 6개월 남짓한 촬영 기간 동안 놀라운 열정과 체력으로 달리는 감독과 배우, 스태프들이 있기에 우리는 오늘도 새로운 시도로 가득한 영화들을 만날 수 있다. '어떻게 이렇게 찍었을까?' 궁금증을 가득 안고서 말이다.

4 _____ 촬영감독

"감독의 눈으로 세계를 보라. 끊임없이 생각하며"

| 제공《씨네 21》

엄혜정

· 대표작 ────────
〈즐거운 우리집〉(연출) 〈핑거 프린
트〉〈해빙〉〈인간수업〉〈가장 보
통의 연애〉

영화를 분석하는 수많은 방식이 있다. 물론 정답은 영화의 모든 요소를 종합적으로 읽어 내는 시선을 갖는 것이지만, 촬영과 편집을 중심으로 하는 시각언어의 분석은 특히 비중이 높은 편이다. 화면 비율은 어떻게 되는지, 카메라가 정지해 있는지 움직이는지, 시점 숏#인지 아닌지, 클로즈업이라면 얼굴 전체가 나오는지 턱이나 머리가 잘려 있는지 등 화면에 무엇을 담기로 하고 담지 않기로 했는지만으로도 수많은 이야기가 가능하다. 호평받는 영화에 대해 말할 때 촬영을 상찬하지 않는 경우가 없다고 해도 무방할 정도이다. 다른 말로 하면 촬영감독은 연출자의 머리로 생각하고 연출자의 눈으로 보는 사람일지도 모르겠다.

넷플릭스 오리지널 시리즈 〈인간수업〉(김진민, 2020)을 촬영한 엄혜정 촬영감독은 영화에 대한 애정을 정연한 말로 설명하는 뛰어난 능력의 소유자다. 어떻게 촬영감독이 되는지부터 좋은 촬영에 대한 눈을 키우는 방법까지 다양한 이야기를 쉴 새 없이 들려준다. 현업 촬영감독으로서 촬영 감각을 키우기 위해 새로 나온 카메라나 렌즈에 대한 정보를 꾸준히 접하고, 소설이나 시나리오를 읽으며 머릿속으로 촬영을 해 보고, 평상시 체력 관리에 신경 쓴다는 그에게, 촬영감독을 꿈꾸는 이들이 영화 촬영을 보는 눈을 키울 수 있는 방법을 물었다. 엄혜정 촬영감독은 영화의 사운드와 자막을 모두 끄고 영화를 보는 방법을 권한다. 화면에 집중할 수 있어서 인물의 동선, 카메라 워킹 같은 요소들이 더 선명하게 눈에 들어온다. 모든 영화를 그렇게 볼 순 없다 해도 좋아하는 영화부터 사운드 없이, 자막 없이 보는 것으로 영화 촬영을 보는 눈을 키워 보면 어떨까. 익숙한 영화가 새로운 방식으로 말을 걸어올 것이다.

시점 숏point-of-view shot은 등장인물의 시점에서 보이는 화면을 말하는 것으로, 사건 당사자의 주관적 시각을 통해 인물에 대한 감정이입, 객관적 정보 통제 등의 효과를 얻는다.

엄혜정 촬영감독님은 어떤 과정을 거쳐 촬영감독이 되었나요?

한국예술종합학교 영상원에 진학해서 공부했어요. 단편영화들을 찍었죠. 제가 찍은 단편영화 중에 〈핑거 프린트〉(조규옥, 2004)가 '미쟝센 단편영화제'에서 촬영상을 받았어요. 그러고 나서 2006년에 데뷔 기회가 왔어요. 장편영화 데뷔작 계약서에 사인까지 했는데, 그때 마침 제가 연출한 단편영화 〈즐거운 우리집〉(엄혜정, 2004)을 칸국제영화제에서 상영할 수 있는 기회가 온 거예요. 감독님한테 "저 잠깐만 칸 좀 갔다 올게요" 하고 다녀왔는데 감독님이 교체되면서 스태프들이 다 나오게 됐어요. 그래서 아깝게 데뷔 기회를 놓쳤습니다. 그렇게 다시 기회가 올 때까지 단편영화도 찍고 홍보 동영상도 찍고 그러다가 이수연 감독님하고 단편영화를 두세 편 같이 하고 나서, 이수연 감독님 두 번째 작품 〈해빙〉(이수연, 2015) 때 상업영화 촬영감독으로 데뷔했죠.

어떻게 보면 촬영감독을 포함해서 스태프들이 겪는 고충을 말씀해 주신 것 같아요. 배우들도 선택되는 역할이라는 얘길 많이 하거든요. 촬영감독을 비롯한 스태프들도 마찬가지잖아요?

그래서 데뷔가 쉽지 않은 직업 중에 하나라고 볼 수 있어요. "제가 이걸 촬영하고 싶습니다" 먼저 얘기하기도 애매하고요. 포트폴리오를 만들어서 아는 영화사에 "저 이런 거 촬영했습니다. 한번 생각해 주세요" 하는 분들도 있긴 하거든요. 하지만 그보다는 어떤 감독님이 〈해빙〉을 보고 '저 촬영 괜찮네. 이번에는 저 사람과 작업하고 싶다'는 식으로 컨택을 하는 일이 더 많죠. 작품이 많아지면 자연스럽게 모든 사람이 찾는, 예를 들면 최영환 촬영감독님이나 김우형 촬영감독님, 김지용 촬영감독님처럼 제작에 들어갈 때 섭외 1순위에 올라가는 사람이 되는 거죠.

엄혜정 촬영감독님은 직접 연출한 영화도 있는데요, 연출 쪽으로 아예 방향을 틀어 볼까 생각하지는 않았나요?

제가 현재 한국영화촬영감독조합의 조합원인데, 유튜브에 CGK 한국영화촬영감독조합 채널이 있어요. 거기에서 제 단편영화 〈즐거운 우리집〉을 볼 수 있어요. 그 영화가 해외에서 상을 여럿 받았고, 한국에서도 호평을 받아서 연출 제의를 받기도 했어요. 근데 촬영감독이 되고 싶다는 욕망이 더 커서 그런 제의들을 다 거절했습니다.

촬영감독을 해야겠다고 생각하게 된 계기는 무엇인가요?

영상원 면접 때 "어떤 걸 하고 싶냐"는 질문을 받아서 "촬영을 하고 싶습니다" 했더니 그때 물어본 분이 "한국영화에 여성 촬영감독이 있다고 생각하냐"고 하더라고요. 당연히 "많이 있을 겁니다" 그랬는데, (웃음) 알고 보니까 시험을 본 1996년에 여성 촬영감독이 〈연풍연가〉(박대영, 1998)의 김윤희 촬영감독님, 그분 딱 한 분 계시더라고요. 나중에 학교에 들어가서 공부하면서 알았죠. '아, 촬영 쪽에는 여자가 거의 없다.' 그러면 여자가 거의 없는 부분에서 내가 일을 하면 어떨까 싶어서 학부 4년 동안 촬영 공부를 많이 했어요. 영상원에서는 연출, 편집, 사운드, 촬영을 두루 공부할 수 있었는데요, 나한테 뭐가 더 맞을지 계속 생각해 봐도 '역시 촬영밖에 없구나' 싶더라고요.

촬영감독이 되는 방법은 어떤 것들이 있나요?

세 가지 방법이 있어요. 하나는 영화를 전공하지 않아도 촬영감독의 촬영팀에 들어가서 경력을 쌓는 방식입니다. 흔히 말하는 도제식이죠. 막내부터 시작해서 퍼스트가 되고, 퍼스트 하면서 B카메라 촬영감독하다가 데뷔하는 경우요. 또 다른 케이스는 저처럼 대학에서 영화를 전공하고 '나는 촬영 전공을 하겠다'는 생각으로 촬영부 생활을 하다가 촬영감독이 되기도 하고요. 〈벌새〉(김보라, 2018)의 강국현 촬영감독님이 바로 그 케이스입니다. 영상원 나와서 촬영부 생활하다가 장편영화로 데뷔를 했죠. 마지막으로 학교 졸업하고 바로 데뷔하는 케이스도 있어요. 김우형 촬영감독님이 그런 경우인데, 촬영부 생활을 거의 안 하고 바로 데뷔를 했어요. 장선우 감독님의 〈거짓말〉(장선우, 1999) B카메라를 하셨는데, 그 영화를 본 사람들이 "저 촬영감독은 누구야?"라고 회자되면서, 그 이후로 계속 촬영을 하고 계시죠.

> " 촬영감독은 배우처럼 선택받는 직업. 그래서 데뷔 쉽지 않지만 전공자나 비전공자 모두 기회는 있어. "

B카메라에 대해서 설명해 주시겠어요?

카메라 한 대로 촬영하는 경우도 많아요. 하지만 액션 신이 크거나 폭파 신이 있다거나, 또는 대화 신이나 감정적으로 붙는 신이 길 경우에는 카메라 한 대를 더 준비합니다. 메인 카메라 촬영감독이 B카메라

쪽 앵글에 관여하긴 해도 어쨌든 촬영을 맡게 되는 셈이죠. 그렇게 카메라가 2~3대가 동시에 돌아가는 경우가 많습니다. 특히 예산이 큰 영화는 카메라 4대가 돌아가요. 폭파 신 등 돈과 물량이 많이 투입되는 장면은 카메라 6대까지 동시에 촬영하기도 해요.

촬영감독이 재미있다고 생각하는 순간들이 있을 텐데요.

배우의 연기를 가장 가까이에서 보는 사람이 바로 촬영감독이에요. 그러다 보니까 아직도 내일 촬영이다 그러면 마음이 살짝 들떠요. 그 순간이 상당히 즐겁고 흥분돼요. 한번은 뷰파인더로 들여다보다가 배우의 연기 때문에 운 적도 있어요. 그리고 프리프로덕션·프로덕션·포스트프로덕션까지, 그러니까 영화 시작에서 끝까지 책임지고 보는 사람은 감독과 촬영감독이에요. 영화에 대한 애착이 클 수밖에 없는 역할 중하나죠.

한국영상자료원
교육 프로그램 '스텝
바이 스태프Step by
Staff'(2020~2021)
행사에서 인터뷰하는
엄혜정 촬영감독

쉴 때 영화를 많이 보는 편인가요?

드라마나 영화를 쉴 때 많이 봐요. 막상 작품 들어가면 촬영하느라 정신 없으니까.

영화를 볼 때는 촬영을 중점적으로 보게 되겠죠?

'저거 어떻게 찍었지?' 하고 보다가도 정말 재미있으면 이야기에 빠지죠. 그러고 나서 '재미있는데 촬영도 좋네' 싶은 생각이 들어요. 그러면 다시 한 번 보기도 하고요.

이야기에 몰두할 수 있다는 건 연출, 연기, 촬영을 비롯한 요소가 다 잘됐기 때문이라는 말을 들은 적이 있어요. 그렇다고 볼 수 있을까요?

그렇죠. 좋은 이야기는 못 찍기 쉽지 않거든요. 이야기 자체의 힘이 강하면 촬영이 크게 뭘 하지 않아도 제 역할을 하게 되거든요. 계속 뭔가가 시선에 걸린다면 관객이 집중을 못한다는 뜻이니까요. 촬영감독들끼리도 '좋은 촬영이 뭐지?', '어떤 작품 촬영이 좋았지?' 얘기해 보면 대부분 카메라가 두드러지지 않는 영화들을 언급할 때가 많아요.

촬영감독 일의 어려운 점과 보람 있는 점을 꼽는다면요?

가장 어려운 점은 저희가 프리프로덕션 단계에서 계획을 해요. 하루 12시간 촬영을 한다고 치면 밥 먹는 시간, 오가는 시간까지 다 포함해서 12시간이거든요. 촬영할 수 있는 절대적인 시간이 정말 부족해요. 그렇기 때문에 프리프로덕션, 사전 단계에서 계획을 꼼꼼하게 해요. 문제는 계획대로 안 되는 상황이 생각보다 많다는 겁니다. 내가 150퍼센트를 준비해 갔어도 애타는 상황이 생기죠.

야외촬영 때 그런 일이 많겠어요.

날씨 예보와 현장 상황이 동일하게 가면 좋겠지만 그렇지 않은 경우도 많거든요. 예산이 많으면 다른 날 다시 와서 촬영할 수도 있겠지만, 대부분 예산 안에서 촬영을 해야 하니까 그냥 찍죠. 후반작업에서 톤을 맞출 생각을 합니다. '이 장소는 오늘밖에 빌릴 수가 없는데 날씨가 흐리다' 그러면 내가 현재 장면과 이전 장면, 그리고 그 이후의 장면을 순간 생각해야 되는 거예요. 하지만 이런 일이 있어요. 촬영감독들끼리 쓰는 말인데, '해피 해프닝'이라고 의도하지 않았는데 결과물이 더 좋게 나올 수도 있다는 뜻으로, 저희끼리는 그렇게 얘기해요.

그리고 야외촬영을 나가서 보람 있을 때는, 힘든 상황인데 결과물이 잘 나올 경우. 언제가 가장 힘이 드냐면, 배우가 갑자기 "저는 이렇게 연기를 못 하겠습니다" 할 때가 있어요. 배우도 사람이니까 감정적으로 어려울 때도 있거든요. 그럴 경우 준비했던 콘티가 엎어지는 거죠. 그럼 현장에서 콘티를 새로 짜서 새로 찍기도 합니다. 그런 돌발 변수는 어렵지만, 결과가 좋으면 보람을 느끼죠.

> **"** 촬영감독은 영화를 끝까지 책임지고 보는 사람 … 카메라가
> 두드러지지 않는 영화가 좋은 촬영. **"**

촬영한 영화를 극장에 가서 볼 때 촬영감독님이 체크하는 포인트는 무엇인가요?

보통 촬영감독들이 아무리 영화를 안 봐도 50번 이상은 볼 거예요. 편집이 끝나고 DIDigital Intermediate# 실로 넘어오면 그때부터 계속 컬러 그레이딩color grading을 해요. 색을 보정하는 거죠. 그러니까 원하는 톤으로 만드는 과정을 겪으면서 계속 봐요. 계속 보다가 믹싱mixing## 된 분량이 들어오기 시작하고 음악이 붙기 시작하면 또 바뀌죠. 그렇게 최종까지 확인을 하고는 룩look을 만들어요. 그리고 또 극장에 가요. 밤에 가요. (웃음) 관객들이 없는 밤에, 새벽 2시나 3시쯤에 가서 먼저 스크린 테스트를 해요. '이 상영관은 생각보다 어둡게 나오네' 싶어도 메인 상영관이 그곳이 되면 또 재조정을 해야 되죠. 관객 입장에서 최상의 상태가 되어야 해요.

극장 상영이 끝나면 그때부터는 영화가 작은 화면에서 유통되잖아요? 스마트폰으로도 보고요.

극장에서 상영이 끝나면 네이버에서 다운로드를 받거나 넷플릭스 같은 OTT 매체를 통해 다시 봐요. (웃음) 집에서 보는 TV도 삼성이나 LG냐에 따라서 색감이 다르잖아요. 마찬가지로 태블릿이나 핸드폰처

촬영 단계에서 획득한 영상의 밝기, 색상, 채도 등의 차이를 후반작업에서 일치시키는 과정으로, 필름 촬영이 일반적이던 시기의 DI는 촬영된 필름을 모두 스캔하여 디지털 데이터로 변환하는 작업을 일컬었으나, 디지털 작업이 일반화된 오늘날에는 디지털로 촬영된 이미지 데이터를 가지고 색보정, 먼지 제거,이펙트effects 삽입, 최종 상영 포맷까지 완성물을 만드는 전 과정을 DI에 포함시킨다.

영화에서 대사, 음악, 음향효과 등 모든 개별적 사운드 트랙을 하나의 마스터 사운드 트랙으로 합성하는 작업.

럼 디스플레이 환경에 따라서 달라지는 요소들이 있기 때문에 다시 한 번 체크업을 해요. 의도와 다르게 보일 때는 속상하기도 하죠.

코로나19 때문에 '극장에서 영화를 계속 보게 될까' 고민하는 시대입니다. 촬영감독 입장에서는 그래도 극장에서 봐야 좋다고 느낄 듯하고요.

이렇게 생각하면 될 것 같아요. 작품이 핸드폰에서만 보여진다면 핸드폰 화면 자체가 작으니까 그 안에서 어떻게 보일까를 생각해서 촬영을 하죠. 극장은 스크린이 크기 때문에 스펙터클을 경험할 수 있고요. 같은 클로즈업이라 해도 극장 스크린과 TV 화면에서 느낌이 달라지기 때문에 극장이 없어지지는 않을 것 같아요. 예를 들어 크리스토퍼 놀란Christopher Nolan 감독은 극장의 큰 스크린이 주는 화면의 맛 때문에 IMAX 카메라로 촬영을 해요. 훨씬 더 스펙터클한 장면을 담아내려고. 그 스펙터클한 장면을 TV나 핸드폰으로 보면 그 맛이 떨어져요.

하지만 촬영할 때는 무엇보다도 지금 내가 찍고 있는 장면의 감정이나 정서가 어떻게 전달될지를 먼저 고려하고 촬영합니다.

좀 더 만족스러운 결과물을 얻기 위해 평소 노력하는 점이 있다면요?

기술이 빠르게 발전하기 때문에 새로 나오는 카메라나 렌즈를 체크하고, 독특하게 찍은 영화나 드라마를 많이 봐요. 다양한 화면 비율을 가진 영화들도 보고요. 그리고 책을 많이 읽습니다. 책은 글자로 되어 있잖아요. 읽으면서 머릿속에서 영상을 떠올리죠. 그 훈련이 중요해요. 영화나 드라마를 보면서는 기술적인 부분을 파악하려고 노력한다면, 소설이나 시나리오를 읽을 때는 텍스트를 어떻게 이미지화할지에 중점을 두죠. 사진과 그림도 많이 보고요. 동화책도 좋아요. 글자보다는 그림이 상징적으로 많은 이야기를 담고 있어서.

> " 기술이 빠르게 발전하기 때문에 새로 나오는 카메라나 렌즈 항상 확인해 … 책을 읽으며 머릿속에서 영상 떠올리는 훈련이 중요. "

촬영감독이 되기 위해 평소에 할 수 있는 트레이닝법처럼 들려요.

제일 중요한 것은 운동입니다. (웃음) 촬영감독뿐 아니라 어떤 일을 하든 체력이 떨어지면 일을 할 수 없어요. 현장에서는 집중하느라 머리도 쓰고 체력을 쓰는 일도 많아서 체력 관리가 상당히 중요해요.

현장에서 집중해야 하는 요소들은 무엇일까요?

촬영감독은 영화라는 큰 숲을 감독과 같이 봐야 하지만, 그 안에 있는 나무도 봐야 하거든요. 집중력이 떨어지면 장면 연결을 비롯해 놓치는 부분이 많아져서 후회가 많이 남아요. 돌이킬 수 없거든요. 허우샤오시엔侯孝賢 감독이 이런 말을 했어요. "영화라는 것은, 촬영을 한다는 것은, 돌에 그림을 그리는 것이다." 되돌릴 수 없다는 얘기거든요. 그래서 촬영 현장에서는 예민해지지만 예민함을 현장에서 드러내면 안 돼요. 제가 급해지면 다른 스태프들도 같이 급해지니까요. 그래서 결과적으로 체력 소모가 크답니다.

촬영감독과 영화감독의 의견이 부딪힐 때는 어떻게 조율하나요?

1순위는 감독님 의견을 따르는 거예요. 'a film by 누구'가 굉장히 중요해요. (웃음) 제가 제안은 할 수 있죠. "감독님 이것보다는 이게 더 낫지 않을까요?" 정말 이 한 컷만은 내 생각대로 찍고 싶으면 감독님을 설득해야 해요. 촬영보다 힘든 건 그래서 커뮤니케이션이에요. 감독과의 커뮤니케이션, 배우와의 커뮤니케이션, 조명감독과의 커뮤니케이션. 그 커뮤니케이션을 통해서 우리가 원하는 하나의 세계를 만들려고 하기 때문에. 그럼에도 불구하고 감독님이 수용을 안 하면 감독님 뜻대로 진행을 해야 하죠. 제가 카메라로 촬영을 하다 보면 제 시선이 들어가기는 합니다. 그래도 그 세계관을 구축하는 사람은 감독이기 때문에.

내 역할을 정확히 파악하는 것도 협업의 기술이라는 생각이 드네요.

재밌는 이야기를 하나 하면요, 이명세 감독님이 〈형사: Duelist〉(2005) 찍을 때 제 친구가 연출부였어요. 이명세 감독님은 의성어로 표현을 하신대요. "이 장면에서 우르르르 쾅쾅 쫘악! 자 이렇게 카메라를 움직여 줘." (웃음) 이러면 모든 스태프들이 듣고 있다가 "으음!" 했는데, 〈형사〉를 보면 아시겠지만 촬영이 정말 좋습니다. 영화랑 너무 잘 어울리고. 이명세 감독님의 설명을 듣고 황기석 촬영감독님이 "이렇게 이렇게 하면 될까요?" 했을 때 그 화면이 만들어진 거죠.

배우가 콘티대로 움직일 때 카메라가 움직일 공간이 나오는지 같이 봐야 하는데요. 로케이션 촬영에서는 동선 문제가 클 것 같아요.

현장에서 먼저 체크하는 것들이 공간의 넓이와 높이거든요. 조명을 달아야 될 경우에 특히 높이가 중요하고, 공간의 넓이와 창문의 위치도 봐야 해요. 콘티를 짤 때 학생들이 가장 많이 하는 오류 중 하나가 공간을 보지 않고 망원렌즈를 쓴다든가 달리_{dolly}[#]를 넣으려고 하는 거예요. 그래서 말씀드리고 싶은 건 뷰파인더 앱이 있어요. 내가 쓰는 카메라와 쓸 렌즈, 화면 비율까지 설정해서 볼 수 있어요. 그걸 잘 체크해야 프로덕션 단계에서 시간도 절약하고 장비도 효율적으로 활용할 수 있어요. 그게 다 돈과 연결이 됩니다.

> 중요한 건 공간의 넓이와 높이. 미리 파악하면 시간 절약하고 장비도 효율적으로 활용할 수 있어. 뷰파인더 앱으로 연습해 보길.

'촬영이 좋다'는 말의 판단 기준이 무엇일까요?

마틴 스코세이지_{Martin Scorsese} 감독님이 이런 얘기를 했어요. "영화란 화면에 뭐가 보일지, 안 보일지의 선택"이라고. 그러니까 화면에 뭘 보여 줘야 할지에 대한 고민이 제게도 항상 있는 거죠. 누가 울고 있어, 그러면 가까이 다가갈까? 아니면 뒤로 더 빠질까? 그냥 고정시킨 채로 멀리서 찍을까? 클로즈업으로 찍을까? 그 광경을 지켜보는 사람을 집어넣을까? 넣지 말까? 그런 것이 상당히 고민되거든요.

[#] 카메라를 장착하고 이동하며 촬영할 수 있도록 보조하는 이동차.

"촬영감독님이 좋아하는 촬영감독은 누구인가요?" 저도 궁금합니다.

예전에는 '어떻게 촬영감독이 되셨어요?'라는 질문에 "비토리오 스토라로Vittorio Storaro가 촬영한 〈순응자 Il Conformista〉(베르나르도 베르톨루치, 1970)를 보고 촬영감독이 되기로 했습니다"라는 답이 많았어요. 할리우드나 유럽에서 활동하는 모든 촬영감독들의 답안이 공통적으로 그 영화였어요. 요즘은 로저 디킨스Roger Deakins 촬영감독 얘기를 많이 하죠. 저도 로저 디킨스 촬영감독님을 굉장히 좋아합니다, 당연히 비토리오 스토라로 감독님도 좋아하죠. 제가 요즘 좋아하는 촬영감독은 브래드포드 영Bradford Young, 〈컨택트Arrival〉(드니 빌뇌브, 2016)를 찍은 분입니다. 특히 〈컨택트〉에서는 음악과 이미지의 매칭이 좋았어요. 그리고 메리스 알베르티Maryse Alberti 촬영감독. 실버스타 스텔론 나오는 권투영화 〈크리드Creed〉(라이언 쿠글러, 2015), 미키 루크가 나온 〈더 레슬러The Wrestler〉(대런 아로노프스키, 2008), 그리고 〈벨벳 골드마인Velvet Goldmine〉(토드 헤인즈, 1998) 같은 작품들을 찍었어요. 여성 촬영감독입니다. 메리스 알베르티 촬영감독님은 다큐멘터리를 많이 찍어서 인물을 쫓아가는 카메라 워크도 상당히 좋거든요. 한국에서는 김우형, 김형구, 최영환 촬영감독님이 찍은 영화들을 보면 좋겠습니다.

촬영에 들어가면서 레퍼런스차 영화들을 많이 참고하는 편인가요?

기본적으로는 많이 참고합니다. 지금 새로운 촬영기법은 없다고 보시면 돼요. 이미 1910년대, 20년대에 다 나왔어요. 다만 이제는 장비가 좋아졌죠. 예전에 헬리콥터로 항공 촬영하던 것을 이제는 드론을 쓸 수 있고요. 그래서 새로운 장비를 쓴 레퍼런스를 많이 찾아요. 어떻게 찍을지 잘 안 풀릴 때는, 예를 들면 제가 〈해빙〉 준비할 때는 오히려 반대 색깔을 가진 영화를 많이 봤어요. 당시에 〈우리도 사랑일까Take This Waltz〉(사라 폴리, 2011)를 참고했습니다. 그 작품은 멜로드라마인데 영화에서 처음부터 끝까지 대부분 다 스테디캠으로 찍었어요.

넷플릭스 오리지널 시리즈 〈인간수업〉 촬영 현장에서 엄혜정 촬영감독

멜로드라마에서 스테디캠을 그렇게까지 많이 쓰지 않죠.

대화 신을 보면 프레임 위쪽이 살짝 흔들려요. 그게 뭐냐 하면, 여자 주인공이 새로운 남자를 만났을 때 설렌다고 할까요, 달뜬다고 할까요. 두근거리는 그 감정을 스테디캠으로 보여 줘요.

촬영에 중점을 두고 영화를 보고 싶다면 어떻게 공부하면 좋을까요?

영화 한 편을 여러 번 봐야 돼요. 다시 볼 때는 사운드를 꺼요. 자막도 끄고 보는 거죠. 화면에 집중할 수가 있으니까요. 때로는 일시정지를 누릅니다. 한컷 한컷의 구성을 어떻게 했는지 집중하면서 봐요.

〈인간수업〉 같은 드라마와 〈해빙〉 같은 영화 콘텐츠 간에 촬영의 차이점이 있다면 무엇일까요?

촬영에 차이는 없어요. 하지만 영화는 2시간 안팎의 분량에 압축적으로 이야기를 완성해야 하기 때문에 한 컷에 얼마만큼 담아서 보여줄 것인가를 더 고민하죠. 드라마는 더 긴 이야기이고. 하지만 촬영은 차이가 없습니다. 촬영은 끊임없이 그냥 생각하는 겁니다.

> **"**
> **촬영은 끊임없이 생각하는 것 … 영화 한 편을 여러 번, 사운드와 자막 끄고 한 컷 한 컷 어떻게 구성했는지 집중하면서 봐.** **"**

앞으로 작업해 보고 싶은 장르나 작품이 있다면?

액션영화요. 미국에 레이철 모리슨Rachel Morrison이라는 여성 촬영감독이 있어요. 그분이 촬영한 〈치욕의 대지Mudbound〉(디 리스, 2017)가 오스카상 촬영상 후보에 올랐습니다. 90년 만에 처음으로 여성 촬영감독이 후보에 오르는 기록을 세운 거죠. 그분이 그 다음에 〈블랙팬서Black Pan-the〉(라이언 쿠글러, 2018)를 찍었어요. 또 하나는 제가 SF를 좋아해서, SF영화를 해보고 싶어요. 아니면 이제 격정 멜로?

촬영할 때 여성으로서 힘든 점도 있나요?

여자라서 힘들진 않아요. 그러니까 체력적으로 달릴 거라고 보편적으로들 생각하는데, CGK(한국영화촬영감독조합) 단체사진 찍은 거 보니까 제가 나름 키가 큰 축이더라고요. 키 크고 덩치 좋은 촬영감독님들이 그렇게 많진 않으세요. 체력적으로는 여성이라고 해서 크게 문제가 되진 않아요. 단지 젠더가 여성이다 보니까 보편적인 남성과 여성을 보는 시선 안에서 판단하는 분들이 있다는 거. 촬영감독으로만 판단해 주면 좋겠지만요.

학교에서 카메라 30도의 법칙, 180도의 법칙 등을 배우는데 이런 법칙이 깨지는 경우가 많나요?

제가 항상 예를 드는 게 피카소Pablo Picasso인데, 1901년부터 1904년까지 피카소의 작품 경향을 '청색시대'라고 합니다. 그 초창기 시기에는 정말 데생력이나 디테일이 뛰어나고 정교해요. 그러다가 입체파로 넘어가고요. 그런 것처럼 영화에도 기본 룰이 있습니다. 하지만 규칙을 깰 때도 있어요. 규칙이 왜 만들어졌고 어떤 작용을 하는지를 이해하고 있어야 깨는 것도 가능해요.

법칙을 먼저 숙지해야 변칙을 사용할 수 있다는 말씀은 정말 중요한 것 같아요. 촬영뿐 아니라 모든 면에 적용되니까요.

깨는 것부터 먼저 하면 기본이 안 돼요. 모래성처럼 무너지기 쉬워요.

백 마디 말보다 영상 한 장면이 할 수 있는 이야기들이 훨씬 더 깊고 많을 때도 있고 또 그만큼 해석의 여지가 많을 때도 있어요. 그래서 촬영감독이 하는 일이 그만큼 크고 중요하다는 생각이 듭니다.

시나리오를 읽으면 읽은 사람마다 다 다르게 해석해요. 근데 시나리오를 쓰고 시나리오를 바탕으로 세계를 보여 주는 사람은 감독님이기 때문에 그 감독님이 원하는 세계를 어떻게 구현할지 고민을 해야 해요. 또, 화면 안의 인물을 어떻게 찍느냐에 따라서 그게 더 잘 구현될 수도 있고 덜 구현될 수도 있기 때문에 항상 화면을 보면서 쉽게 넘어가지지는 않죠. 게다가 프로덕션만 끝내면 일이 끝나는 게 아니라서, 한 영화를 하고 나서 그 다음 영화 준비하기까지 시간이 더 들기도 하고요.

결국 영화는 공동 작업이라는 사실을 잊지 않아야 하는군요.

좋은 촬영감독은 혼자 잘된다고 되는 게 아니거든요. 좋은 감독님을 만났을 때 나오는 시너지로 좋은 영화를 만들 수 있는 거라서, 항상 "소원을 빌어 봐" 그러면 "좋은 감독님과 좋은 시나리오를 만나서 촬영을 하고 싶습니다"라는 소원을 빌죠. (웃음) ★

5 _____ 조감독

"가장 중요한 것은 영화의 중심을 지키는 일"

조용진

· 대표작 ────

〈좋은 놈, 나쁜 놈, 이상한 놈〉〈여행자〉〈센스 8〉〈옥자〉〈지푸라기라도 잡고 싶은 짐승들〉〈D.P.〉

| 제공 《씨네 21》

영화 촬영 현장에서 조감독은 제일 알아보기 쉽다. 현장에서 가장 정신없이 뛰어다니고 말을 제일 많이 하는 사람이 십중팔구 조감독이다. 연출부를 이끄는 조감독은 감독의 가장 가까운 자리에서 영화와 관련된 모든 결정 사항을 체크하고 촬영이 순탄하게 이루어지도록 모든 요소를 조율한다. 무수한 사람들과 대화를 해야 하니 조감독의 전화기는 쉴 틈이 없다. 하지만 아무리 잘 준비된 촬영 현장에서도 사건 사고는 무수히 발생하기 마련이고, 그래서 어느 현장에서든 조감독은 늘 고통받는다. 〈좋은 놈, 나쁜 놈, 이상한 놈〉(김지운, 2008), 〈여행자〉(우니 르콩트, 2009), 〈센스 8〉(워쇼스키, 2015), 〈옥자〉(봉준호, 2017), 〈지푸라기라도 잡고 싶은 짐승들〉(김용훈, 2018), 〈D.P.〉(한준희, 2021) 등 수많은 한국영화와 드라마에서 조감독으로 활약해 온 조용진 조감독은 자신이 제작 현장에서 하는 일을 설명하면서 수많은 일정표를 보여 주었다. 감독이 연출에 집중할 수 있도록 보이지 않는 곳에서 숨가쁘게 움직이는 사람이 바로 조감독이다.

아마도 그렇기 때문에 한국에서는 감독이 되는 방법(혹은 과정) 중 하나가 연출부, 그중에서도 연출부를 이끄는 조감독으로 현장 통솔 경험을 쌓는 것이다. 〈건축학 개론〉(2011)의 이용주 감독은 봉준호 감독의 〈살인의 추억〉(2003) 연출부였고, 〈비밀은 없다〉(2015)의 이경미 감독은 박찬욱 감독의 〈친절한 금자씨〉(2005) 스크립터였다. 〈엑시트〉(2018)의 이상근 감독은 류승완 감독 연출부에서 배우 담당을 맡은 경력이 있고, 〈검사외전〉(2015)의 이일형 감독은 윤종빈 감독의 조감독으로 일했다. 참고로 할리우드에서는 감독 데뷔를 목적으로 하지 않는, 그야말로 영화 현장 전반을 관리하는 전문가로 조감독 직군이 인식된다고 한다. 조용진 조감독은 말하자면 할리우드 스타일의 '전문 조감독'이라고 할 수 있다.

조용진 조감독님은 많은 영화 제작에 참여했습니다. 조감독은 영화감독 가까이에서 영화 제작 실무의 전체 과정을 알아 갈 수 있는 일 같은데요, 영화 제작 과정에서 조감독이 하는 역할을 먼저 설명해 주세요.

조감독과 연출팀이 하는 일을 설명하려면, 영화 제작 과정을 간단히 말씀 드리고 시작하는 편이 좋을 것 같아요. 크게 세 가지 과정이 있습니다. '프리프로덕션'은 사전 준비 과정이죠. 그 다음에 '프로덕션' 과정인 촬영 과정이 있구요. 그리고 후반작업 과정인 '포스트프로덕션'이 있습니다. 중급 제작 규모를 기준으로 말씀드리면 한국영화의 프리프로덕션 작업은 4~5개월 정도 소요됩니다. 그리고 프로덕션, 촬영 기간은 영화마다 다르지만 그래도 보통 한 4.5~5개월 정도 걸려요. 대작은 더 걸리는 경우가 있고요. 후반작업도 작품마다 다른데 중간 정도로 잡으면 3~4개월 정도, 큰 영화들은 거의 1년 가까이도 걸려요.

규모는 예산 크기에 따라 나뉘는 건가요?

예산도 있지만, CG 작업이 오래 걸린 영화들의 경우 작업 기간이 더 길어집니다. 조감독이 하는 일은 세 가지 제작 과정의 스케줄을 짜는 게 가장 주된 업무라고 볼 수 있어요. 표면적으로 조감독이 하는 일은 스케줄을 짜는 일이죠. 영화 제작 과정의 스케줄도 조감독이 관리하고요. 그 다음 현장 진행이 있습니다. 현장에서 잘 흘러가도록, 주어진 시간이 한정적이니까 감독님이 원하는 컷을 소화하기 위해 조감독이 진행을 잘 유도하는 식입니다.

간단하게 말씀하셨지만 그 과정이 다 피, 땀, 눈물 아닙니까?

(웃음) 그렇습니다. 제가 생각하는 조감독의 일은 이런 표면적이고 기본적인 일도 중요하지만 내면적인 일도 있어요. 우리나라 감독님들이 시나리오를 직접 쓰는 일도 많잖아요? 시나리오를 쓸 때 감독님의 그림이 머릿속에 있을 거예요. 그래서 감독님의 비전을 공유하고 그 비전이 영상화되기까지 여러 파트와 회의도 하면서 영상화할 수 있게 유도하는 조감독이 '일 잘하는 조감독'이지 않을까 생각합니다.

연출부 구성은 어떻게 이루어지나요?

연출팀은 보통 조감독 밑에 팀원들을 두고 일합니다. '인물 담당', '미술 · 소품 담당'. 'VFX 담당'(특수효과 · CG · 액션 · 특수분장), '스크립터 슈퍼바이저', 그리고 막내가 있어요. 막내가 하는 일은 조감독이 할당하기에 따라 달라지는데, 의상 · 분장 담당을 줄 수도 있고 차량이나 동물, 무기 담당을 줄 수도 있어요. 현장이 아예 처음이라면 슬레이트 치기, 스크립터를 도와 모니터 설치하는 일도 할 수 있고요.

조감독 한 명에 스크립터, 인물 담당, 미술 · 소품 담당, VFX 담당, 그 다음 여러 가지 일을 하는 한 사람이 더해져서 다섯 명이네요. 이 정도가 일반적인 상업영화의 연출부 규모인가요?

여기서 한 명 정도는 줄어들 수도 있고, 제작 규모가 큰 영화는 연출부가 더 많아질 수도 있어요. 시나리오를 보고 할 일이 너무 많다 싶으면 조감독이 팀 규모를 조정하거나 일 배분을 합니다.

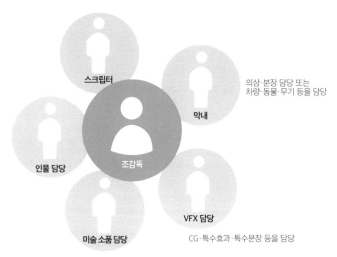

넷플릭스에서 제작한 〈옥자〉는 다국적 스태프로 구성되었다고 알고 있습니다. 그런 경우 연출부에서 하는 일이 달라지나요?

그렇죠. 〈옥자〉는 워낙 큰 영화고 할 일이 너무 많았어요. 미국과 캐나다 촬영도 준비해야 하고 한국 촬영도 있어서 인원이 많을 수밖에 없었어요. 저까지 포함해서 여덟 명이었습니다.

전부 다 한국인이었나요?

네. 그리고 촬영하기 두 달 전에 미국에서 또 두 명이 왔어요. 미국 퍼스트 ADAssistant Director랑 세컨드 AD가 왔어요. 〈옥자〉는 미국 자본으로 만드는 영화라서 배우들이 'SAGScreen Actors Guild'라는 배우조합 소속이었어요. 그 배우들을 위한 할리우드 쪽 조감독이 따로 필요했어요.

특수효과가 굉장히 많이 들어가는 작품에서 연출부의 VFX 담당은 무
슨 일을 하나요? 현장에서 효과를 만들지는 않을 텐데요.

예를 들어 〈옥자〉는 VFX 담당이 두 명이었어요. 한 명은 크리처
creature 그러니까 '옥자' 담당이었고, 다른 한 명은 '옥자' 이외의 2D CG 담당
이었어요. 배경 합성이라든지 뭘 지워야 한다든지 이런 2D에 관련된 CG와
나머지 특수분장·특수효과·액션을 담당하는 팀원이 있었죠. 두 사람이
동시에 일을 했던 경우예요. '옥자' 작업은 밴쿠버의 메소드 스튜디오Method
Studios CG팀에서 했기 때문에 영어를 할 수 있는 연출부가 필요했고요.

연출부 구인 공고를 보고 지원해서 처음 연출부 일을 시작하면 '막내'로
서 여러 일을 배우고, 그렇게 경력이 쌓이면 스크립터나 인물 담당을 맡
게 되는 식인가요? 그 결정은 조감독이 하고요.

막내로 연출부 일을 시작하고 난 뒤 다음 작품에 들어갈 때는

본인이 하고 싶은 파트를 스스로 정할 수 있겠지만, 조감독이 연출부를 구성할 때 팀원과 상의해서 각자 담당을 결정하기 때문에 원하는 파트를 담당하게 될 수도 있고 그렇지 못할 수도 있어요. 연출팀의 구성은 보통 조감독이 하고, 감독님께는 확인만 시켜 드립니다. 그러다 연출팀 구성에 이의가 있으면 상의해서 다시 뽑는 경우도 있고요.

조금 더 구체적으로 조감독이 어떠한 일을 하는지 설명해 주세요.

우선 프리프로덕션 단계에서 전체 일정의 스케줄표(그림 1 참조)를 짜요. 〈옥자〉 때 포맷을 예로 들어 볼게요. 〈옥자〉는 국내와 해외 프로덕션을 모두 거치는 경우니까 한국 촬영은 '코리아 유닛KOR unit'이라고 하고 'KOR unit-City'는 한국의 도심 촬영, 'KOR unit-Mountain'은 한국의 산 촬영입니다. 그 뒤 이동해서 7월에 'NYC unit'은 뉴욕 촬영, 그 다

| 그림 1 | 〈옥자〉의 촬영 일정 스케줄표

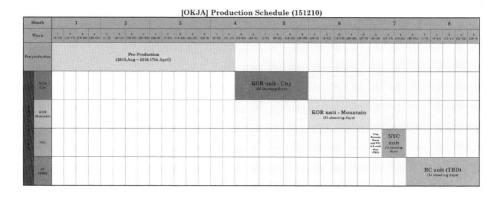

음 'BC unit'은 캐나다 브리티시컬럼비아주 촬영입니다. 'BC주'가 캐나다 거든요. 각 단계가 몇 개월에서 몇 주 걸리는데, 이 전체 일정을 한눈에 볼 수 있게 합니다. 그 다음에는 '마스터 플랜'이 있습니다. 조감독들마다 자기가 쓰는 포맷이 다 다른데 저는 한눈에 볼 수 있게 짜요. 시나리오 콘티, 프리비주얼, 캐스팅, 의상·분장, 로케이션팀이 몇 월, 몇째 주에 무슨 일을 해야 하는지가 전부 적혀 있죠.

이 일정표를 모든 팀이 공유하는 거죠? 그런데 일정이 계속 수정되잖아요?

〈옥자〉 때 타임 테이블을 예로 들면 한쪽에는 한국 상황을, 다른 쪽에는 같은 시기 캐나다와 미국 상황을 볼 수 있게 주별로 스케줄을 또 짜요. 그리고 모든 영화 제작 현장에는 콜 시트(그림 2 참조), 그러니까 '일일 촬영계획표'가 있습니다. 그날 뭘 찍는지, 몇 시에 모이고 몇 시에 조식을 먹고 몇 시에 중식을 먹고 몇 시에 끝날 예정인지 전부 표시하죠. 또 신별로 어떤 배우가 언제 촬영하는지를 적습니다. 미국 쪽 일정표는 메이크업을 언제 시작해야 하고 호텔 픽업을 몇 시에 가야 하고 몇 시에 끝내야 하는지를 다 적어요. 현장 도착은 '세트 콜'이라고 합니다.

한국도 같은 형식인가요?

한국은 좀 더 간편해요. 그날 출연하지 않는 배우는 안 써 놓는데, '일일 스케줄표'를 보면(그림 3 참조) 미국 배우들이 한국에 와서 호텔에 머물러도 다 적혀 있어요. 미국 배우들은 호텔에 와 있는 것도 일당에 들어가요. 우리나라는 동시에 여러 작품을 하기도 하는데 할리우드는 그 기간

| 그림 2 | 〈옥자〉 촬영 당시 콜 시트

Main Production Office
Woosang Films Inc.
481 - 18, Seogyo-Dong, Mapo-Gu, Seoul
Phone: +82 2-2038-2926

OKJA

CREW CALL 크루 현장집합 :

6:30 AM

Day회차:	Day 30 of 76 +1
Date촬영일:	Monday June 6, 2016

Shooting Call 숏: 7:30 AM

Breakfast Call 조식: 5:30 AM

Lunch Call 중식: 12:00 PM

Director:	Bong Joon Ho
Producers:	Dooho Choi, Dede Gardner, Lewis Taewan Kim, Jeremy Kleiner, Woo-Sik Seo
Exec Prod/UPM:	Stan Wlodkowski
Co-Producer:	Tilda Swinton, Sandro Kopp, Woo Sang Kim
Plan-B Exec:	Christina Oh
Writers:	Bong Joon Ho, Jon Ronson

Rise일출: 5:11 AM   Set일몰: 7:50 PM
Weather날씨: Mostly Cloudy 27°C & 15°C

Current Script: Revised Fifth Draft - December 22, 2015
최신 시나리오 버전 : 2015년 12월22일자 5고 수정본
Current Schedule 최신 스케줄 버전 : June 4, 2016

PRECALLS:
Art Dept: 1 Hour
Camera, Grip, Scorpio Head: 30 Mins

THERE WILL BE NO FORCED CALLS WITHOUT PRIOR APPROVAL BY THE PM (NO EXCEPTIONS) 모든 콜타임은 프로덕션매니저와 사전협의된 사항임 (예외없음)
ALL CALLS SUBJECT TO CHANGE BY PM AND/OR AD'S 각 콜타임은 프로덕션센매니저와 조감독에 의해 변경의 소지 있음
CLOSED SET 폐제구역 - NO VISITORS WITHOUT PRODUCTION APPROVAL 프로덕션의 승인 없이는 방문자 출입금지

SCENES 씬	SET / DESCRIPTION 씬내용	D/N	CAST #'S 인물	PGS 페이지	LOCATION 촬영장소
46U (2/2)	**UNDERPASS - CRASH SITE - REAR** Mija climbs onto car roof. Tracking as Mija lands on Okja & U turn, Okja/Mija pass camera, pan to Jay as he climbs into cab SHOT 46U.46 차 지붕위의 미자 / 옥자를 향해 점프하는 미자, 옥자 유턴	D3 Ext	3, 5, 6, 7, 8, 9 Extras x 72	1/8	Gwangju Suwan Underpass 광주 수완지하차도
46R	**UNDERPASS - CRASH SITE - FRONT** Behind Mundo & Kim to Jay, Single Mundo in cabin on Phone SHOT 46R. 37, 36 문도와 김군뒷통수 OS 스프레이핸 핸드는 제이 / 운전석의 문도 단독	D3 Ext	3, 12, 13	2/8	**PLEASE REVIEW ATTACHED SHOT LIST FOR SHOOTING ORDER** 촬영순서는 별도 첨부된 리스트를 참조해주시기 바랍니다
46T	**UNDERPASS - CRASH SITE - FRONT** Mundo's POV of Jay Spraying - Pan to find Kim Giggling, Long lens Frontal Jay & Truck, Single on Mundo watching SHOT 46T.41, 42, 40 문도 시점으로 스프레이뿌리는 제이, 펜해면 킬킬대는 김군 / 앙원랜즈로 제이와 트럭 정면 / 제이를 보는 문도 단독	D3 Ext	3, 12, 13	2/8	
50	**UNDERPASS - CRASH SITE - FRONT** Kim stands in front of truck holding phone, O/S Kim to phone, Wide of Kim & Truck - CNN Reporters arrive - SHOT 50.01, 02, 03 트럭 앞에서 스마트폰으로 검색했고있는 김군 / 김군OS스마트폰 / 김군과 트럭 와이드샷 CNN 리포터들 현장도착	D3 Ext	13, 35, 36 Extras x TBD	1/8	

| 그림 3 | 〈옥자〉 촬영 당시 일일 스케줄표

							DAY PAGE COUNT 2 1/8	
CAST 인물	**CAST AND DAY PLAYERS** 배우 & 출연자	**ROLE** 배역	**STAT** 상태	**PICK UP** 픽업	**START** 의상분장시작	**FINISH** 완료	**SET CALL** 촬영시작	**REMARKS** 비고
3	PAUL DANO	JAY 제이	W	6:45 AM	7:15 AM	8:15 AM	8:30 AM	
5	STEVEN YEUN	K 케이	W	6:45 AM	7:15 AM	8:15 AM	8:30 AM	
6	SEO-HYUN AN 안서현	MIJA 미자	W	6:15 AM	7:00 AM	7:15 AM		
7	LILY COLLINS	RED 레드	W	6:45 AM	7:15 AM	8:15 AM	8:30 AM	
8	DEVON BOSTICK	SILVER 실버	W	6:45 AM	7:15 AM	8:15 AM	8:30 AM	
9	DANIEL HENSHALL	BLOND 블론드	W	6:45 AM	7:15 AM	8:15 AM	8:30 AM	
12	JAE-MOON YOON 윤재문	MUNDO PARK 문도	W	-	8:30 AM	9:00 AM	9:15 AM	
13	WOO-SIK CHOI 최우식	KIM 김군	W	-	8:30 AM	9:00 AM	9:15 AM	
24	SUNG-YONG HAN 한성용	UNI EMPLOYEES #1 미란도수송요원	W	-	10:00 AM	10:45 AM	11:00 AM	
25	WAN-KI CHO 조완기	UNI EMPLOYEES #2 미란도수송요원	W	-	10:00 AM	10:45 AM	11:00 AM	
26	KYUNG-HO YOON 윤경호	UNI EMPLOYEES #3 미란도수송요원	W	-	10:00 AM	10:45 AM	11:00 AM	
27	JIN SEOK GWAK 곽진석	UNI EMPLOYEES #4 미란도수송요원	W	-	10:00 AM	10:45 AM	11:00 AM	
35	MIKAELA KINGSBURY	CNN REPORTER KOREA 리포터	SWF	-	9:45 AM	10:45 AM	11:00 AM	
36	이상영 SANG YOON LEE	CNN CAMERAMAN KOREA 카메라맨	SWF	-	9:45 AM	10:45 AM	11:00 AM	
106	MEI HAN 메이핸	MIJA STUNT DBL 미자 스턴트더블	W	5:40 AM	6:00 AM	6:30 AM	6:30 AM	
XX	Gui Deok Gwon 권귀덕	PRECISION DRIVER	W	-	-	-	6:30 AM	
XX	Song Won Gong 송원공	STUNT MOPED DRIVER 스타피바이더 스턴	W	-	-	-	6:30 AM	

STAND IN'S 스탠드인		**CALL TIME** 콜타임	**ON SET** 현장대기	**NOTES** 비고:
Mija SI	Seo Young Lim 임서영	5:30 AM	6:30 AM	PLEASE NOTE NO PHOTOGRAPHY, SOCIAL MEDIA OR RECORDED VIDEO ON SET WITHOUT APPROVAL 현장에서 승인 없는 사진 및 동영상촬영, 소셜미디어에 업로드 금지
ALF SI x 5	구현모, 김용빈, 홍문진, 박광열, 이현진	5:30 AM	6:30 AM	
Mundo SI	Dohwoon Kwon 권도운	7:45 AM	8:15 AM	ADDITIONAL PICK UPS 추가 차량픽업정보:
Kim SI	Joong Hyup Oh 오중협	7:45 AM	8:15 AM	Dooho 5:40 AM ~ Christina, Jeremy & Netflix 9: TBD

	BACKGROUND 보조출연		**REPORT**도착	**PROCESS**준비	**ON SET**현장대기	**REMARKS** 비고
Group A	32	Passengers w Cars 차량 가져오는 보조출연자	5:30 AM	6:00 AM	6:45 AM	Report to Byung at Unit Base
Group B	32	Spectators 일반보조출연 - 구경인파	5:30 AM	6:00 AM	6:45 AM	
	2	Medics 일반보조출연 - 구급대원	5:30 AM	6:00 AM	6:45 AM	
	6	Police 일반보조출연 - 경찰	5:30 AM	6:00 AM	6:45 AM	
		TOTAL EXTRAS 보조 출연원수=	72			

안에만 몰아서 찍기 때문에 다른 작품은 할 수가 없어요. 그래서 한국에 온 것 자체가 이미 대기하는 상태이기 때문에 다 이렇게 써 놓습니다. 그 상태가 보여요. 스케줄표에 워킹working이라고 'W'가 워킹, '일하고 있다'는 거죠. 연출부의 일정 관리에는 매일 미술·소품·특수분장·특수효과·CG 관련해서 뭐가 필요한지를 적어 놓는 것도 포함됩니다. 차량, 동물, 인물, 보조출연 등을 상세하게 표시하는 거죠. 그래서 다른 팀들도 '아, 오늘 강아지가 나오는구나', '총이 나오는구나' 하는 것을 명확히 알 수 있어요.

전체 일정표 외에 세부 일정표도 그때 그때 공유하겠네요.
　네. 콜 시트는 연출부와 조감독이 다 작성합니다, 매일매일 촬영 전날에.

만약 일주일 내내 월화수목금토일 촬영이면 오늘 촬영 끝나고 들어가서 다음 날 일정을 다시 정리해서 배포하고, 다음 날 촬영하고 또 촬영 끝나면 또 다음 날 일정 정리하고, 이 일을 반복하겠네요? 문서가 엄청 많아지겠어요.
　그렇습니다. 보통 앞으로 10회차 분량까지 작성해 놓고 그때그때 새로 수정하는 식입니다. 현실적으로 가능한 최적의 일정을 짜려고 노력하죠. 매번 팀마다의 사정으로 의견 차이가 많아요. 그래서 조율하는 게 가장 힘들어요. 예를 들면 감독과 프로듀서 차이가 있죠. 프로듀서는 "나간 김에 많이 찍자"고 하고, 감독님은 "이 일정이 현실적으로 가능하냐"고 하면 중간에서 제가 조율을 잘해야 되는 상황이 오죠.

인물 담당 연출부, 인물 및 의상·분장 담당 연출부 일도 궁금합니다.

보통은 캐스팅 오디션을 합니다. 주연은 감독님과 프로듀서들이 정하지만 조연·단역 캐스팅은 감독님과 연출팀이 회의를 해요. 그리고 남은 단역은 연출부의 인물 담당이 오디션을 봐요. 캠코더를 들고 오디션 장소에서 시나리오에 나오는 모든 배역의 오디션을 수백 명씩 봅니다.

> **일정표는 연출부와 조감독이 매일매일 작성해. 최적의 일정 짜려해도 의견 차이 많아 조율이 가장 힘든 일.**

배역마다 다 여러 명을 보고 정해야 하니 담당이 따로 필요하겠네요.

예를 들어서 제가 예전에 〈여행자〉를 할 때, 김새론 양이 일곱 살 나이에 처음 캐스팅됐어요. 당시 주인공을 찾으려고 연출부 4~5명이 4개월 동안 1,700명 정도 본 것 같아요. 초등학교 가서 단체로 백 명씩 보기도 했습니다. 인물 담당이 하는 일 중에는 보조출연자들 챙기는 것도 있어요. 매 신마다 보조출연자가 몇 명이 나오는지 설정하는 겁니다.

그냥 사람 수만 채우는 게 아니죠?

맞아요. 보조출연자들 옷 색깔도 인물 담당이 각 파트와 의논해서 정합니다. 그리고 '배우 콜' 전화를 돌리는 일도 해요. 내일 촬영 있다고 알리고 확인하는 거죠. 주연 배우는 보통 조감독인 제가 연락을 돌려요. 액션영화라서 별도의 트레이닝이 필요할 때는 그 부분도 담당해야 해요. 〈놈놈놈〉 때는 말을 탈 수 있어야 한다든가 하는 요구 사항이 있으니까요. 영어를 쓸 일이 있으면 영어도 교육을 받아야 되고요. 그리고 의상·분장 관련 업무도 조율합니다. 어떤 신에 누구한테 뭘 입히고 분장을 어떻게 할지를 다 체크합니다. 〈옥자〉 때는 '보디 더블Body double'이 있었어요. 대역이죠. 그때 안서현 양이 미성년자였기 때문에 밤 10시까지밖에 촬영이 안 돼요. 그래서 밤 10시 이후에는 성인 대역 배우가 촬영했습니다. 멀리서 찍는 롱 숏longshot이나 뒤통수, 손, 발… 등.

VFX 담당 이야기로 넘어가 볼까요?

CG·특수효과·액션·특수분장 같은 업무를 진행하는 사람이 VFX 담당입니다. 배우 일정 등의 이유로, 혹은 배경과 군중을 각기 다른 장소에서 촬영한 경우 등 CG 작업이 들어가야 하는 촬영분은 별도로 관리 담당이 필요합니다. VFX 담당이 뭘 준비할지 정리하는 메모는 이런 방식입니다(그림 4 참조). 'CG', '옥자 스터피stuffy# 없이 촬영', '옥자 스케일 가이드', '옥자 대역 블루맨' 등 필요한 것들이 다 적혀 있고, 그 밑에는 특수분장을 담당할 업체 이름이 적혀 있죠. '특수분장에서는 옥자 스터피를 준비한다' 하는 식으로요.

스터피는 후반 VFX 작업을 염두에 두고 촬영 동선, 실감나는 배우의 연기를 위해 제작되는 생물체의 모형을 말한다. 단순한 마네킹, 인체 모형을 뜻하는 '더미dummy'에서 더 나아가, VFX를 통해 현존하지 않는 생물들의 표현이 가능해지면서 등장한 새로운 특수촬영의 영역으로, 최근 작품인 〈듄Dune〉(드니 빌뇌브, 2021)에 등장하는 '사막쥐' 역시 스터피를 활용하여 실존하지 않는 생물체를 사실감 있게 묘사했다.

일정 정할 때 예산이나 배우 일정까지 전부 염두에 두어야 하니 연출부가 고려할 일이 엄청나게 많네요.

미국의 경우는 배우 스케줄에 더 올인하게 돼 있어요. 배우들이 한 달 찍을 때와 두 달 찍을 때 예산이 너무 큰 차이가 나니까 몰아서 찍죠. VFX 담당 업무 중에는 직접 몸으로 테스트하는 것도 있습니다. '옥자'가 얼굴에 콧물을 찍! 쏘는 장면이 있어요. 현장에서는 제이크 질렌할 Jake Gyllenhaal이 콧물을 맞는데, 그 전에 우리 연출부들이 테스트를 다 해 봐야 돼요. 어떤 재질이어야 인체에 무해하면서 진짜 같은지 연출부가 맞아 봐요. 특수분장을 전문으로 하는 셀의 곽태용 대표님이 그런 걸 실감 나게 만들어 주죠.

연출부 미술 담당은 로케이션 헌팅을 다녀요. 실제 촬영지로 픽

|그림 4|〈옥자〉촬영 장면에 필요한 VFX 담당의 체크리스트를 기록한 메모

스된 장소는 빨간색, 흰색은 다녀왔다는 표시, 이런 식으로 다 라벨링을 해요. 〈기생충〉(봉준호, 2019) 시나리오를 쓴 한진원 씨가 〈옥자〉 때 연출부였거든요. 그때 헌팅을 다녔어요. 그리고 몇 월 며칠 해가 몇 시에 뜨는지도 전부 적어 둡니다.

> **몇 월 며칠 해가 몇 시에 뜨는지까지 꼼꼼한 체크와 메모는 필수. 미리 얘기하고, 직접 가 보고, 몸으로 맞아 본다.**

야외촬영에서, 특히 산지에서 촬영할 때는 일출·일몰 시간이 굉장히 중요하죠.

'선시커Sunseeker'라는 어플이 있어요. 저희가 〈옥자〉 로케이션 헌팅을 추울 때 다녔거든요. 그런데 촬영은 여름에 하니까 같은 장소에서 여름에는 몇 시에 해가 뜨고 몇 시에 지는지 표시를 다 해 놔야 돼요. 다리우스 콘지Darius Khondji 촬영감독님이 거의 해의 움직임대로 찍고 역광도 좋아했거든요. 그래서 모든 장소의 선시커 표시가 다 필요했습니다.

소품, 차량, 동물, 무기 담당에 대해서도 설명해 주세요.

〈옥자〉 때는 한진원 씨가 소품, 차량, 동물, 무기 담당을 했습니다. 차량은 예를 들어, 강변북로 촬영 때 보조출연 차량이 60대 있었어요. 차량이 60대면 각 차량마다 한 사람씩, 총 60명의 사람이 있고, 60개의 무전기가 있겠죠. 차량 담당이 차를 전부 배치합니다. 운전자들을 모아서 신을 설명하고요.

인물마다 소품 설명도 굉장히 세세하게 되어 있더라고요.

연출팀 소품 담당이 미술팀·소품팀하고 같이 의논해서 정해요(그림 5 참조). 예를 들어 차 안에 박카스가 있을 수도 있고 레쓰비가 있을 수도 있고, 이런저런 잡지가 있을 수도 있잖아요? 그걸 인물마다 다 따로 설정해요. 연출부가 안을 짜서 감독님이랑 상의를 하죠. 소품을 통해서 인물 캐릭터도 설정이 되니까. 소품 담당에게 좋은 아이디어가 있어야 재밌고 기억에 남는 캐릭터 묘사가 될 수 있어요.

| 그림 5 | 〈옥자〉의 인물별 소품 리스트

연출부에서 빼놓을 수 없는 사람이 스크립터죠?

스크립터는 감독님 옆에 붙어 있고 항상 기록을 하는 사람입니다. 〈옥자〉 때는 스크립터가 번역도 했어요. 시나리오가 영어로 되어 있으니까 한국말로 번역했고, 대사가 현장에서 바뀌는 일도 있으니까 번역이 또 필요하고, 콘티도 편집했고요. 스크립트 페이퍼를 보면(그림 6 참조) 컷별로 테이크가 적혀 있어요. 1, 2, 3, 4, 5, 6, 7, 8, 9… 15번, 15번까지 있다는 건 열다섯 테이크를 갔다는 건데, 그럼 각 테이크에서 왜 NG가 났는지 적혀 있어요. 몇 번째 테이크가 '오케이'고 어떤 테이크가 '킵keep'인지도 다 적혀 있구요. "머리에 바람이 덜 불었다" "바람이 너무 불었다" 이런 식의 테이크마다 코멘트도 있어요. "촬영감독은 좋아했으나 감독님이 별로였다" 이렇게 다 적혀 있어요.

스크립트 페이퍼는 편집할 때를 포함해서 촬영을 마친 뒤 모든 후반작업 과정에서 촬영 중의 상황을 알 수 있도록 정보를 제공하는 역할을 하는 셈이네요.

그래서 연기가 좋았던 테이크와 안 좋았던 테이크, 카메라 무빙이 좋았던 테이크와 안 좋았던 테이크를 명확히 적어 놔야 편집감독님이 참고해서 편집을 하게 됩니다. 나중에 CG팀도 스크립트 페이퍼를 다 확인하면서 작업해요. "저기 새끼돼지가 떨어져 있는 모습을 보여 줘야 하는데, 저 바위가 있어서 안 보입니다. 바위를 CG팀에서 지워 주세요"라고 적혀 있어요. 스크립트 페이퍼는 모든 컷에 한 쪽씩 할애해서 작성합니다. 프리프로덕션 때 했던 이야기들이 촬영 때 변동되는 경우가 너무 많

| 그림 6 | 〈옥자〉의 스크립트 페이퍼(위)와 사운드 스크립트(아래)

옥자 스크립 페이퍼   OKJA SHOT ⑫ 감독/봉준호

DATE: June 22ⁿᵈ 2016		PLACE Woods. Near the stream		LOCATION 0171 계곡	DAY 41 NO. 357
A Cam B Cam		S# 104 C# 1		DESCRIPTION	Dn- M - Ⓓ E - N - S - Ⓛ - O
F# A165, 166		A Cam			
Size	MID	← TOP			
Angle					
Lens Size 50mm		END			erase rocks, piglet swims here
Cam Position		B Cam			
ect.		TOP			
Cast/Wardrobe/Hair/ Props/XXX/Special effect		END		Sound Note # 옥 드레인에서 씨끼나면 → 미끄 고무돌에 떨어짐 end slate	

F#	Clip#	Take	OK/NG/KEEP	NOTE		F#	Clip#	Take	OK/NG/KEEP	NOTE
A165	001	1	·	(00:38)		A166	003	10	·	(00:58)
	002	2	·	Darius: Best one for cam (00:34)			004	11	*	풀지 아주 좋았다. (01:00)
	003	3	KEEP	10초 3초 계이 있거 가 높을 돌다 (00:32)			005	12	OK	거!! 고양이 좋다 (00:58)
				↳ Darius "cam op was no good"			006	13	CG OK	Clean plate, Chrome ball
	004	4		piglet 롤 다운더니스 롤 thing 했어요 (00:48)		A166	001	14	↓	piglet roll down reference
	005	5	KEEP	timing good (00:45)			002	15	↓	
	006	6		Cam movement was rough (00:52)						
↓	007	7		비키도 좋았다.						
A166	001	8	KEEP	Bong: it was good Darius: oke (01:00)						
↓	002	9	KEEP	(00:50)						

스크립터/하영빈

롯 / CUT		대사 / DIALOGUE [번역]	후시녹음 / ADR	Bong's Notes	Livetone's Notes
140			ALF & 수송요원들의 비명 및 외침 (LIVETONE)		
141		문도(MU): 뭐라고 쓰는거야 지금? 문도(MU): What's he writing?	문도(MU): 뭐라고 쓰는거야 지금? ALF & 수송요원들의 비명 및 외침 (LIVETONE)	문도의 대사는 유리문을 통해 들리는 컨셉.	
142		문도(MU): (웃음) 이… 문도(MU): 새끼 넌 이게 상황이 웃겨? 응당? 김군(Km): 나의 뭐… 내꺼도 아니고 회사꺼야 뭐… 김군(O): (돼지소리) 문도(MU): (Laughs) 문도(MU): Is this fucking amusing to you? 김군(Km): It's not mine. It's the company's property. 김군(O): (Squeak)	김군(Km): (웃음) → ADR행고지만, 웃음소리 를 아에 안들 수도 있음 (문도가 맞는 것치럼 보이서). ALF & 수송요원들의 비명 및 외침 (LIVETONE)	김군이 '나'(K)도 아니대 박)라는 대사 를 한 다음에, (Accent를 주기 위 해) 옥자의 '페이씩'소리를 넣으면 될 듯. →→ 편집상에서 잠시로 옥지 소리를 넣어보자.	
143		(주변 사람들의 비명, 웅성거림) 옥자(O): (돼지소리) 케이(K): Tactical two! Commence tactical two! Everyone- 실바(S): Whoooaaaaa! 이자(M): 옥자아! 옥자(O): (돼지소리) 케이(K): 당자 빨리 작전 2를 시행 2를 가자! 실바(S): SWAAAAAAH! 이자(M): Okja!	케이(K) + 실바(S) + 블란드(O) ADR 케이: 입이 안보이기 때문에, 대사 변경 가능성 있음 (Eyes on me!) 이자(M): 옥자야! 티바 시럼스 전체 - 주변 사람들 현장 녹음할 예정 (SOUND ONLY 녹음/형 에이서 녹 음예정)	•옥자가 트럭에 내릴 때, 우는 소리 작게 한번, 그리고 카메라 앞으로 크 게 쑥 지나갈 때는 크고 거치분한 스 음소리를 한번 넣자. •옥자가 스틱을 몰고, 우자쌍에서 과자쌍을 가지고 기걸 스(사운드 디자인하면 데미팅이 돈.	
144		(주변 사람들의 웅성거림) 카메라남(Camera guy): 뭐? 카메라남(Camera guy): Hrrm? (Indistinguishable murmurs and screams.)			
145		(주변 사람들의 웅성거림) (Indistinguishable murmurs and screams.)	할란 · 이자를 걱정하는 주변 사람들. '내려 와!' '조심해!' '위험해!' 느낌의 대사들.	결박선과 비명이 이거내 살겨 가감 맞으면 됨들.	

기 때문에 어떻게, 왜 바뀌었는지 전부 세세하게 정리해 놔야 후반작업 때 오차 없이 할 수 있어요.

많은 분이 사전 질의로 물어본 질문입니다. "연출부원으로 활동할 때 가장 중요한 태도는 어떤 걸까요?"

이런 질문을 처음 들어서 지금 생각해 보면…, 기본적으로는 꼼꼼해야 해요. 저도 원래 연출부 일을 하기 전에는 꼼꼼하지 않았거든요. 심지어 엑셀 프로그램도 다루지 못했고. 그런데 해야 하니까 꼼꼼히 하려고 노력하게 됐어요. 성실하고 겸손한 태도도 중요하고요.

한국영화 연출부는 막내부터 다 감독의 꿈을 갖고 일을 하기 때문에 나중에 이게 다 내가 할 일이라는 의식을 하는 경우가 많아요. 그래서 더더욱 배울 거 배우고 버릴 거 버리는 자세가 필요한 것 같습니다. 결국 사람과 사람이 하는 일이니까요. 그리고 우리가 정말 영화를 좋아서 시작한 일이니까, 시네마적인 진실성이 꼭 필요한 거 같아요. 그냥 일이라고만 생각하는 사람들이 빨리빨리 끝내려고만 하는 모습을 보기도 해요. 하지만 시네마적인 진실성을 유지하려는 노력이 가장 중요한 거 같습니다.

연출부 경험을 쌓은 다음이 궁금합니다. 한국에서는 감독 데뷔를 하는 분들이 많은데, 할리우드는 다르다고 알고 있습니다.

〈옥자〉 때 미국 쪽 조감독이 촬영 두 달 전에 왔는데 호주 출신이고 54세였어요. 〈매드 맥스〉 조감독을 했고 평생 직업으로 조감독을 하는 분이었어요. 그분이 그러더라고요. "나는 감독이 될 마음이 전혀 없어.

너네 나라는 왜 다 연출팀이 감독이 되려고 하는 거지? 그래서 조감독이 시나리오 회의 하는 것도 굉장히 이상해. 그건 내 일이 아니야." 그런데 한국 상황은 이런 식이죠. '우리는 다 한다. 왜냐. 다 감독이 꿈이기 때문에 시나리오 회의도 하고 오디션도 우리가 보고.' 미국은 캐스팅 디렉터가 따로 있거든요. 미국은 영화 산업이 크니까 페이pay가 많잖아요. 그래서 조감독 일만으로도 충분히 살아갈 수 있으니까 가능한 일이죠. 한국은 전문 조감독이 탄탄하게 자리 잡은 상황이 아니고요.

> 한국영화 연출부는 모두 감독의 꿈을 갖고 있어서 모든 일을
> 다 해. 배울 거 배우고 버릴 거 버리는 자세가 필요.

영화감독을 꿈꾸는 사람들이 연출부로 현장 경험을 처음 쌓는 이유는 무엇일까요?

연출 감독이 되는 꿈을 갖고 있다면 촬영팀이나 조명팀보다는 감독님 옆을 지키는 포지션인 연출부에서 나중에 자기가 해야 할 일을 예행연습한다고 볼 수 있겠죠. 백 억짜리 영화를 찍는 모든 과정을 감독님 옆에서 볼 수 있으니까요. 1년 정도의 시간 동안 자기가 좋아하는 감독님 옆에서 보고 배우는 건 좋은 일이죠. 그래서 잘하는 감독님 연출부는 들어가기가 어려워요. 수많은 경쟁자가 있기 때문에. (웃음) 〈옥자〉 때는 거의 150명 정도의 이력서 중에 뽑힌 사람이 두 명밖에 없었어요. 막내랑 콘티 작가님.

연출부를 뽑을 때 어떤 점을 보나요?

어려워요. 진짜 어려운데, 우선은 경력을 보조. 잘 융화될 수 있는지, 영화 좋아하는지, 극장 영화 좋아하는지. 그리고 저는 미팅 때 대화를 많이 해요. 사실 그래도 잘 몰라요. 그래도 덧붙이자면… 경험상, 심성이 착한 사람이 인내심도 강하고 책임감도 있어서, 일을 좀 못하더라도 자세가 성실하고 선한 사람에게 우선적으로 눈이 가요.

연출부에는 어떻게 하면 들어갈 수 있을까요? 비전공자도 연출부로 활동할 수 있을까요?

저도 현장에 오고 싶어서 1999년에 PC통신 천리안에서 '영화 스태프 모집' 찾아서 영화 제목도 모르고 들어갔어요. 그 영화가 홍상수 감독님의 〈오! 수정〉(2000)입니다. 지금도 인터넷 사이트 구인구직 보고 하는 수밖에 없어요. 네이버 밴드에 '한국영화 연출팀의 모임'이 있는데 거기에 모든 드라마와 영화의 스태프 모집 글이 올라오니까 계속 시도하

〈지푸라기라도 잡고
싶은 짐승들〉
촬영 현장에서
조용진 조감독

는 수밖에 없지 않을까요?

학생 영화에서 스크립터 할 때 보통 삼각대에 핸드폰 고정해 놓고 테이크 갈 때마다 찍어 두고 오케이 컷을 보고 확인하는데 상업영화도 비슷한가요? 아니면 또 다른 방법이 있나요?

상업영화 현장에서도 모니터 쪽과 카메라가 있는 현장 쪽으로 나뉜다고 할 때, 카메라가 있는 현장 쪽에서는 바로바로 리플레이를 보기가 애매하잖아요? 그래서 모니터를 보는 연출부 스크립터가 그 모니터를 동영상으로 찍어요. 그래서 필요한 팀에 그 영상을 보내 줍니다. 연결 확인도 그렇게 하고요.

감독마다 연출하는 스타일이 다 다를 텐데 그것들을 맞춰 나가기 위해서 어떤 노력을 하나요?

이게 가장 어려워요. 저는 같이 두 편 작업한 감독님이 없어요. 제가 참여한 영화 목록을 보면 한 분과 한 편씩밖에 안 했거든요. 그런데 감독님들을 경험해 보면 다 달라요. 이 작품에서는 이렇게 해서 감독님이 좋아했는데, 다른 작품에 가면 그렇게 하는 걸 또 싫어해요. 감독님이 최대한 창작에만 집중할 수 있게 제가 웬만하면 다 맞추려고 해요.

특별한 노하우가 있다기보다는 매번 상황과 사람에 맞춰서 새롭게 리셋하는 거네요.

그렇죠. 하지만 중심은 제가 생각하는 영화적인 것을 잃지 않으려고 해요. 중심만 지키면 된다고 생각합니다.

말씀을 들으니 조감독이라는 자리는 다른 어떤 포지션보다 커뮤니케이션 능력이 중요한 것 같습니다.

저는 중립을 지키려고 해요. 제 경험상 '이 정도면 시간 내에 끝낼 수 있을 거 같다' 아니면 '못 끝낼 거 같다'는 판단을 내리고 프로듀서님과 감

〈옥자〉의 연출팀

독님께 말씀을 드리죠. 가능하면 잘 정리하려고 합니다. 대화를 자주 해야 해요. 그리고 이 자리를 빌려 2015년 7월부터 2017년 6월까지 밤낮 동고동락하며 영화 〈옥자〉에 빠져 있었던 우리 사랑하는 연출부들에게 감사 인사를 전하고 싶어요.

"그대들이었기에 영화 〈옥자〉라는 작품의 과정이 정말 행복했습니다. 연출부 차병찬, 하정수, 유용욱, 정시은, 한진원, 유재선, 스크립터 하영빈, 콘티 작가 조성환. 그대들이 영화 〈옥자〉를 만들었습니다. 감사합니다!" ★

6 ____ 프로덕션 디자이너

"이야기의 매혹을 극대화하는 직업"

| 제공 《씨네 21》

류성희

• 대표작
〈살인의 추억〉 〈괴물〉 〈올드보이〉
〈박쥐〉 〈고지전〉 〈암살〉 〈아가씨〉

프로덕션 디자이너는 시각적으로 가능한 모든 요소를 동원해 영화의 '무드mood' 를 만드는 사람이다. 많은 경우 영화에서는 사람이 화면에 있든 없든 공간 그 자체가 특정한 분위기를 암시하는 역할을 한다. 박찬욱 감독의 〈아가씨〉(2016)로 제69회 칸국제영화제에서 벌컨상The Vulcan Award of the Technical Artist# 을 수상한 류성희 프로덕션 디자이너는 '프로덕션 디자이너'라는 타이틀의 역할과 정의가 계속 변화하고 있다고 말한다. 영화의 미술적 요소를 담당한다는 뜻에서 미술감독, 아트 디렉터라고 불리기도 하지만, 최근에는 좀 더 포괄적인 프로덕션 디자이너라는 명칭이 사용된다.

영화의 미술적 요소와 관련된 직업은 아트 디렉터, 세트 디자이너, 데커레이션 담당 등으로 나뉜다. 소품팀과도 당연히 협업을 해야 하며, 경우에 따라 조경팀이 합류하기도 한다. 또한 작업의 결과물은 조명팀, 촬영팀과 긴밀한 협업을 통해 조율되기 때문에 프로덕션 디자이너는 여러 예술적 요소들이 잘 조합될 수 있도록 책임지는 역할을 한다. 류성희 프로덕션 디자이너는 이 과정에서 가장 중요한 장면이 무엇인지를 판단해서 집중하는 일이 얼마나 중요한지 강조한다. 〈아가씨〉 프로덕션 디자인의 감각적 아름다움을 기억하는 이들에게 전쟁영화 〈고지전〉(장훈, 2011)과 크리처물인 〈괴물〉(봉준호, 2006)의 프로덕션 디자인은 같은 사람의 손에서 태어났다고 믿기 어려울 정도로 다른 인상을 준다. 때로는 역사 속 현장에 온 듯한 느낌을, 때로는 존재하지 않는 괴물이 정말 존재하는 듯한 착각을 불러일으키는 영화의 마법은 프로덕션 디자인에 크게 빚지고 있다. 영화적 아름다움은 바로 이 순간들에 존재한다. 이야기의 매혹을 극대화하는, 정말 있을 법하다는 생각을 불러일으키는, 카메라에 포착되는 그 모든 장소들에.

촬영, 편집, 미술, 음향 등의 부문에서 가장 뛰어난 기술적 성취를 보여 준 아티스트에게 수여하는 상. 2016년 류성희 감독의 벌컨상 수상은 국내 최초라 더 의미가 있다.

류성희 미술감독의 대표작은 봉준호, 박찬욱, 최동훈 감독의 대표작들입니다. 〈살인의 추억〉(봉준호, 2003), 〈괴물〉, 〈올드보이〉(박찬욱, 2003), 〈박쥐〉(박찬욱, 2009), 〈아가씨〉, 〈암살〉(최동훈, 2015) 등을 작업했고 〈아가씨〉로 2016년 칸영화제에서 벌컨상을 수상했습니다. 한국을 대표하는 영화 스태프라고 해도 과언이 아닌 듯한데요, 첫 번째 질문은 역시 '미술감독이란 어떤 일을 하는 사람인가'입니다.

미술감독이라고도 하지만 저희는 '프로덕션 디자이너'라는 타이틀을 많이 씁니다. 타이틀뿐 아니라 작업 자체도 영화의 기술적 발전과 시스템 변화에 따라 계속 새롭게 변화하고 정의되는 직업이라고 보면 좋겠습니다.

이 일에 대한 정의가 여럿 있는데요, 제가 좋아하는 종류의 것으로 소개하면 '그 영화만의 세계에 가장 적합한 무드를 창조해 내는 일'입니다. 다시 말해, 시각적으로 가능한 모든 요소를 동원해서 그 영화의 무드를 만들어 내고, 거기에 합당한 물리적 배경과 정서적 배경을 촬영이 가능할 수 있도록 만들어 내는 모든 작업을 얘기한다고 할 수 있습니다. 사실 세트나 로케이션을 디자인하여 물리적 배경을 만들어 내는 일은 기능적으로 어느 분이나 할 수 있겠지만, 거기에 그 영화만의 독특하고 적합한 분위기를 만들어 내려면 모든 공감각적 요소와 인문학적 지식을 동원해야 하고, 그랬을 때 더욱 좋은 세트가 완성되는 것 같아요.

영화 자체가 주는 인상, 정확하게 표현할 수 없는 어떤 느낌이 프로덕션 디자인을 하는 분들의 손에서 태어난다고 할 수 있겠죠. 영화의 전반적인 톤부터 작은 소품, 또 이야기가 펼쳐지는 거대한 규모의 장소까지 맡는다고 알고 있어요.

맞아요. 미술적으로 직접 연관되는 직업은 저희 팀 안에도 '아트 디렉터', 아트 디렉터 밑에서 같이 세트 디자인을 하는 '세트 디자이너'가 있어요. 영화의 모든 공간의 데커레이션을 담당하는 '데커레이팅 디파트먼트', 그리고 '소품팀'과 '세트팀'이 있습니다. 요즘에는 '조경팀'과의 협업이 활발합니다. 특히 영화미술과 관련해서는 촬영팀·조명팀과의 협업이 굉장히 중요하고, 요즘은 'VFX 슈퍼바이저'가 담당하는 디지털 이미지와의 협업이 점점 중요해지고 있어요. 제가 하는 일은 예술인들 또는 전문기술직들이 쏟아 넣은 다양한 분야의 작업들이 영화 안에서 조화를 이루어 적합하고 신뢰할 만한 영화적 세계가 완성되도록 잘 조율하는 것이죠.

그러면 '미술감독'보다 더 넓은 뜻에서 '프로덕션 디자이너'라는 명칭을 생각하면 될까요?

네. 예전 할리우드에서 세트의 컨스트럭션construction을 주로 하던 시대에는 '아트 디렉터'라는 타이틀을 사용했습니다. 그런데 점점 영화의 장소들이 로케이션으로 더 확장되고 CG와 VFX 기술도 많이 활용되면서 프로덕션 전반을 아우르는 '프로덕션 디자이너'가 아트 디렉터보다는 더 적합하다고 여겨져서 만들어진 타이틀 같아요.

프로덕션 디자이너가 협업하는 다른 팀에 대해서도 간단하게 언급하셨는데요, 다른 말로 하면 미술감독 혹은 프로덕션 디자이너가 되기 위해

영화계에서 일을 시작할 수 있는 경로가 그만큼 많다는 뜻으로도 볼 수 있을까요?

그렇죠. 정해진 전공이 있다고는 생각하지 않아요. 저 자신도 학부 때는 미술을 했다는 것 외에는 영화와 관계가 없는 전공을 했고요. 각자 강점을 가지고 '영화의 시간적 특성과 스토리텔링의 특성'을 이해한다면 어떤 전공을 시작해도 상관은 없다고 봐요.

영화미술에 입문한 계기는 무엇이었나요?

지금 떠올려 보면 제가 고등학교 때 상당히 우울하고 조금 삐딱한 면이 많은 그런 학생이었던 같아요. 하고 싶은 일도 잘 모르겠고, 어른들이 구축해 놓은 세계에 동의가 잘 안 되는 그런 흔한…. 당시에는 지금과 달리 좋은 영화들을 쉽게 볼 수 없는 환경이어서 주말에 TV에서 방영하는 영화에 많이 의존했어요. 그때 〈엘리펀트 맨The Elephant Man〉(데이비드 린치, 1980)을 보고 완전히…, 흔히 하는 말로 그 영화로 구원을 받았달까요? 영화를 보고 삶에 대해 작은 희망을 얻었어요. 영화가 주는 힘이 파워풀해서 '초라하게 느껴졌던, 방구석에 있는 나에게까지 큰 영향을 줄 수 있구나. 세계를 바라보는 다른 시선을 갖게 하는 엄청난 매체구나. 나도 저런 일을 할 수 있다면 정말 멋지겠다' 이런 생각을 처음 해 본 거 같아요. 전문직업인으로서의 나를 처음 상상하게 된 그런 마법 같은 순간이었어요.

그 당시에는 영화미술이 지금 같은 위상은 아니었죠?

그래서 막연하게 '미술 관련된 일을 하고 내가 내 길을 닦아 가면 언젠가 그 길의 끝에서 영화를 만날 수 있지 않을까?' 하는 생각으로 미술대학에 들어갔어요. 그러고도 한참 시간이 지나도록 어떤 식으로 영화에 접근해야 하는지 알 수 없어서 오랫동안 고민했죠. 방황하고 여러 일을 시도해 봤어요. 연극반도 해 봤고.

> **고등학교 때 〈엘리펀트 맨〉 보고 삶에 대한 희망 얻어. 세계를 바라보는 다른 시선을 갖게 하는 영화의 힘에 매료돼.**

미술감독님들 중 연극 무대 작업으로 커리어를 시작하는 분들이 꽤 많더라고요.

맞아요. 저도 연극반에서 2년 정도 열심히 활동했는데 완전히 제가 원하는 게 아니라는 생각이 들었어요. 이게 아닌 것 같은데, 그게 뭔지는 잘 모르겠고. 제가 대학원에서는 도예를 전공했어요.

영화에서 점점 멀리 갔네요.

도예가 가지는 물성과 조형성 추구에 매료되었지만 공간에 얽매이는 측면이 있었죠. 영화처럼 시간을 통해 체험되는 스토리텔링에 관심이 있어서 시리즈물로 작업해서 이야기를 만들어 내곤 했던 것 같아요. 그래도 여전히 채워지지 않는 게 있었어요. 대학원 졸업할 즈음에 동기들 몇 명이랑 그룹전을 했는데 그때 느낀 것이 작업을 하면서 오랫동안 앓고 품어 오고 나누고 싶었던 이야기들이 너무 특정 소수에게만 전달된다는 거였어요. 소통에 대한 강렬한 갈증을 느낀 거죠. 그때 비로소, '이제 자꾸 주변을 맴돌며 뒷걸음치지 말고 정말 하고 싶은 것을 하자'라는 결심이 선 것 같아요. 당시는 영화미술 디자이너라는 타이틀도 없고, 어떤 식으로 어떻게 시작해야 할지도 잘 몰랐지만, 최선을 다해 한번 시도해 보자라는 용기가 드디어 생겨난 거죠.

대중적인 파급력을 갖는다는 측면에서는 영화가 좋은 선택이죠.

내가 최선을 다해 도모하는 것들이 불특정 다수에게 전달되면 좋겠다는 생각, 또 고등학교 때 방구석에서 울었던 기억이 떠오르면서 '전공하지 않았어도 어떻게든 영화를 하고 싶다'는 생각을 처음 하고 미국으로 갔어요.

미국에서 공부하면 한국에는 영화 쪽에 아는 사람이 없게 되잖아요?

진짜 막막했죠. 한국에는 지금처럼 정규 교육과정이 있는 것도 아니어서, 무조건 미국으로 가서 어렵게 MFA Master of Fine Arts 과정을 밟고 한국에 들어왔는데, 정말 아는 사람이 아무도 없는 거예요. 그래서 명함을 파서 영화사마다 돌아다녔어요.

직접 영업을 한 셈이네요.

그냥 포트폴리오를 보여 주면서 대표님 좀 만나게 해 달라고 했어요. 아무것도 몰랐으니까 할 수 있었던 방법이죠. 요즘 같으면 그렇게 하면 사람을 만날 수조차 없을 텐데 그때는 그렇게 다니면서 소문이 나

기 시작했어요. "이상한 사람이 돌아다닌다"고. (웃음)

'포트폴리오를 들고 다니는 사람이 있다'는 소문이 떠돌았군요.

핸드폰이나 SNS 활용이 지금 같지 않던 때니까 제게는 그 방법 밖에 없었어요. 그런데 나중에 들으니까 "이상한…, 영화사를 돌아다니는 친구가 있는데 너네 회사도 왔냐?" 이런 말이 돌았다고 하더라고요. (웃음) 그러다가 처음으로 송일곤 감독님의 〈꽃섬〉(2001)을 작업하게 됐어요.

〈꽃섬〉은 해외 영화제에서도 호평받았죠.

그렇습니다. 그런데 그 영화를 하고 나서 또 한 번 제 나름의 판단을 하게 됐어요. 작가주의 영화를 한다는 것은 전문성을 아주 높은 단계로 발전시킨다기보다는 개인의 전적인 예술적 헌신을 의미하는 것이어서 갈등이 되었고, 언젠가 한국에서 제가 좋아하는 장르 중 하나인 SF나 판타지 같은 영화들을 하려면 산업적인 구조 안에서 동료들이 함께 성장하고 힘을 모을 수 있는, 그런 시스템이 필요하다는 걸 절실히 깨닫게 됐습니다.

구체적으로 직접 작업한 작품들을 통해서 어떤 과정으로 영화의 프로덕션 디자인이 완성되는지 이야기해 볼까요?

저는 여러 장르의 작품에 참여했는데요, 그중 〈고지전〉은 전쟁 영화였어요. 저는 절대로 전쟁영화는 안 할 거라고 생각했는데 한 장의 사진을 보고 마음이 움직였어요. 강원도에 있는 고지의 사진이었어요. 그

〈고지전〉레퍼런스.
찢기고 패인 산의 모습이
류성희 프로덕션 디자이너의
마음을 움직였다

곳에서 스물 남짓한 나이의 젊은이들이 수없이 목숨을 잃고, 그 과정에서 산이 완전히 망가져 손바닥의 잔주름처럼 땅이 여기저기 패여 있고 찢긴 산의 모습이요. 그게 저의 마음을 움직였어요. 그 공간의 지옥도 같은 모습을 떠올리면서 그 강렬한 이미지를 구현해 보고 싶다고 생각했습니다.

보통은 세트 촬영이 많은데 〈고지전〉은 로케이션 촬영분이 꽤 많았죠?

네! 그래서 '대지 예술'을 한다고 생각하자는 마음으로 시작했어요. 불이 크게 나서 휴지기를 갖는 큰 산이 경상남도에 있었어요. 그 산에 가서 땅을 다지면서 그림을 만들어 냈죠.

〈고지전〉작업할 때 어떤 점에 주안점을 두었나요?

산 자체를 통째로, 높이 카메라가 떴을 때 카메라에 들어오는

〈고지전〉의 주요 배경인
'애록고지'를 만들기 위해
산 전체를 시공했다.
시공 전(위)과
시공 후(아래)

부분 전체를 작업했어요. CG를 최소한으로 쓰고 싶었거든요. 실제의 사진 자료들과 최대한 비슷하게 작업했습니다. 사실 역사적인 영화여도 백 퍼센트 사실적으로 작업하지 않는 경우도 있거든요. 관객들이 다큐멘터리를 보려고 오는 건 아니니까요. 그런데 〈고지전〉은 전쟁의 비극을 이야기하는 작품이라 최대한 비슷하게 하려고 애썼어요.

역사물은 레퍼런스를 찾는 것이 일의 상당 부분을 차지할 것 같아요.
네, 리서치가 굉장히 중요해요. 그래서 초반에는 미술팀 사람들이 모여서 최대한 자세하게 리서치하고, 그 안에서 영화에 합당한 이미지들을 골라 냅니다. 그것을 바탕으로 팀에서 새로 그림을 그리거나 아니면 일러스트레이터를 따로 고용해요. 그렇게 작업한 그림을 감독님께 컨펌 받고, 또 그 그림을 배우나 다른 스태프들과 공유합니다. 오케이가 되면 도면을 치고 세트 작업에 들어가요.

> " 〈고지전〉에 참여한 계기는 한 장의 사진. 패이고 찢긴 지옥도 같은 공간 이미지 구현하고 싶어 산 전체를 시공. "

결국 프로덕션 디자인을 잘하려면 시나리오를 어떻게 구현할지 발상 면에서 뛰어나야 하고, 그 다음에는 감독이라든가 다른 팀과의 협업을 통해서 내가 생각하는 안이 영화에 잘 담기게 해야겠네요. 다른 파트와의 협업 이야기를 해 볼까요?

박찬욱 감독님의 〈아가씨〉에서는 벽지가 눈에 띄죠. 벽지를 많이 쓴 이유 중 하나는 가장 적은 돈으로 큰 효과를 누릴 수 있기 때문이었어요. 외국은 〈엘리자베스Elizabeth〉(세자르 카푸르, 1998) 같은 시대극 자료를 보면 소품이나 가구가 굉장히 잘 보관되어 있어요. 그런데 한국에는 전문적인, 관리된 소품 창고가 없거든요. 그러니까 이태원에 가서 수입 가구 파는 것을 조합해서 모든 사람이 믿을 만한, 귀족들이 살 것 같은 집을 구현해야 하거든요. 저희가 가진 게 너무 없기 때문에 관객들한테 판타지를 제공하는 데 가장 가성비 좋은 선택이 바로 벽지였어요. (웃음)

〈고지전〉의 산 로케이션과 비교하면 〈아가씨〉는 아예 저택 세트를
지은 경우죠?

거의 90퍼센트가 세트였기 때문에 미술팀이 할 일이 많아서 힘
들었지만, 완전히 하나의 세계를 구축할 수 있는 기회이기도 했어요. 그
런데 벽지를 쓰는 것도 인물이 어떤 옷을 입고 어떤 느낌을 줄지에 따라
달라지거든요. 그래서 벽지도 미묘하게 색 차이를 주면서 테스트를 했어
요. 너무 과해도 너무 약해도 안 되니까, 의상·분장과 어울리는 것 중 최
적의 톤을 찾았어요. 또 조명감독님이 조명을 어떻게 쓰느냐에 따라서 색
깔이 완전히 달라지기도 하거든요.

**그렇군요. 벽지는 미술팀 일이지만 영화에 벽지가 어떻게 담길지는 다
른 팀들도 관계된 일이니까요.**

그래서 테스트 촬영이 더 중요해지는 거예요. 저희도 카메라에
찍힌 것을 처음으로 보거든요. 미술감독은 혼자 하는 일이 아니에요. 전
문화된 여러 팀과 같이 작업합니다. 또 '예쁜' 벽지를 만드는 게 아니라
이 세계에 '적합한' 벽지를 만들어 내야 하는 것이죠.

**예쁜 게 목표가 아니라 이야기상 개연성이 있어야 한다는 점이 중요한
것 같습니다.**

영화에 필요한 '무드'라고도 할 수 있겠죠. 〈화양연화花樣年華〉(왕
가위, 2000)를 보면 '인생의 가장 아름다운 시절'의 기억을 소환해 내는 분
위기가 있잖아요? 〈고지전〉 같은 전쟁영화의 여름에는 푸석푸석하게 말

〈암살〉에서 일제 시기 백화점의 내부를 재현하기 위해 최대한 자세하게 당시 건물 디자인에 대한
리서치를 진행했다

〈아가씨〉에 사용할
벽지를 고르고 있는
류성희 프로덕션 디자이너

라 버린 텍스처가 중요하고요. 그 분위기가 관객을 환상 속으로 빠뜨리는
것이기 때문에, 일관성과 조화를 지키는 게 가장 중요한 거 같아요.

크리처물인 〈괴물〉 작업도 하셨죠?

　　〈괴물〉에 등장하는 '괴물'은 지하의 물속에서 만들어졌으니까
계속 습기, 촉촉함을 연상시켜야 했고, 색도 화려한 느낌과 정반대되는
쪽으로 조절해서 써야 했어요. 또 이런 경우에는 크리처 디자이너가 꼭
필요해요. 크리처 디자이너가 감독님 디렉션 하에 크리처를 계속 변형하
면서 스케치 작업을 했어요.

　　**프로덕션 디자이너가 하는 가장 중요한 일은 영화의 미술적인 부분의
설계와 결정이라고 할 수 있겠네요.**

제가 가장 많이 받는 질문 중 하나가 "저 많은 걸 다 직접 다 하는 건가요?"입니다. 그건 정말 아니고요. 저희 팀에서 여러 사람이 각기 잘하는 일을 전문적으로 해요. 도면을 잘 치는 사람, 소품 디자인을 잘하는 사람, 데커레이션을 잘하는 사람…, 이렇게 자기 분야를 나눠서 작업합니다. 팀원들과 함께 가는 리더의 역할은 하지만, 저 혼자 다 하는 게 아니랍니다.

〈아가씨〉는 같이 일하는 미술팀 인원이 몇 명이었나요?

〈아가씨〉는 규모에 비해서 인원이 많지는 않았어요. 10명 정도로 기억해요. 고정 인원 외에 더 전문성을 가진 화가나 조각가, 그래픽 아티스트, 스케치 아티스트 등은 따로 고용하기도 합니다.

독립영화의 경우 혼자 하거나 아니면 1~2명 정도 같이하고, 상업영화는 보통 5~6명 정도인가요?

〈꽃섬〉은 저와 대학 재학 중인 학생 2명이 같이 작업했어요. 하지만 상업영화는 정해진 스케줄 안에 소화해 내야 하니까 더 많은 인력이 필요해요.

어떤 사람들을 팀원으로 뽑는지 궁금합니다.

꼭 관련 전공을 하지는 않아도 된다고 말씀 드리고 싶어요. 그러나 영화미술팀에 들어가려면 몇 가지 툴tool은 능숙하게 다룰 필요가 있어요. 그림을 잘 그린다면 컴퓨터 일러스트레이션 스킬을 발전시키면 되겠죠. 시간도 예산도 없던 시절에는 작은 도면을 갖고 바로 작업에 들어갔지만, 이제는 CG의 역할이 영화 산업 안에서 점점 더 중요해지면서 CG · 촬영 · 조명팀의 모든 스태프들이 모여 사전에 파이널 이미지를 공유하고 분담하는데, 이때 완성도 있는 콘셉트 스케치가 요구돼요.

'스케치업SketchUp'이라는 프로그램은 우리나라 영화미술을 굉장히 성장시킨, 정말 유용한 툴입니다. 누구나 배울 수 있고 접근성이 좋은 프로그램으로 다양한 공간의 디자인이 가능해요. 스케치업을 사용하면 그림 그리는 훈련이 되지 않은 상태에서도 건물과 거리를 그림으로 구현할 수 있거든요. 스케치업, 포토샵, 일러스트레이터 같은 프로그램을 다룰 수 있으면 누구나 기본 준비는 되어 있다고 봐요.

> **"** 영화 미술팀에 들어가려면 몇 가지 툴은 능숙하게 다루어야.
> 완성도 있는 콘셉트 스케치 능력 중요. **"**

미술이 좋은 영화, 추천 영화 이야기를 해 볼까요?

매번 질문을 받을 때마다 바뀝니다. 생각할 때마다 좋은 영화들이 많아서. 저도 "영화를 어디서 누구한테 배웠어?"라고 묻는다면 결국 영화를 통해서 배웠거든요. 백 년이 조금 넘은 역사 안에서 많은 시나리오 작가부터 감독 · 미술 · 촬영… 여러 사람이 만들어 온 영화에는 그만큼 많은 이야기와 그림들이 있어요. 그 하나하나를 보고 느끼는 것이 가장 중요한 훈련이어서 사실은 저도 영화를 보고 배웠다고 할 수 있어요.

그중에서 이번에는 〈허Her〉(스파이크 존즈, 2013)를 이야기할까 해요. 'SF영화'라고 하면 테크놀로지에 집중해서 차갑고 과학기술적인 부분을 많이 생각하는데, 〈허〉는 장르의 감각을 확장시키는 작품이거든요.

현실하고 밀착된 느낌이죠.

맞아요. 빈티지 아이템들에서 아이디어를 가져왔고요. 사실 이 영화도 예산이 없어서 거리에서 아예 자동차를 다 지웠대요. 항상 돈을 여유 있게 쓸 수 있는 게 아니기 때문에 제한된 상황에서 고민하다가 창조적인 아이디어들이 나오는 거 같아요.

그렇죠. 그리고 아무리 예산이 많아도 차를 다 만들 수는 없으니까요.

맞아요. CG도 예산이 들고 차를 만드는 것은 또 어마어마한 예산이 필요한 일이니까요. 거리 장면이 많이 나오는데 차를 넣는 대신 아예 통제된 거리에서 촬영을 하면서 사람들이 많이 걸어 다니고 풀을 심어서 녹색을 살리고, 그렇게 그 영화만의 독특한 환경을 만들어 간 셈이죠. 의상도 어떻게 보면 과거 영화 같죠? 노스텔지어를 자극하는 부분이 있어서 그래요. 주인공이 굉장히 외롭잖아요. 차가운 배경에서 느끼는 외로움과는 또 다른 종류의 외로움이라는 생각이 들죠. 〈블레이드 러너Blade Runner〉(리들리 스콧, 1982) 역시 빼놓을 수 없는 추천작이고요.

또 어떤 영화를 추천하고 싶으세요?

〈대부Mario Puzo's The Godfather〉(프란시스 포드 코폴라, 1972)입니다. 〈대부〉

는 범죄영화 · 갱스터영화로 분류되는데요, 갱스터영화가 우아함을 지니면서 장르적인 특성들을 잘 만들어 냈어요. 촬영도 좋고 조명도 좋지만 미술이 눈에 두드러지게 드러나지 않으면서도 품위 있고 우아하게 잘 디자인된 경우입니다. 로케이션 하나하나 숙고해서 헌팅한 것이 느껴져요. 그 당시 초보 감독이었던 프란시스 포드 코폴라가 스튜디오와 계속 싸워가면서 만든 작품입니다. 미술감독도 많은 참견을 받아 가면서, (웃음) 얼마나 초인적인 힘을 발휘해서 이렇게 대예산high-budget 영화를 완성할 수 있었을까 생각하면 중요한 영화죠.

〈화양연화〉도 추천하고 싶고, 공포영화 중에서 〈샤이닝The Shining〉(스탠리 큐브릭, 1980)을 정말 적극적으로 추천 합니다. 프로덕션 디자이너들에게 스탠리 큐브릭 감독은 거의… (웃음) 스탠리 큐브릭 감독의 작품으로 영화를 배웠다고 얘기를 많이 하거든요. 지금은 흔하게 사용되는 '스테디캠' 카메라도 큐브릭 감독이 〈샤이닝〉 마지막에 등장하는 추격 장면을 찍기 위해 고안한 건데요, 이제는 스테디캠 없으면 영화나 뮤직비디오를 찍을 수도 없잖아요. 그러니까 감독님들의 집요한 표현력으로 인해 고안된 새로운 장비들도 많아요. 〈샤이닝〉뿐 아니라 〈배리 린든Barry Lyndon〉(스탠리 큐브릭, 1975) 같은 시대극 역시 시대극 프로덕션 디자인으로는 빼놓을 수 없는 작품입니다.

> **"** 영화 보며 영화 미술 배워. 추천하는 영화는 〈대부〉, 〈샤이닝〉, 〈블레이드 러너〉, 〈화양연화〉, 〈허〉, 〈배리 린든〉 …. **"**

〈배리 린든〉은 미술에 압도되는 영화죠.

당시엔 전기가 없었잖아요. 그러니까 촛불을 다 켜고 사교를 했겠죠. 감독은 그걸 찍고 싶은 거예요. 그런데 촛불을 켜고 촬영하면 조명의 노출이 한없이 모자라잖아요. 그러니까 특수한 렌즈를 개발한 거죠. 어두운 환경에서 배우들을 찍을 수 있게. 그래서 그 렌즈가 나사NASA에까지 영향을 줬다는 얘기도 있죠.

"미술감독으로 일하면서 트렌드를 따라가기 위해 어떤 노력을 하는지?" 묻는 질문이 있었어요. 사실 감독님 말씀을 들어 보면 영화의 프로덕션 디자인은 최첨단의 유행에 있는 일이 아니라 그 영화의 이야기를 잘 보여 주어야 하는 쪽인 것 같습니다.

시나리오를 잘 해석하는 게 제일 중요한 포인트예요. 디자인은 배운 능력으로 할 수 있지만, 영화는 시나리오를 해석하고 이해하는 능력이 중요합니다.

CG로 배경을 입히는 것과 현장의 세트, 둘은 상반된 기술이면서 어찌 보면 같은 방향성을 가진 것 같습니다. 어떤 기준으로 CG로 입힐 것인지 아니면 세트로 만들 것인지 결정하나요? 또 두 작업의 협업은 어떤 식으로 이루어지는지 궁금합니다.

지금은 두 작업이 굉장히 가까이 얽혀 있어요. 누구의 영역인가까지 얘기될 정도로요. 예를 들면 미술감독은 영화의 전체적인 공간을 담당하는 사람이잖아요. 근데 이제는 CG 영역에 속할 수도 있단 말이죠. 이제는 미술의 영역에 디지털 공간까지 콘셉트 스케치나 일러스트, 스케치업을 통해서 구현하고 이것을 바탕으로 VFX팀에서 작업하는 경우도 있습니다. 또는 반대로 VFX팀에서 어떤 부분들을 콘셉트 스케치까지 해 오는 경우도 있고요. 결국 밀접한 상호 협력이 필요하다고 말씀 드릴 수 있어요.

> **영화 디자인은 유행 좇는 일이 아니라 시나리오를 해석하고 이해하는 일. 유튜브 등에 올리온 메이킹 필름 보면 도움될 것.**

전체적인 추세이기 때문에 이제는 영화미술을 하는 분들이 기술적인 부분, VFX에 대한 이해가 필요하겠네요.

메이킹 필름이 유튜브에 굉장히 많이 나와 있어요. 다양한 영화의 제작 과정에 대한 자료를 찾아보고 공부를 해야 대화를 할 수 있는 것 같아요. 기술은 계속 발전하기 때문에 저도 계속 공부하려고 애를 쓰죠. 최근 작업한 최동훈 감독의 작품 〈외계+인〉(2022년 개봉 예정)도 VFX 미술 회의에 많은 시간을 썼어요. 회의가 전보다 많이 늘었고 어느 팀이 어떤 식으로 담당할 것인지 나누기도 합니다.

박찬욱 감독님과 봉준호 감독님의 미장센 스타일이 어떻게 다른가요?

두 분 스타일이 너무 달라서 미장센mise en scene[#] 스타일을 비교해 이야기하기가 쉽지 않아요. 봉준호 감독님은 콘티를 직접 그려요. 찍고 싶은 정서가 정확히 정해져 있어요. 그래서 저는 시나리오와 콘티에 맞는 정서적 공기라든가 심리적인 부분을 유추해서 작업하곤 합니다. 박찬욱 감독님은 오케스트라 지휘자 같아요. 〈아가씨〉를 예로 들면 시나리오를 쓰고 콘티를 그릴 때 제가 옆방에 있었어요. 촬영감독님과 콘티를 짜다가 저를 불러서 '숙희'가 처음 서재에 들어가서 '코우즈키'랑 '히데코'가 책을 읽는 장면을 보는데, 이때 공간이 평면이면 카메라가 들어가는 데 시간이 걸리니까 약간 사선으로 짰으면 좋겠다든가, 실제보다 방이 커 보이는 렌즈를 쓸 예정이니까 그에 따라 내부를 배치하면 좋겠다고 말해 줍니다. 그러면 그에 맞추어 디자인을 다시 변경하는 식이죠.

이런 부분이 영화 촬영의 재미죠. 물건이든 사람이든 공간이든 실제 크기나 비율이 정직하게 반영되지 않거든요. 모든 게 다 달라 보여요.

영화는 마술사처럼 (웃음) 약간 사기를 치면서 관객에게 판타지를 제공하거든요. 심리적 효과, 정서적 효과를 위해 콘티를 짜면서 많은 사람들이 아이디어를 내요. 박찬욱 감독님은 그렇게 해서 협업을 하는 경우예요. 박찬욱 감독님은 훌륭한 포토그래퍼이기도 하기 때문에 훈련된 시각적 감각을 갖고 있지만 적극적으로 협업하면서 여러 의견을 반영합니다.

공들여 작업했는데 영화에는 스쳐 가거나 아예 안 들어가는 일도 많죠?

맞아요. 처음에는 그게 어려울 수 있겠지만 경력이 쌓일수록 초

프랑스어로 '무대 위에 배치한다'라는 뜻. 영화에서는 감독의 연출 작업을 의미한다. 즉, 카메라 앞에 놓이는 모든 요소, 즉 연기·분장·무대장치·의상·조명 등이 조화된 상태로 영화적 미학을 추구하는 공간 연출을 말한다.

연해지고, 그 예산을 어떻게 쓰느냐가 가장 중요한 크리에이티브한 부분 중 하나가 됩니다. 저도 여전히 배우고 있고, 이제야 조금 알 것 같은 느낌이지만요. 시나리오를 통해서, 혹은 미팅을 통해서 감독이 굉장히 중요하다고 느끼는 부분이 뭔지 파악하는 게 무엇보다 중요해요. 아니면 잠깐 나와도 전개상 중요한 부분이라는 판단이 들면 "여기에 예산을 더 쓰고

〈아가씨〉에 등장하는
코우즈키의 서재.
촬영의 동선을 고려해
복도를 사선으로 제작했다

다른 부분에서 줄이자"고 감독님을 설득하기도 해요. 경력이 쌓이면서 조금씩 진짜로 힘을 더 주어야 할 때와 덜 주어야 할 때를 알아 가는 것 같아요. 사실은 그게 진짜로 어려운 일이죠.

> " 영화의 모든 공간이 다 중요하지만, 힘을 더 주어야 할 때와 덜 주어야 할 때를 선택하고 집중해야. 그게 진짜 어려운 일. "

저예산 제작일 경우 포기할 수 없는 부분이 있다면 무엇인가요? 졸업영화나 단편영화는 특히 십시일반으로 예산을 만들잖아요.

예를 들어 공간이 열 곳이라고 해요. 열 개를 다 잘하고 싶잖아요. 그래서 똑같은 에너지, 똑같은 시간을 분배하려고 합니다. 그런데 사실은 가장 중요하고 덜 중요한 부분이 있어요. 시나리오를 읽을 때 제가 늘 하는 일이 있어요. 스태프들은 최초의 관객이기도 하거든요. 시나리오를 읽으면 눈물이 나거나 마음이 움직이는, 강렬한 정서적 순간들이 있어요. 그 순간을 만들려고 감독님들이 글을 쓰고 영화를 만드니까요. 그 부분을 꼭 찾아야 해요. 그리고 내가 느꼈던 것을 메모해요. 일을 하면서 메모한 글을 꾸준히 다시 꺼내 읽으면서 무엇이 중요한지를 잊지 않아야 해요.

영화가 스토리텔링이라는 걸 잊지 않아야 한다는 말이네요.

정서적으로 큰 감흥이 있는 부분을 꼭 표시해 놓고 가장 중요한 부분 위주로 순서를 매겨요. 가장 중요한 공간은 절대 포기할 수 없으니까 내가 할 수 있는 한 최선을 다해야 합니다. 누구를 설득해야 한다면 그만큼 열심히 설득해야 해요. 일을 처음 시작하면 덜 중요한 부분이 안 보여요. (웃음) 다 중요하거든요. 저도 아직 그런 판단, 결정이 어려워요. 그래도 필요한 일입니다. 그리고 그런 식으로 감독님들도 설득하세요. 감독님들은 "다 중요하다"고 주장하거든요. (웃음) 그런 때 설득하는 대화의 기술이 필요합니다. ★

7 _____ 특수분장사

"창의력과 끈기로, 진짜처럼 있을 법하게"

| 제공 《씨네 21》

곽태용

· '테크니컬 아트 스튜디오 셀CELL' 공동대표
· 대표작 ──────
〈부산행〉〈신과 함께: 죄와 벌〉〈신과 함께: 인과 연〉〈킹덤〉시즌 2 〈다만 악에서 구하소서〉〈반도〉〈서복〉

특수분장 전문가인 곽태용 대표가 이끄는 회사 이름은 '테크니컬 아트 스튜디오 셀'이다. '예술'과 '기술'이 한데 합쳐진 회사 이름이 보여 주듯이, 특수분장은 그 둘을 모두 아우르는 영역의 일이다. 특수분장이 어떤 상황에 필요한지를 결정하기 위해 감독, 연출부, 분장팀, 미술팀, VFX 담당자까지 종종 모여 협의해 결정하는 것은 그래서다. 분장팀에서 할 수 없는 일, VFX보다 생생한 물리적인 현장감이 필요한 일에서 특수분장은 빛을 발한다. 영화에 등장하는 죽은 사람의 시체 모형(더미), 세상에 존재하지 않는 크리처, 말부터 쥐까지 크고 작은 동물들이 특수분장 전문가의 손에서 탄생한다. 영화에 담겼을 때 '진짜'처럼 보여야 함은 물론이다. 신기하게 만드는 게 목표가 아니라 세상에 없는 것조차 '있을 법하다'는 감각으로 경험하게 만드는 일인 셈이다.

창작과 관련한 작업 중 창의성이 필요하지 않은 분야는 없지만, 특수분장 전문가가 하는 일은 특히 그렇다. 무엇을, 어떤 재료로, 어떻게 구현하고 나아가 움직이게 만들지는 '그때그때 다르다.' 다른 영화의 경험이 새로 작업하는 작품에서 유용하게 쓰일 때도 많지만, 해당 현장의 특성에 따라(산꼭대기에서 촬영이 이루어질 수도 있고, 가장 이상적인 재료를 쓰기에는 예산이 부족할 수도 있다) 할 수 있는 것들이 달라진다. 그래서 곽태용 대표는 채용을 할 때 중요하게 보는 자질로 창의력과 끈기를 꼽는다. 원하는 것을 만들어 내기 위해 여러 시도를 하고, 다른 사람의 도움을 적극적으로 구하는 태도가 기술보다 귀하기 때문이다. 진짜 시체처럼 보이는 더미 인형보다 촬영 시한에 맞춰 제작물을 완성하지 못할 일이 더 무섭다는 특수분장 전문가, 곽태용 '테크니컬 아트 스튜디오 셀' 대표의 이야기를 들어 보자.

곽태용 대표님은 〈서복〉(이용주, 2020), 〈반도〉(연상호, 2020), 〈다만 악에서 구하소서〉(홍원찬, 2020), 그리고 김용화 감독의 〈신과 함께: 죄와 벌〉(2017) 과 〈신과 함께: 인과 연〉(2017), 〈부산행〉(연상호, 2016), 넷플릭스 시리즈 〈킹덤〉 시즌 2(김성훈·박인제, 2020) 등 많은 작품에 참여했는데요, 대표작으로 어떤 작품이 가장 먼저 언급되나요?

봉준호, 김지운, 류승완, 박찬욱 감독님 작품은 거의 대부분 다 참여했어요. 대표작이라기보다는 특히 어렵게 작업했던 작품을 꼽는다면, 최동훈 감독님의 〈암살〉에서 어려운 특수분장 사례가 있었고, 〈좋은 놈, 나쁜 놈, 이상한 놈〉(김지운, 2018, 이하 〈놈놈놈〉)에서 말 메카닉mechanic[#]도 고생을 많이 해서 생각이 많이 납니다.

특수분장에서 가장 어려운 작업은 어떤 것인가요? 존재하지 않는 무언가, 예를 들면 괴물 크리처 만드는 일이 어려울 거 같은데 실제 작업할 때는 어떤지 궁금합니다.

연출자들이 항상 새로운 이야기를 가져오잖아요. 그런 새로운 생각을 현실 세계로 끄집어내서 표현하는 작업이니까 항상 어려워요. 감독님들이 늘 새롭고 특별한 걸 요구하거든요. 항상 숙제를 푼다는 생각으로 일을 하고, 사소한 거라도 그때그때 고민해서 어렵게 해 나갑니다. 그래서 어떤 게 어렵다, 어떤 파트가 어렵다 딱히 정의 내리긴 힘들 거 같아요.

[#] 실물과 같은 형태로 만들어진 모형 제작물을 움직일 수 있도록 만드는 기계 장치. 애니매트로닉스 animatronics와 헷갈릴 수 있는데, 메카닉은 애니매트로닉스 제작 과정의 일부로 모형의 움직임 구현을 위해 만들어진 로봇 또는 기계 장치 그 자체를 지칭한다.

특수분장 전문가는 어떤 일을 하는 사람이라고 할 수 있을까요?

'특수분장'이라고 정의 내리기보다는 처음에는 특수분장 관련된 일이 많았기 때문에 그렇게 명명된 거 같은데, 어떻게 보면 '기술적 아트팀'이라고 해야 할 듯해요. 기술이나 재료, 지식을 기반으로 난해한 문제들을 해결하는 역할을 하는 거죠. 특수분장, 특수소품, 특수세트, 그리고 특정한 효과를 만드는 재료를 배합하는 문제 등을 총칭해서 해결하는 역할을 맡고 있습니다.

〈놈놈놈〉에서 말 메카닉 작업을 하셨는데, 그런 경우는 인물이 아니라 말이 들어가는 액션 신에서 필요한 특정한 장면을 따로 만들게 되죠?

그렇죠. 사실은 말 위에서 총격전을 할 수가 없잖아요? 배우들이 전문적으로 매일 말을 타는 것도 아니고요. 말을 타고 달리면서 엄청난 액션을 해야 되는데 현실적으로 그게 불가능하고 또 위험하니까, 그 문제를

〈좋은 놈, 나쁜 놈, 이상한 놈〉에
사용된 말 메카닉
| 제공: 스튜디오 CELL

해결하기 위해 최대한 비슷해 보이는 가짜 말을 만듭니다. 비슷하게 보이면 되는 게 아니라 그 만든 말이 사실적으로 움직여야 해요. 감독님이 원하는 앵글이나 그림을 만들기 위해서 주변 장비들도 만들어야 하고요. 이런 여러 가지를 연구하고 개발하면서 작업했습니다.

> **특수분장보다 '기술적 아트'가 적당한 명칭 ⋯ 기술, 재료, 지식을 기반으로 영화에 필요한 특수소품·세트·효과를 만드는 일.**

일의 범위가 넓은 동시에, 했던 작업이 완성된 영화에서 덜 도드라질수록 더 잘된 거잖아요?

맞습니다. 관객들이 "어! 저 말, 진짜처럼 잘 만들었네" 이러면 저희는 실패한 거죠. 영화에서 자연스럽게 그냥 모르고 넘어가는 게 저희한테 가장 큰 칭찬입니다. 몰래 극장에서 영화를 보다가 "오! 저 더미 진짜같이 잘 만들었네" 이런 말이 나오면 크게 실망할 수밖에 없어요. 저희의 실망도 실망이지만, 만든 것들이 관객들의 눈에 띄는 순간 영화에 대한 신비감이 떨어지잖아요. 그래서 조금 숨어서 작업을 한다고 할 수도 있겠습니다. (웃음)

완성된 영화 시사할 때 모니터하는 기준은 뭔가요?

연출자의 의도를 잘 표현했냐 아니냐에 따라 만족도가 결정 나죠.

특수분장과 CG 작업 사이에 중첩되는 부분이 많을 것 같습니다. 두 분야가 협업 관계에 있다고 볼 수 있나요? 두 분야가 어떻게 연결되는지, 각 파트의 작업은 어떻게 결정되는지 궁금합니다.

CG 기술이 빠른 속도로 발전하고 있어요. 요즘은 SF, 크리처물도 많으니까 리얼하게 표현할 수 있는 가장 좋은 방법을 찾는 과정에서 'CG로 표현할까, 실제로 만들까' 하는 고민을 많이 해요. 촬영에 들어가기 전에 관련된 파트의 팀원들이 다 모여서 감독님이 제시하는 그림을 표현하기 위해 회의를 많이 합니다. 컴퓨터그래픽의 장점이 있는 반면에 저희가 실물로 만들어서 촬영하는 것의 장점 또한 있기 때문에, 각 장점들을 이용해 감독님이 제시하는 그림 안에서 가장 효율적으로 촬영할 수 있는 방법을 고안해 내거나. 혹은 저희가 갖고 있는 아이디어를 감독님께 역으로 제안해서 새로운 그림을 만들어 내기도 하죠.

> " 'CG로 표현할까, 실제로 만들까' 항상 고민해. 0.5초 컷을 만들기 위해 두 달 동안 작업하기도. "

특수분장이나 CG의 기술적인 부분은 연출자들보다 더 잘 아는 전문가니까, 감독에게 제안하는 사항들의 중요도가 높다고 할 수 있겠네요.

그럴 수 있죠. 제작물을 하도 많이 만들다 보니까 재료에 대한 노하우나 경험이 계속 축적되고, 그러다 보면 당장 이 작품에서 쓰지 못해도 나중에 어떤 때 쓸 수 있겠다는 경험이 머릿속에 쌓여 있어요. 그런 사항을 정리해 뒀다가 시나리오를 보고 감독님께 설명하면서 제안하거나 테스트한 영상을 보여 주는 식입니다.

특수분장은 세상에 없는 것들을 만들어 내는 작업인 동시에, 사람이나 동물 같은 생명체에게 구현할 수 없는 것을 구현해서 장면을 찍을 수 있도록 만드는 작업입니다. 머릿속에만 있던 것을 끄집어내는 과정에서 대상의 외형이나 질감·움직임을 디테일하게 상상하는 작업을 거칠 텐데, 그 과정에서 미술·연출·촬영 등 다른 분야와 계속 협업을 해야 할 것 같습니다. 협업의 노하우가 있다면 무엇일까요?

영화는 종합예술이라고 하잖아요. 시나리오가 나왔을 때 시나리오를 표현하기 위해서 미술팀에서는 영화의 톤을 담당합니다. 미술팀에서 전체적인 분위기, 스타일·컬러를 정하고 나면 그에 따라 어떤 제작물이 필요한지 정해집니다. 그중에서도 표현이 어려운 부분은 어떻게 구현할 것인지를 저희 특수분장팀이나 특수효과팀, 즉 CG팀이라든가 VFX팀이 모여서 회의를 합니다. 그렇게 만들어지는 게 한 편의 영화입니다.

영화촬영 현장에도 직접 다 가시나요?

중요한 장면은 당연히 가서 컨트롤합니다. 그런데 특수분장 분야는 사전제작을 주로 해야 되는 업종이에요. CG는 후반에 일이 집중되고요. 결국 긴 시간 동안 제작물을 만드는데, 현장에 가서 보면 심할 경우에는 5분 만에 촬영이 끝나기도 해요. 1, 2초 혹은 0.5초의 컷을 위해서 한두 달 동안 제작물을 만드는 일이 비일비재합니다. 작업실에서 혹은 컴퓨터로 뭘 그리고 만드는 아주 지루한 작업을 거쳐서 0.1초짜리 컷을 만들어 내는 일입니다.

없거나 불가능한 것을 물리적으로 촬영 가능하게 만든다는 점에서 마술사 같다는 느낌도 들어요.

그래서 재미있는 일도 많습니다. 〈옥자〉(봉준호, 2017)에서 제목이기도 한 '옥자'는 거대한 동물입니다. 그런데 그 동물을 현실에서 구현할 수가 없고, 사람 캐릭터들과 접촉이 너무 많아요. '미자'와 서로 부둥켜안는 식의 장면이 많다 보니까 전부 CG로 하는 건 불가능했어요. '옥자'라는 가상의 동물을 대체할 수 있는 무언가가 필요했어요. 그래서 대체물을 만들었습니다. 동선에 맞춰서 컨트롤할 수 있게 하고, 이후에 컴퓨터그래픽으로 다시 작업하는 식으로 진행했죠. 문제는 거대한 작업물을 그때그때 산속에서 찍어야 하니까 아주 가볍게 만들어야 하거든요. 긴 이동 거리를 오가며 쓸 수 있어야 하니까요. 그래서 저희가 처음 개발한 입체 패턴으로 만들었어요. 원터치로 펴지는 텐트처럼 구겨서 차에 실었다가 현장에서 탁! 펼치면 촬영이 가능하도록. 5미터짜리 실물 크기 구조물이지만 무게가 8~9킬로그램 정도밖에 안 나가요.

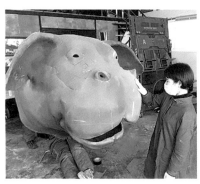

〈옥자〉에서 사용된 촬영용 스터피
| 제공: 스튜디오 CELL

할리우드보다 더 빠르고 손쉽게 이동 가능한 큰 크리처를 만든 거네요.

광장히 효율적으로 촬영할 수 있는 소품이었고 할리우드팀도 나중에 이 방식을 도입했어요. 그래서 요즘은 할리우드에서도 저렇게 만들어서 써요. CG팀에서 3D를 구현하는 데이터를 받아서 똑같은 비율의 표면 질감으로 뽑아냈는데 결과물이 무척 가벼웠던 거죠. 〈옥자〉 때 CG 슈퍼바이저가 굉장히 유명한 할리우드 스태프였는데, 그분이 너무 인상적으로 보고 저 방법을 어떻게든 쓰고 있어요. 자랑스럽죠.

자랑스러운 건 물론이고 특허를 냈어야 하는 거 아닌가요?

(웃음) 네, 그런 경우죠. 처음에 이 일을 시작했을 때는 국내에서 배울 여건이 잘 갖추어져 있지 않았어요. 그래서 외국 자료들을 공부하고 따라하는 과정을 거쳤는데, 지금은 한국에서 새로 찾고 응용해서 쓰는 재료도 많아요. 이건 자부심인데, 아시아권에서는 한국이 지금 톱입니다. 아시아 다른 국가들에서 영화와 관련해서는 저희 쪽에 도움을 많이 요청하고 있어요. 그만큼 발전했고, 계속 노력합니다.

> **"** 원터치 방식의 '옥자' 스터피는 독창적인 개발품. 이제는
> 할리우드도 따라 배워. 한국은 아시아 '원톱'! **"**

처음에 어떻게 일을 시작했는지 궁금합니다.

저는 어렸을 때부터 뭐든 만드는 게 취미였어요. 〈블레이드 러

너〉(리들리 스콧, 1982) 같은 작품을 보고 '어, 저런 거를 미니어처로 만들었어? 나도 만들어 보고 싶다' 하고는 모형을 만든다든가, 프라모델을 만들어도 프라모델만 만드는 게 아니라 그 주변 공간을 만든다든가, 이런 것들을 어렸을 때부터 되게 좋아했어요. 그런 만들기를 대학 때뿐만 아니라 직장 들어가서도 했거든요. 그러다가 제가 만들었던 것들을 계기로 〈리베라메〉(양윤호, 2000)라는 영화의 미니어처 일이 들어왔어요. 그 일을 계기로 영화계에 들어오게 됐습니다.

〈리베라메〉의 화재 장면에 사용된 미니어처였나요?

맞아요. 무너지는 계단이라든가 터지는 유조차 장면 때문에 미니어처 제작이 필요했는데 결과적으로는 중간에 다 취소됐습니다. 그런데 그 일을 계기로 '이거 재밌겠다'는 생각이 들었고 그 길로 일을 해 나가면서 여기까지 오게 된 거죠.

처음 다닌 회사가 특수분장을 주로 하는 곳이었나요?

네. 그렇게 시작해서 조금씩 일을 해 나갔습니다.

보통 한 작품 작업하는 데 시간이 얼마나 걸리나요?

천차만별이에요. 빨리 끝나는 작품은 2~3개월 만에 끝나기도 하고요. 최근에 최동훈 감독님 작품은 1년 2개월 걸렸어요.

셀에서는 1년에 통상 몇 편 정도 작업을 하나요? 그리고 한 프로젝트에

몇 사람이 참여하는지도 궁금합니다.

작품 수로 말하기가 어려워요. 저희가 일할 분량이 많은 영화도 있고 한두 가지 소재의 제작물만 만드는, 속된 말로 '발만 담갔다 빼는' 영화도 있거든요. 영화 편수가 많을 때는 한 해에 스무 작품 정도 하고, 평균 14~15편 정도 작업합니다.

> **분장팀, 소품팀에서 못 하는 어려운 작업 맡아. 더미부터 로봇 제작까지 노하우 쌓이면서 영역 계속 넓어져.**

항상 영화와 영화가 겹친 상태로 작업이 진행되겠네요. 작품마다 들어오는 요청이 다 다를 것 같은데요, 노인 분장부터 동물이나 시체 등. 특수분장 내에서도 전문 분야가 다 따로 있을 텐데 어떤 것들이 있나요?

저희가 하는 일을 아주 이해하기 쉽게 얘기하자면, 분장팀에서 못하는 일이 저희한테 들어오고, 소품팀에서 못 만드는 소품을 저희한테 제작 의뢰를 하는 식입니다.

어려운 일만 들어온다는 뜻이네요.

약간 그런 개념이에요. 노인 분장을 예로 들면 분장팀에서 배우 머리에 흰머리를 만들고 얼굴에 검버섯을 찍었는데 그보다 센 노인 분장이 필요할 때 저희가 작업을 합니다. 또 더미의 경우도, 피를 바른다든가 상처를 만드는 정도를 넘어 어디가 잘려 나간다거나 없어진다든가 하는

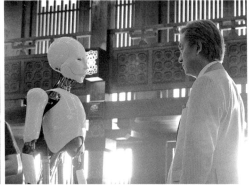

기계장치로 움직임을 표현한 영화 소품들. 〈친절한 금자씨〉(박찬욱, 2005)의 '백 선생 테리어'(왼쪽)와
〈인류멸망보고서〉 첫 번째 에피소드 〈천상의 피조물〉(김지운, 2012)의 로봇 주인공 '인명'(오른쪽)
| 제공: 스튜디오 CELL

작업까지는 분장팀이 할 수 없으니까 저희가 더미를 만들고요. 이게 다
제작물이거든요. 실제 배우에게 하는 게 아니라 제작물이니까 퀄리티를
끌어올리려고 노력하게 됩니다. 하지만 그래 봐야 더미는 더미니까 찍을
수 있는 데 한계가 있으니까 촬영했을 때 약간이라도 더 리얼해 보일 수
있도록 움직임을 추가하는 거죠. 이런 식으로 동물 같은 것도 만들어야
되고, 더미도 만들어야 되고, 또 더미를 움직이게 하려다 보니까 기계적
인 부분도 익히게 되고, 기계적인 것에 대한 노하우가 쌓이니까 로봇 제
작도 하게 되고, 이렇게 계속 일이 파생됩니다.

'애니매트로닉스' 작업도 많이 하시죠? 〈친절한 금자씨〉에서 작업한
부분은 무엇인가요?

〈친절한 금자씨〉의 '최민식테리어'라고 불렀어요. (웃음) 최민식 배우 머리에, 몸은 개가 달려 있는 장면을 맡았어요. 박찬욱 감독님이 그 그림을 원해서. '개에 최민식 배우의 머리가 달려 있다'는 환상 신을 구현하는 데 움직임도 필요했어요. 그래서 안에 모터 등의 기기를 세팅해서 실제로 이영애 씨가 끌고 갈 때 움직임을 주고 총을 맞았을 때 반응, 피 효과까지 가능하게 제작했습니다. 김지운 감독님의 단편 〈천상의 피조물〉도 작업했어요. 로봇이 주인공인데, 로봇이 감정 연기를 해야 해서 저희가 로봇을 만들어 어느 정도 움직임을 구현했습니다.

로봇 제작이 최근엔 점점 더 많아지는 추세인가요?

가면 갈수록 조금 많아지는 추세 같습니다. 아직 압도적인 변화는 아니지만요. 저희는 테마파크에 들어가는 공룡 같은 것도 작업해요. 싱가포르 유니버설스튜디오에 공룡이 움직이는 쇼가 있거든요. 알에서 부화된 새끼 공룡이 움직이는 장면을 표현하기 위해 제작했는데, 현재도 싱가포르에서 하루 2회 열심히 공연하는 걸로 알고 있습니다. (웃음)

영화 외에 다른 일도 많이 하나요?

삼성전자에서 제품 개발할 때 필요한 제작물을 만든 적도 있고, 경우에 따라서는… 돈이 되는 건 아니었지만 이런 일이 있었어요. 어떤 여자 분이 사고로 엄지발가락을 잃었는데 그분이 여름에 샌들이 너무 신고 싶은 거예요. 그래서 남편 분 의뢰로 샌들 앞에 발가락을 똑같이 재현해서 달아서 여름에 신고 다닐 수 있게 만들어 드렸어요. 무척 기뻐하신 일이 기억납니다. 감정적인 면에서 성취감이 있더라고요. 정말 기분이 좋았어요.

최동훈 감독 신작을 1년 2개월 정도 작업했다면 꽤 일이 많다는 뜻일텐데, 그 정도 작업 규모면 몇 명이 투입되나요?

인원을 정해서 가는 건 아닙니다. 현장에 많이 나가는 직업이라기보다는 사무실 안에서 만드는 시간이 많이 들잖아요. 채색을 잘하는 직원, 모델링을 잘하는 직원, 메카닉을 잘하는 직원 식으로 각자 전문 파트가 있어요. 그 팀원들이 일을 계속 진행해 나가거든요. 그래서 최동훈 감독님 작품을 1년 2개월 작업했다면, 그 기간 내내 전원이 작업에 매달리는 식이 아니라 다른 영화가 들어오면 몇 편을 병행하기도 합니다.

> "
> 작업 의뢰를 받으면 공정 나눠 각자 전문 영역을 맡는 방식.
> 한국영화 규모와 폭 굉장히 넓어져 SF, 크리처물도 많이 제작. "

영화 작업이 들어오면 각자 하는 일을 나눠서 회의를 하는 방식인가요?

그렇죠. 일이 들어오면 분해를 해요. 어떻게 만들지. 그래서 흙으로 모델링을 할지, 아니면 3D 프린팅을 해서 원형을 잡을지 세세하게 다 분리를 한 다음 원칙적으로는 해당 분야 일을 가장 잘하는 사람이 하죠. 한 사람이 모델링을 하면 그것을 몰드를 가장 잘 뜨는 사람이 몰드를 뜨고, 그것을 성형을 가장 잘하는 사람이 작업하고, 섬세한 작업을 잘하는 사람이 눈썹을 심는 식으로요.

특수분장 작업을 오래하면서 자연스럽게 느껴지는 한국영화의 주요 흐름이 있을 것 같아요. 예를 들어, 예전에는 사실적인 액션이 많았다면 최근에는 없는 것을 구현해 내려고 하는 작품이 많다던가. 크리처물도 거기에 포함될 테고요.

유행은 있는 것 같아요. 전쟁영화가 유행할 때가 있고, 화재 재난영화가 유행할 때가 있고 그렇습니다. 한국 제작 여건상 SF물이나 크리처물은 많지 않았는데 최근 CG 기술이 많이 발전하고 또 영화의 규모도 커지면서 이제는 〈승리호〉(조성희, 2019)나 〈스위트홈〉(이응복, 2020) 같은 작품들이 제작되고 있어요. 한국 작품의 폭이 굉장히 넓어졌어요.

특수분장 전문가로 활동하면서 가장 보람을 느낄 때는 언제인가요?

저는 만드는 것에 취미가 있어요. 그러다 보니 지금도 새로운 것을 만드는 일에 재미를 느낍니다. 단, 항상 숙제를 해결해 나가는 입장이라 스트레스를 많이 받는다는 게 큰 단점이긴 하지만, 고생해서 만든 결과물이 영화에 잘 활용되고 관객이나 감독님께 호응을 받으면 성취감이 크죠.

해외 특수분장 전문가 중에 롤 모델로 삼는 분이 있다면 누구인가요?

스탠 윈스턴Stan Winston 같은 분은 정말 존경할 만하죠. 제가 어렸을 때 정말 재밌게 봤던 영화들에 나오는 크리처들을 많이 만드셨어요. 〈에이리언 2Aliens〉(제임스 카메론, 1986), 〈터미네이터The Terminator〉(제임스 카메론, 1984), 〈쥬라기 공원Jurassic Park〉(스티븐 스필버그, 1993) 등의 영화 작업을 한 스튜디오의 대표님입니다. 그분 책이나 메이킹을 많이 봤어요. 어려서부터 그분 작업을 동경했고, 따라하려고 했고, 그러다가 배운 것도 많아요.

현실에 존재하지 않는 생물이나 물체를 구현해야 할 때 어떻게 영감을 얻나요?

현실에 없는 것을 만들 때 가장 중점적으로 생각하는 게 '이게 말이 되느냐 안 되느냐'예요. 너무 상상의 나래를 펴서 현실감 없게 만들면 그게 가장 못한 디자인이라고 생각합니다. 그래서 예전에 〈괴물〉(봉준호, 2006)을 작업할 때는 정말 한강에 살 법한 느낌을 주려고 했어요. 계속 고민하고 자료 도서나 영화를 시도 때도 없이 보고 근육의 쓰임새 같은 기본적인 요소도 익혀서 움직임을 구현합니다.

단순히 '멋있다', '보기 좋다'가 아니라 '이게 있을 법하다'라는 거죠?

맞아요. '어? 그럴싸한데?' 이게 가장 중요해요. 기능적인 부분을 먼저 잡아요. 그 이후에 멋을 첨가하죠.

대표님이 좋아하는 영화 이야기를 들어 볼까요? 리들리 스콧 감독의 작품을 두루 좋아하고 특히 〈블레이드 러너〉를 좋아하신다고요?

초등학생 때 〈블레이드 러너〉를 봤어요. 모형을 만드는 매력을 느낀 계기가 이 작품이었던 걸로 기억합니다. 미래상을 표현한 방식이 무척 인상적이었는데, 나중에 책을 보니 미니어처 같은 제작물로 표현한 부분들이 꽤 있더라고요.

결과물만 보고는 미니어처 촬영인지 알아보기가 어렵단 말인데, 대표님은 작업을 계속하니까 영화를 보면 어떻게 구현했는지 알 수 있을 것 같은데요?

그게 약간, 엄청난 직업병이에요! 영화를 보면 내용에 집중을 못 해요. 스크린 바깥 상황이 자꾸 보이는 거죠. '무슨 팀이 뭘 했겠네', '여기서 뭘 했겠네', '여기서 크레인으로 뭘 걸었겠네' 그런 것들이 자꾸 보여요. 새로운 영화를 보면 계속! 어떻게 찍었을까? 뭘로 찍었을까? CG였을까? 미니어처였을까? 생각해요. (웃음)

> " 스탠 윈스턴의 책과 메이킹 보고 많이 배워 … 관련 전공이나 학원보다는 '파고드는' 사람, 열정과 실행력이 중요해. "

자신이 만든 더미가 너무 무서워서 꿈에 나오거나 그런 적은 없나요?

제가 제일 무서운 건, 시간 안에 작업을 못 마치는 것. (웃음) 그럼 더미가 아니라 감독님이 꿈에 나오겠죠. 제한된 시간 동안 제작물을 만들어 내야 되는데 만약 저희가 제때 못 만들어서 일정에 지장이 생긴다면…, 이게 엄청난 공포입니다! 제작물 자체는 습관이 돼서 무섭거나 하진 않아요.

외국에서 스카우트 제의가 올 수도 있나요?

한국 기술 스태프들이 인기가 진짜 많아요! 예를 들어 중국의 서극 감독 같은 분의 작품에 참여하게 돼서 가 보면, 특수분장도 우리 팀, 특수효과도 우리나라 팀, 컴퓨터그래픽도 우리 쪽, 무술감독님도 우리나라 쪽, 막 이래요. 기술적인 부분은 한국이 지금 굉장히 강세를 띠고 있어요. 특히 아시아권에서. 한국 사람들이 일을 잘하고 뭔가 열정도 남다르다고 생각합니다.

특수분장사가 되기 위해서 학원 다니는 것 말고 무엇을 해야 할까요?

저희 회사에도 직원들이 많은데 학원이나 학교를 다녀서 한다기보다는 뭔가를 만드는 일에 재미를 느껴서 파고드는 사람이 많아요. 관찰력과 응용력이 중요하죠. 학원에서 잘 배워서 만든 포트폴리오보다는 생뚱맞은 작업이 더 눈길을 끌어요. 자전거 핸들을 잘라서 이상한 것을 만들었다든가, 실제로 저희 직원 이야기인데요. 대학교 때 너무 궁금해서 자전거 핸들을 잘라서 이상한 핸들을 만들어 놓은 거예요. 그래서 "어떻게 잘랐나요?" 물었더니 "쇠톱으로 다섯 시간 동안 잘랐어요" 하더라고요. "그럼 이거 어떻게 붙였어요?" 그랬더니 "아는 공업사에 가서 막 부탁했어요"라는 거예요. 그래서 노력과 추진력이 있다고 생각하고 채용했어요. 실무에 필요한 지식들, 재료 다루는 법은 스스로 부딪혀 봐야 알아 가거든요. 열정과 실행력이 합쳐진 사람들이 결국 두각을 나타냅니다.

특별히 유리한 전공이 따로 있는 건 아니라는 말씀이네요.

학벌 같은 건 안 따져요. 어느 날 중국에서 여행비자로 무작정 입국해서 배낭 메고 사무실에 찾아온 사람이 있어요. 그냥 한국영화를 좋아해서 많이 봤는데 한국영화에는 표현되는 것을 중국에선 잘 못하는 것 같았다는 거죠. 해 보고 싶은데 어떻게 해야 될지 몰라 수소문해서 저희 회사 주소를 알아낸 다음 그냥 배낭 메고 왔어요. 그래서 사무실 근처에 방을 구해 주고 일을 배우게 했어요. 그 사람이 지금 저희 사무실에서 최고참이에요. 열정이 있고 몸으로 뛰어드는 열성이 있어야 돼요.★

Part 3

후반작업

더 디테일하게, 화룡점정

전쟁같이 휘몰아친 몇 개월간의 촬영이 끝나면 포스트프로덕션, 후반작업의 시간이 찾아온다. 후반작업 또한 여러 작업이 하나로 녹아드는 과정이다. 우선, 촬영한 영상을 편집하고 VFX로 필요한 이미지를 합성해서 색보정을 한다. 필요하다면 대사를 추가로 녹음하고, 음향을 디자인하고, 영화음악가가 음악을 완성해 믹싱을 한다. 후반작업은 이 모든 작업들을 결합해 최종 편집본을 만드는 일이다. 원석을 가공해 반짝이는 보석으로 만드는 일로도 비유할 수 있다. 후반작업 아티스트들이 각자의 기술력으로 원석을 부분 부분 나눠서 가공하는 것이다.

영상에 리듬과 스타일 입히기

후반작업의 첫걸음은 편집실에서 시작한다. 편집감독은 편집팀과 함께 촬영 현장에서 찍어 온 영상 데이터를 잘 정리해서 가편집본, 이른바 러프 컷Rough Cut을 만든다. 감독과 스크립터 등이 러프컷을 보기 위해 편집실을 방문하면 후반작업이 본격 가동된다.

편집감독은 촬영된 영상을 숏, 신, 시퀀스로 결합해서 영화를 완성하는 직업이다. 그저 컷을 자르고 이어 붙이는 디지털 '가위손'이 아니다. 편집을 통해 관객에게 영화의 이야기를 잘 전달하면서, 그 영화 고유의 리듬과 스타일을 만든다. 영화가 관객에게 선보이기 전, 마지막 옷매무새를 다듬는 '포스트프로덕션 디자이너'랄까. 때로 촬영해 온 영상이 감독이 원래 계획했던 이미지와 차이가 나면, 편집감독이 그 부분을 보완하는 편집 아이디어를 내기도 한다. 의외로 이런 경우가 꽤 많다. 시나리오에 쓰여진 오프닝이나 엔딩이 완성된 최종본의 오프닝이나 엔딩과 확연히 달라지는 경우가 그렇다. 편집감독이 카메라 앵글, 화면 사이즈, 배우의 표정, 대사의 뉘앙스를 이해하고 수많은 컷들 속에서 가장 적절한 것을 선택해 이야기를 재구성한 결과다. 선택한 컷은 프레임 단위로 잘게 쪼개어 속도감을 만들기도 하고, 사실적인 느낌을 주기 위해 몇 초간 길게 배치하기도 한다. 예를 들어, 주인공의 파란만장한 어린 시절을 영화 도입부 15분 동안 자세히 보여 줄 수도 있지만, 1분 30초 가량의 오프닝 시퀀스로 다 설명되게 편집할 수도 있다. 어떤 방식이 그 영화에 어울릴지는 감독과의 충분한 대화 끝에 결정한다. 감독은 매 신, 매 컷을 공들여 찍었기에 선뜻 결정을 내리지 못할 때도 있다. 그래서 편집감독은 감독의 의도를 최대한 살리면서, 찍어 온 영상을 적정 러닝타임 안에서 효율적이고도 예술적으로 구성해야 한다. '영화는 편집실에서 다시 태어난다', '영화는 편집의 예술'이라는 말이 괜히 있는 게 아니다. 유능한 편집감독이 종종 장편영화 감독으로 데뷔하는 걸 보면 더더욱 그렇다. 편집감독은 타짜만큼(!) 빠른 눈과 빠른 손, 감독만큼 영화에 대한 이해력과 감각을 갖추고 '컷의 감별사'로 활약한다.

편집감독이 만든 1차 편집본을 기준으로 후반작업 과정의 다른 팀들이 CG, 색보정, 사운드 작업을 한다. 편집감독은 그 작업들이 들어 있는 2차 편집본을 다시 받아 정교하게 손질함으로써 완성도를 높인 최종 편집본을 만든다.

CG라는 마법의 붓과 지우개

편집감독이 1차 편집본을 만들고 나면 편집된 컷에 CG로 다양한 효과를 입히거나 애초에 전혀 없었던 이미지를 합성한다. 이때 시각효과, VFX Visaul Effects의 마법이 발휘된다. 배우들이 블루 스크린blue screen이나 그린 스크린green screen# 앞에서 연기를 하면 후반작업에서 그 배경에 알맞는 이미지를 합성하는 것이다. 그뿐만이 아니다. 배우들 몸에 달린 와이어나 시대에 맞지 않는 배경(전봇대, 건물, 자동차 등)을 지우는 일도 한다. 이를 테면 조선 말기 경성의 대형 백화점을 세트로 만들어 촬영할 경우, 예산이나 촬영 일정 등의 문제로 세트는 1층까지만 지어 놓고 2층에는 블루 스크린을 둘러 놓는다. 그리고 이후 후반작업에서 VFX팀이 CG라

블루스크린과 그린스크린은 모두 화면 합성 기법인 크로마키chroma key 촬영을 위해 필요한 배경을 말한다. 크로마키 촬영을 위해서는 합성이 필요한 부분에 파란색 또는 초록색 천을 놓고 촬영을 하게 되는데, 후반작업 시 이 부분에 합성 이미지가 들어가게 된다. 필름으로 영화를 제작하던 시기에는 블루스크린을 주로 사용했으나, 디지털 촬영 및 후편집이 대세로 등장하면서, 디지털 카메라에서 더 밝게 잡히고 조명도 많이 필요하지 않은 그린스크린으로 대체되었다.

는 거대한 마법의 지우개로 블루 스크린을 슥삭슥삭 지우고 그 자리에 백화점 2층을 그려 넣는 식이다.

실사 촬영이 쉽지 않은 자연재해(불, 황사, 폭우, 안개, 눈사태, 태풍 등)를 그리거나 현실에 존재하지 않는 요정들의 중간계, 메타버스 같은 상상의 공간, 그리고 그 세계 안에 생명체와 메카닉 등을 만들어 넣는 것 역시 VFX팀의 몫이다. 〈신과 함께〉 시리즈(김용화, 2017)의 저승 세계와 각종 생명체, 〈승리호〉(조성희, 2019)에 등장하는 미래의 지구와 우주공간, 외계인, 로봇, 우주선 같은 것들 말이다. CG가 무엇이든 그려 넣는 '마법의 붓'이 되는 셈이다.

그런데 그 엄청난 작업을 혼자 다 할 수는 없다. VFX팀에는 수십 명에서 수천 명이 참여해 작업을 세분한다. 컷 안에 구성 요소를 배열하는 레이아웃, 형태를 만드는 모델링, 질감을 만들고 색을 입히는 텍스처, 움직임을 주는 컨트롤러, 프레임별 움직임과 모션 캡처, 군중 움직임을 만드는 애니메이션, 화면에 빛의 각도를 만들고 움직임을 주는 렌더링과 라이팅, 각종 효과(연기, 물, 불, 폭파)를 그리는 FX, 실사 촬영이 어려운 공간을 완전히 새로 그리는 매트페인팅, 2D와 3D의 합성, 실제 배우 대신 '디지털 액터'를 그려 넣는 작업 등. 마치 운동경기에서 각자 포지션에 배치된 선수들이 감독의 전략을 바탕으로 능력껏 움직이면서 승리라는 최종 목표를 향해 달리는 것과 같다. 이 방대한 작업을 차질 없이 진행해서 하나의 장면으로 완성하려면 전략을 세우는 VFX팀의 감독, VFX 슈퍼바이저의 역할이 절대적이다.

VFX 슈퍼바이저는 VFX 아티스트들의 개별 작업을 파트별로 묶

고, 각 파트의 작업이 유기적으로 연결되게 만드는 '시각효과의 지휘자'
다. VFX 슈퍼바이저가 일을 잘하려면 사실상 프리프로덕션에서부터 참
여해서 준비해야 한다. VFX 슈퍼바이저는 시나리오를 검토하고 콘셉트
아트를 준비한다. CG가 꼭 가미되어야 하는 영화 속 주요 장면들을 미리
설계해 보는 사전시각화pre-visualization 작업을 통해 어떻게 그 장면을 구현
할지를 감독 및 주요 스태프들과 상의한다. 최고의 시각효과를 구현하기
위해 프리프로덕션부터 포스트프로덕션까지 관여하는 VFX 슈퍼바이저
는 '카메라 대신 CG를 사용하는 촬영감독'이라 해도 과언이 아니다. 그래
서 최근엔 그 역할의 비중이 촬영감독만큼이나 중요해지는 추세다.

영화의 풍미를 끌어올려라

편집본에 시각효과가 입혀지고 나면 영화의 색감을 조절해야
한다. 색보정이 필요하단 얘기다. 실사 촬영을 한 컷의 색감과 시각효과
로 만들어진 컷의 색감이 확연히 다르기 때문이다. 둘을 합성한 컷은 더
차이가 난다. 이른바 'CG 티가 나지 않으려면' 색보정을 잘해야 한다. 촬
영 당시 여러 이유로 원하는 색감을 담지 못했을 때도 색보정의 힘을 빌
린다. 시간과 햇빛을 정밀하게 계산하고 촬영했더라도 원하는 노을빛을
제대로 담지 못한 경우처럼 말이다. 색보정은 컷마다 가장 알맞은 색을
찾으면서도 영화의 전체 톤을 일관되게 만드는 일이다.

그렇다면 이 일을 누가 할까? 색보정 전문가들을 일컬어 컬러

리스트Colorist라고 한다. 색보정을 포함해 후반작업 때 디지털 환경에서 벌어지는 영상의 전반적인 교정 작업은 DIDigital Intermidiate라고 칭한다. 컬러리스트는 디지털 환경에서 색보정을 포함해 전체적인 색상, 명암, 휘도(우리 눈에 들어오는 광량)를 보정하는 DI를 하는 직업이다. 정교한 DI는 관객이 영화 속 세계의 공기와 정서를 현실처럼 받아들이도록 설득하는 데 결정적인 역할을 한다. 요리로 치면 마지막 단계에서 고소함과 윤기를 입히는 치즈 가루나 참기름을 뿌리는 일과 같다. 최고의 컬러리스트는 영화의 풍미를 최대한 끌어올리는 맛의 장인쯤 된다. 예를 들어, 억울하게 감옥에 갇힌 영화 속 주인공이 있다고 치자. 어두운 감방 벽에 달린 아주 조그마한 창으로 한 줄기 가느다란 빛이 들어온다. 이때 그 아스라한 빛의 색과 그 빛 속의 먼지 입자까지 생생하게 살아 있는 화면을 통해 주인공이 부여잡은 삶의 희망을 관객도 느꼈다면, 최고의 컬러리스트가 사려 깊은 손길로 화면을 매만진 덕분이다. 초정밀 세공에 가까운 DI로 화면의 맛을 한껏 살린 영화일수록 우리의 기억에 오래 머물며 선명한 자취를 남긴다.

한 땀 한 땀, 한 올 한 올, 한 음 한 음

후반작업에서 VFX, 색보정 같은 시각 요소들이 완성될 즈음 청각 요소들의 작업도 진행된다. 영화의 청각 요소는 인물의 대사, 음악, 그리고 자연음과 효과음 같은 음향으로 나뉜다. 그중에서 음악은 영화음악가가 책임지는데, 영상에 맞게 직접 오리지널 스코어Original Score[#]를 작곡, 편곡하거나 기존 음악을 선곡해 삽입곡으로 사용한다. 그런데 영화음악 가는 '영화음악 작곡가'로서의 정체성에 비중을 더 두는 경우가 많기 때 문에, 최근에는 삽입곡을 고르는 '뮤직 슈퍼바이저'를 따로 두는 편이다. 어쨌든 영화음악가가 하는 일은 분명하다. 이야기 흐름에 맞춰 변화하는 음악으로 관객의 몰입을 돕는 것이다. 촬영감독이 이미지로, 조명감독이 빛으로, 프로덕션 디자이너가 미술과 의상 · 소품으로 영화의 이야기를 전달하듯이, 영화음악가는 음악으로 이야기를 전달하는 직업이니까. 아 무리 좋은 음악을 작곡해도 화면과 어울리지 않으면 소용이 없다.

영화음악가가 오리지널 스코어를 작곡할 때는 음악적 상상력 을 발휘해 어떤 장면에, 어떤 장르의 음악을, 어떤 악기를 써서 작곡할 것 인지 결정한다. 이후 캐릭터의 심리, 캐릭터의 움직임, 편집된 화면에 맞 춰서 주제가와 주요 테마들을 만든다. 한 땀 한 땀 정성스레 바느질을 하 듯, 한 올 한 올 세심하게 염색을 하듯, 한 음 한 음 사력을 다해 작곡하는 영화음악가는 음악으로 관객의 귓속에 영화의 기승전결을 새겨 넣고 음 영을 느끼게 만드는 조각가다. 〈독전〉(이해영, 2018)에서 농아 남매가 마약 제조를 할 때 등장하는 오리지널 스코어 '소금공장'이 좋은 예다. 전자음 의 비트가 농아 남매의 움직임, 영화의 편집 리듬과 절묘하게 맞아떨어지 면서 러닝타임 내내 독특하게 변주됐다. 〈기생충〉에서 운전기사 기택이 휴지통에서 꺼낸 피 묻은 휴지를 보고 사모님 연교가 쓰러질 듯 눈을 감

[#] 특정 작품(영화, 드라마, 게임 등)만을 위해 만들어진 가사 없는 연주곡.

던 장면을 기억할 것이다. 그때 장중하게 흐르던 오리지널 스코어 '믿음의 벨트'가 전 세계 관객들의 폭소와 감탄, 박수를 끌어냈다. 우리는 좋아하는 영화를 이렇게 영화음악과 함께 떠올린다. 위대한 영화음악가는 음악을 통해 우리를 영화 안에 머물게 한다. 캐릭터가 침묵할 때 그 마음을 대변하며, 가장 비극적인 순간에 가장 아름다운 선율로 고통을 드러낸다.

영화음악만큼이나 중요한 청각 요소는 후시녹음과 사운드 디자인이다. 후시녹음은 등장인물의 생각을 목소리만으로 표현하는 '보이스 오버voice over', 동시녹음 상태가 좋지 않은 대사나 화면에 보이지 않는 배우의 대사를 추가하는 작업 등을 말한다. 사운드 디자인은 화면에 효과를 주어 관객의 상상력을 끌어올리는 음향을 만드는 일로, 사운드 디자이너가 담당한다. 사운드 디자이너가 만드는 사운드는 크게 네 종류다. 우선 자동차 경적 소리, 문소리처럼 일상에서 흔히 접하는 '리얼 사운드real sound'가 있다. 사운드 라이브러리를 이용하거나 촬영 현장음을 채집하고, 사운드팀이 촬영 후 따로 채집하기도 한다. 두 번째는 '하이퍼리얼 사운드hyper-real sound'다. 인물들이 격투를 벌일 때의 타격음을 실제보다 훨씬 과장되게 느껴지게 하거나 같은 초인종 소리라도 스릴러 영화 속 초인종 소리를 더 날카롭게 디자인하는 방식이다. 세 번째는 영화 속 공간이 밀폐된 방인지 넓은 저택인지에 따라 공간감을 느끼게 하는 '앰비언스 사운드ambience sound'다. 마지막은 동시녹음이 어려워서 인공적으로 만드는 '폴리Poly 사운드'다. 예를 들어, 비싼 대리석 바닥이 깔린 설정의 부잣집 거실 세트를 만들었는데 세트의 실제 재질은 대리석 느낌으로 칠한 나무라면, 폴리 아티스트들이 편집본 화면을 보고 주인공의 걸음걸이에 맞춰 대리석 조각 위를 걸으며 발소리를 전부 새로 만든다. 사운드 디자이너는 이렇게 실제 소리와 가상의 소리를 엮어 영화에 맞는 소리로 만드는 '재창조의 아티스트'다. 장면과 상황에 맞게 사운드의 종류, 높낮이, 볼륨을 만들며 사운드가 들어오고 나가는 시점, 삽입 방식, 지속 시간까지 다층적으로 설계해서 감독의 의도를 전달한다.

음향이 완성되면 촬영 현장에서 동시녹음되거나 후시녹음된 대사, 영화음악을 합쳐 그 영화의 사운드트랙을 만든다. 이때 사운드 에디터가 활약한다. 사운드 에디터는 이를 테면 '음향 전문 편집감독'이라고 할까? 편집본 화면을 보면서 대사와 영상을 일치시키고, 음악과 후시녹음된 보이스 오버, 디자인된 음향들을 효과적으로 편집하는 일을 한다. 그리고 이 모든 과정을 총괄하는 사운드 과정의 총책임자가 사운드 슈퍼바이저다. 영화에 들어가야 할 모든 음향의 편집이 끝나고 음악까지 얹고 나면, 사운드 슈퍼바이저는 감독, 사운드 디자이너, 사운드 에디터, 믹싱 엔지니어, 영화음악가, 동시녹음 감독 등 모든 사운드 관련 스태프들을 한자리에 모아 편집본 시사를 갖는다. 감독이 이때 중요한 사운드 연출 의도를 설명하며 수정을 요청하면 사운드 슈퍼바이저가 전반적인 사운드의 위치와 강약을 조절해 영화의 최종 사운드트랙을 완성한다. 이 역할은 마치 사운드팀의 '닥터 스트레인지'라고 표현할 수 있을 것이다. '어벤져스'의 모든 시행착오가 '엔드게임'으로 향하는 걸 계산하는 닥터 스트레인지처럼, 영화에 필요한 모든 음향을 실험하는 과정을 총괄해서 결국 감독이 원하는 각 장면의 리얼리티와 판타지를 구현하니 말이다. 도르마무와 싸우듯이 수십 번, 수백 번을 반복해서라도 끈질기게 최적의 음향을 완성해 내는 사운드 슈퍼바이저 역시 후반작업의 여러 히어로 중 한 명이다.

최종 사운드트랙이 완성되고 편집감독이 이를 반영해 최종 편집본을 만들면 후반작업이 끝난다. 중요한 건 우리의 예상보다 훨씬, 훨씬, 훨씬 많은 일들이 후반작업을 통해 이루어진다는 사실이다. 편집실에서, 녹음실에서, VFX와 DI 아티스트의 손끝에서 영화는 계속 다시 태어난다. 이렇게 수많은 아티스트들의 노력이 점철된 후반작업 과정은 영화를 더 넓은 세계로 연결하는 터널이다. 그 터널 속을 걸어가는 일행이 되려면 부단한 노력과 끝없는 호기심이 필요하다. 터널 입구에 발을 들이기로 마음먹는다면 그 안을 걷는 과정은 무엇을 상상하든 더 디테일하고 흥미진진할 것이다.

8 _____ VFX 아티스트

"갈 곳도 배울 것도 많은 미래 밝은 일"

정석희

· 'EVR STUDIO' VFX 슈퍼바이저
· 대표작 ─────────

〈1987〉 〈신과 함께: 죄와 벌〉 〈신과 함께: 인과 연〉 〈백두산〉 〈기생충〉 〈승리호〉 〈반도〉 〈모가디슈〉

기술의 발전과 더불어 가장 눈에 띄는 성장세를 보이는 분야가 바로 'VFX'가 아닐까? 영화는 기술의 발전과 밀접하게 연관된 예술 장르인데, 이는 곧 발상을 구현할 수 있는 기술이 발달하면 영화의 소재나 스토리도 직접적인 영향을 받는다는 의미다. 영화뿐 아니라 드라마, OTT 시리즈에서도 크리처물을 비롯한 판타지 장르의 작품을 어렵지 않게 접할 수 있고, 인기 있는 SF소설의 영화화 판권이 순식간에 팔리는 시대가 되었다. 영화의 후반작업에서 VFX 작업의 중요도는 점점 높아지는 중이다.

비주얼 이펙트Visual Effect의 줄임말인 VFX는 실사 촬영 방식으로는 표현이 불가능한 영역의 이미지를 구현하는 시각효과를 뜻한다. 실사 촬영이 가능하다 해도 때로는 예산 문제 때문에 VFX가 필요해지며, 아예 처음부터 끝까지 공간을 설계하고 만들어 내야 하는 영화의 경우 촬영 기간보다 후반작업 일정이 영화 개봉 일정을 좌우하기도 한다. 뿐만 아니라 평범한 일상의 모습을 촬영한 영화에서도 VFX는 역할을 톡톡히 해 낸다. SF나 판타지가 아닌 드라마 장르에서도 이제 VFX는 빠지지 않는다.

정석희 디렉터는 VFX 작업에 대해 자세하게 들려주었다. 처음 연습할 때 어떤 프로그램을 사용하면 좋을지부터 VFX 관련 직종의 '워라밸', VFX 팀 내부의 작업 영역 구분과 팀 간 조율 방식, 그리고 기술만큼이나 필요한 재능인 끈기의 중요성에 대해서도. 더불어 메타버스에 대한 관심이 높아지는 이때 볼 만한 영화 추천도 놓치지 마시라.

정석희 VFX 디렉터님은 〈승리호〉(조성희, 2019), 〈반도〉(연상호, 2020), 〈백두산〉(이해준·김병서, 2019), 〈기생충〉(봉준호, 2019) 등에서 VFX 디렉터 CG 슈퍼바이저로 참여하셨습니다. 폭발 장면처럼 효과가 많이 들어갈 것처럼 보이는 장면뿐 아니라 정적이고 일상적인 풍경을 보여 주는 순간에도 VFX로 손을 보는 사례가 많다고요?

〈기생충〉이 대표적인 예입니다. 개봉했을 때 다들 당연히 2층은 CG가 아니라고 생각하더라고요. 프리비주얼previsual부터 손이 정말 많이 갔어요. 봉준호 감독님이 생각한 재질을 구현해야 하니까. 1층 벽이 이탈리아에서 가져온 대리석인가 그랬어요. 감독님이 디테일하니까 저희도 고민을 많이 하며 작업했어요.

구체적인 이야기를 시작하기 전에 VFX가 정확하게 어떤 분야인지 먼저 소개해 주세요.

VFX는 비주얼 이펙트Visual Effects의 줄임말이에요. 근데 왜 끝에 'X'가 들어가는지 궁금할 수도 있는데, '비주얼 이펙트'의 발음에 가깝게 'VFX'라고 합니다. 말 그대로 '시각효과'죠. 이게 왜 생겨났냐면 실사를 찍는 방식으로 표현이 불가능한 영역이 있잖아요. 그런 걸 구현하기 위해 시작됐고, 근래에는 통상적으로 컴퓨터를 이용해서 실제 존재하지 않거나 촬영이 불가능한 것들을 구현합니다.

대규모 폭발 신도 VFX로 작업할 때가 많죠?

폭발을 실제로도 찍을 순 있지만 그렇게 하면 제작비가 엄청 많이 들어가거든요. 그랬을 때 컴퓨터를 이용해 디지털 이미지를 만들어요. 그런 일련의 작업을 통틀어서 'VFX'라고 합니다.

VFX 디렉터가 담당하는 업무는 무엇인가요?

제가 담당하는 분야는 VFX 제작 파트의 디렉터인데, 'CG 슈퍼바이저'라는 롤role을 같이 갖고 있어요. VFX 디렉터의 역할은 VFX 제작 총괄입니다. 아티스트들이 작업할 때 '어떤 기술을 써야 해' 혹은 '어떤 툴을 써야 해' 판단하는 역할이죠. '이번에는 이런 기술을 쓰자' 혹은 필요한 장면을 구현할 기술이 없을 때는 '이런 기술을 우리가 만들자'고 할 때도 있어요. 그런 제작 지휘를 하죠. 그 외 실질적인 문제들, 예컨대 하드웨어를 어떻게 업그레이드해야 하는지 같은 결정도 합니다.

> **"**
> 디렉터는 어떤 기술을 쓰고, 어떤 툴을 사용할지 판단하는 역할.
> 기술뿐 아니라 커뮤니케이션 능력이 중요.
> **"**

인력 배분도 다 하는 거죠?

인력 배분도 합니다. 어떤 작업을 누가 할지.

영화 크레디트를 보면 시각효과 부분에 정말 이름이 많이 올라가요. 〈승리호〉 엔딩 크레디트에는 VFX 파트에 여덟 개 업체가 올라가 있고 전체 1천여 명 정도 투입됐다고 들었습니다. 그 안에서 어떻게 인력 구성이 이

루어지나요?

먼저 그림을, 콘셉트를 그려야 하니까 '콘셉트 아트'가 있어요. 그걸 바탕으로 전체적인 장면의 흐름을 파악할 수 있도록 3D 그래픽으로 시각화하는 '프리비주얼' 파트가 있습니다. 그리고 모델링을 하거나 텍스처를 하는 '어셋asset' 파트, 애니메이션 파트, 뼈를 심는 '리깅rigging 시뮬레이션' 파트, 그 다음 조명을 넣는 '라이팅lighting' 파트, 영상 합성을 맡는 '컴프compositing' 파트, 폭발 같은 효과를 할 수 있는 'FX' 파트, 주위에 백그라운드 이미지를 넣어서 그림을 그려 이미지를 사용하는 '매트 페인팅matte painting' 파트 등이 있습니다(표 1 참조). 많은 파트들이 서로 연계해서 돌아가요. 한 파트에서 끊기면 그 다음이 안 될 때가 상당히 많거든요.

다 유기적으로 연결되어 있죠.

그래서 기술적인 것도 중요하지만 커뮤니케이션이 매우 중요

| 표 1 | VFX 제작 파트

어셋asset	시각화하고자 하는 사물의 구체적인 형태를 만들고, 사물의 표면 질감을 표현하기 위한 작업
리깅 시뮬레이션 rigging simulation	3D 컴퓨터 그래픽에서 캐릭터의 뼈대와 관절을 심어 줌으로써 캐릭터에 움직임을 만들어 주는 작업
라이팅lighting	실제 광원 위치를 고려하여 캐릭터에 밝은 곳과 어두운 곳을 만들고, 이를 통해 입체감을 높이는 작업
렌더링rendering	컴퓨터 데이터를 이미지로 만들어 내는 작업
컴포지팅compositing	디지털 정보들을 조합하여 만들어 낸 이미지를 실사와 합성하는 단계
특수효과FX	물, 불, 연기, 폭발, 해일 등의 효과를 CG를 이용해 만들어 내는 과정

해요. 대화하고 이해하고 이해한 것을 다시 말해 주고. 그래서 VFX에 관심 있는 분들께 말씀 드릴 것은, 기술도 중요하지만 커뮤니케이션이 정말 중요하다는 걸 꼭 강조하고 싶습니다.

'VFX는 완전히 기술 파트 아니야? 다른 사람하고 얘기할 필요 없이 내 작업만 하면 되는 거 아니야?' 생각할 수 있는데 그게 아니네요.

그렇습니다. 실력이 뛰어난 작업자인데 이 업계에서 일하다가 전혀 다른 작업을 하게 되는 분들이 있어요. 그분의 모자란 부분이 무엇이었느냐. 사람과 사람 간의 관계를 푸는 것이었어요. 자기가 가진 문제를 말할 때의 태도 같은 것.

영화라는 게 팀워크니까요. 처음 시작할 때는 좋은 뜻으로 재밌는 거 하자고 모이지만 일이 진행되면 사람이 하는 일이기 때문에 일정이 어긋나기 시작하고, 그러면 굉장히 압박감을 느끼는 상황에서 협업을 해야 하거든요. 그래서 일단은 일이 돌아가게 만들어야 되기 때문에 커뮤니케이션이 중요하다고 강조하신 것 같아요. 어쨌든 그래도 VFX 분야에서 일을 하려면 필요한 경력이나 전공이 있지 않나요?

아무래도 저희가 그림을 다루잖아요. 컴퓨터를 통해 만드는 게 이미지니까 미대, 영상, 멀티미디어 관련 분야의 전공자나 재직자가 제일 많기는 해요. 그런데 우리나라는 청소년기에 자기가 어떤 걸 좋아하는지를 잘 몰라서 성적대로 과를 선택하고 진학하는 경우가 많아서, 나중에 자기 적성과 관심사를 깨닫고 따로 사설 학원을 다니고 일하는 분들도 있어요. 아예 무관한 학과를 나와서 VFX 업계로 들어오는 거죠. 옛날에는 정말 미대 출신만 있었거든요. 요즘 들어 미디어 사업이 발달하다 보니까 관심 갖는 분들이 많아져서 이제 비율로 따지면 30퍼센트 정도는 전혀 관련이 없는 전공 출신들이 일하는 것 같습니다.

어떤 프로그램을 다룰 수 있다는 게 입증이 되면 취업이 가능한가요?

그렇죠. 하지만 이 산업에서 제일 중요한 거는 영화, 그리고 VFX에 대한 애정이라고 생각합니다. 재능도 중요하지만 결국 여러 요소가 다 필요해요.

> " 예전에는 미대 출신들만 있었지만, 현재는 30퍼센트 정도 비전공자. 애정으로 버티는 사람이 성공해. "

정석희 디렉터님은 처음부터 재능이 굉장히 돋보이는 작업자였을 것 같아요.

저도 처음부터 뛰어난 작업자는 아니었어요. 저보다 훨씬 뛰어난 사람들을 수없이 많이 봤어요. 그런데 제가 이 일과 영화에 대한 애정이 정말 많았거든요. 그래서 계속 버틸 수 있었다고 생각합니다.

예전에는 VFX 작업에 필요한 소프트웨어 툴을 국내에서 직접 개발해서 사용하기도 했다면서요?

그랬죠. 당시에 소프트웨어를 직접 만들었던 이유는 필요했기 때문이었어요. 기존 소프트웨어를 이용할 수도 있지만, 그게 제한적일 때가 있거든요. 한계가 있었던 거예요. 그래서 돈과 시간이 들더라도 툴을 직접 만들어야겠다고 판단했죠. 그런데 솔직히 말하자면 그것도 옛날 이야기인 것 같아요. 이제는 툴이 너무나 발전했거든요. 특히 요즘 머신 러닝machine learning, 딥 러닝deep learning[#] 덕분에 툴이 발전하는 속도가 너무 빨라졌어요.

어떻게 VFX를 시작하게 됐나요?

초등학교 3학년 때쯤부터 꿈이 만화가였어요. 맨날 만화방 가서 만화책 봤어요. 그러다 보니까 자연스럽게 미대에 갔는데, 졸업하고 나서 뭘 해야 할지 모르겠더라고요. 그때 영화 조연출하던 친구가 갑자기 "영화 미술 스태프로 같이 일하자" 해서 영화 일을 해 볼까 하고 시작했죠. 재밌긴 했는데 제가 좀 약골이거든요. (웃음) 너무! 아, 정말 너무 힘들더라고요. 하루에 잠을 몇 시간 못 자요. 그때는 환경이 너무 열악했습니다. 그래서 영화나 애니메이션에 참여할 수 있는 다른 방법이 없을까 고민하다 떠올린 게 컴퓨터였어요. 골방에서 만들 수 있다는 데 희열을 느꼈습니다.

[#] 머신 러닝은 컴퓨터가 알고리즘을 이용해 입력된 데이터를 분석하고, 이를 통해 학습함으로써 스스로 판단하고 예측할 수 있는 능력을 갖도록 하는 것을 말한다. 그러나 기존의 머신 러닝은 이미지 인식률이 낮아 완벽한 판단을 위해서는 여전히 인간의 도움을 필요로 했다. 이에 딥 러닝은 심층 인공신경망 기술을 통해 여러 단계를 거쳐 이미지 데이터를 분류·분석함으로써 인식률을 높이고 있다.

VFX는 영화뿐만 아니라
게임과 테마파크
영상 제작까지 광범위하게
활용되고 있다

팀 단위로 일하는 지금과는 많이 달랐네요.

혼자 일하다가 더 큰 걸 만들고 싶다는 갈증이 생겼어요. 그때 컴퓨터로 각종 작업을 하는 작은 애니메이션 회사를 비롯한 여러 회사들이 생겼어요. 계속 작업하다 보니까 다니던 회사가 망하기도 하고, 제가 차린 회사에서 어려움을 겪기도 했어요.

게임회사도 다니셨죠?

게임회사에도 있었어요. 사실 스스로 뭐가 되겠다고 생각해 본 적은 없어요. 그냥 지금 맡은 일이 재밌어서 그것에만 열중하다 보니까 어느 날 연차나 경력이 쌓여 디렉터까지 왔어요. 늘 재밌는 일을 하는 사람이 되고 싶었어요.

애니메이션도 그렇지만 요새는 워낙 시네마틱한 게임들도 많이 만들어

져서, 똑같은 일이라도 어떤 분야에 쓰느냐에 따라 일할 수 있는 곳이 많거든요. 테마파크 영상도 만드시나요?

거의 중국 쪽 테마파크 작업을 많이 하고 있습니다. 테마파크 프로젝트도 굉장히 재미있어요. 규모가 엄청나게 거대하죠. 비주얼 쇼크를 느낄 정도로.

라이드ride(탈것)를 탈 때 보여 주는 입체적으로 달려드는 느낌의 영상도 아주 흥미로워요. 라이드 자체가 무섭다기보다 영화 속으로 들어가는 것 같은 느낌을 주기 때문에 작업이 재밌을 거 같아요.
라이드 쪽도 앞으로 기대되는 분야라고 생각합니다.

실재하지 않는 것을 구현할 때 영감을 어디서 얻나요?

외계 행성, 무시무시한 괴물, 우주를 누비는 비행체…, 근데 가만히 보면 어디선가 본 듯한 이미지일 거예요. 인간의 상상을 구현할 때 아이러니하게도 현재 있는 물건이나 생명체에서 그 아이디어를 얻거든요. 관찰·연구 아니면 계속 인터넷에서 도움이 될 만한 자료를 찾아봐요. 그러다가 전혀 매치가 되지 않을 거 같은 것에서 영감을 얻게 되요. 개구리하고 나비를 섞으면? 아파트와 우주선을 섞으면? 어떤 우주선이 되고 어떤 아파트가 될까? 그런 식으로 현실에 존재할 법한 이미지가 나오게 되거든요. 그리고 실재하지 않더라도 물리법칙을 따라야 돼요.

그게 까다롭다고 들었어요.

맞습니다. 전혀 새로운 비행기를 디자인했다고 쳐요. 그런데 추진할 때 불길이 역추진으로 가면 '저게 말이 되나? 저건 뭐지?' 하고 이상하다고 느끼거든요. 그래서 영감이 될 만한 것을 구할 때 완전히 상상 속의 무언가를 구현하기 위해 탐색하더라도 엄연히 현재 있는 것에도 관심을 가져야 해요. 그래서 저는 요즘에 양자역학 관련 영상들을 많이 찾아봅니다. 물리법칙을 알면 VFX와 접목시킬 방법이 떠오르기도 하니까요.

> " 실재하지 않는 것 상상하더라도 물리법칙 따라야 해 … 양자역학 영상 보면서 영감 얻어. "

'가능하지만 지금은 없는 것을 상상한다'고 생각하면 좋겠네요. 그러니까 '평소 얼마나 많은 것들을 보고 있는가'도 역량을 키우는 데 굉장히 도움이 될 거 같습니다.

첨언하자면 저는 순수예술을 하는 게 아니거든요. 우리가 만든 작업물을 다른 사람이 돈 내고 봐 주고, 팔아 줘야 해요. 그러려면 말 그대로 '영리하게' 만들어야 됩니다. 상상 속이라고 하지만 납득이 되는 것을. 우리는 항상 본 대로 상상을 하게 되거든요.

많은 분이 궁금해한 질문입니다. 촬영·미술·조명 등 다른 팀과 어떤 방식으로 작업 방향을 조율하나요? 의견이 서로 맞지 않을 땐 어떻게 해결하는지도 궁금합니다.

저는 프로덕션, 그러니까 촬영 과정에는 개입하지 않아서 VFX 하우스 내의 시각효과팀만을 기준으로 말씀 드릴게요. 각각 파트에는 각자의 목표가 있어요. 우리 파트는 애니메이션, 우리 파트는 라이팅, 랜더링 그렇게 각자의 목표가 있다 보니까 서로 부딪칠 때가 많아요. 하지만 그와 동시에 공동의 목표가 있거든요. '좋은 이미지를 만든다'는 공동 목표요.

> "
> '좋은 이미지를 만든다'는 공동 목표 아래 조율. VFX도 결국
> 스토리를 빛내기 위해 존재하는 것.
> "

충돌할 때 그 큰 목표를 보고 조율한다는 거죠?

공동 목표가 있으니까 교집합도 찾을 수 있어요. 때로 어떤 팀이 일을 더 해야 할 때가 있어요. 어쩔 수 없이. 그럴 때 우선순위를 정리하는데, 그때 디렉터로서 제 역할이 필요해집니다. 원칙은 이렇습니다. 첫 번째는 작업 시간을 줄이는 것. '어떤 파트에서 해야 작업 시간을 줄일 수 있을까'가 중요해요. 두 번째 '어떤 파트에서 작업했을 때 최종 이미지가 가장 어울릴까'. 그 두 개를 엮어서 결정을 내리고 트러블을 컨트롤하죠. 그 과정에서 아티스트들한테도 충분히 얘기하고 동의를 구해야 해요. 정확히, 명확하게 얘길 해 줘야 합니다.

이유를 납득할 수 없으면 추가되는 작업에 대한 불만이 높아지니까요.

'당신 팀에서 맡으면 25일 걸릴 일을 10일 만에 할 수 있습니

다', '당신 팀이 했을 때 감독이 원하는 퀄리티에 훨씬 더 빠르게 다다를 수 있습니다', 그렇게 팩트를 두고 얘기했을 때 서로 더 잘 받아들일 수 있죠. 트러블도 잘 해결되고요. 공동의 목표가 있으니까.

디렉터는 각각의 분야에 대한 정확한 이해가 필요하고, 커뮤니케이션 능력도 결국 실력에서 나온다는 생각이 듭니다. VFX는 각 파트가 세분화되어 있는데 한 분야에서 일을 하다가 다른 파트로 이동하는 것도 가능한가요?

그럼요. 실제로 몇몇 분은 팀을 바꿔서 일하고 있습니다. 하지만 파트 이동이 열정만 갖고 되는 건 아니거든요. 포트폴리오가 중요해요. 자기 일을 하면서도 옮기려는 분야 작업을 해 온 경우에 파트를 옮기는 것도 가능합니다.

VFX 작업에서 가장 중요하다고 생각하는 부분은 뭔가요?

VFX에서 가장 중요한 부분은…, 솔직히 말하면 영화에 참여하는 배우 · 촬영 · 조명 · 미술 · 감독… 모든 사람이 다 똑같아요. 스토리를 빛내기 위해 있는 거거든요? VFX도 스토리를 빛내 주는 VFX가 제일 중요한 것 같아요. VFX가 메인이 아니고요.

예전에는 국내 VFX 업계의 워라밸이 좋지 않다고들 했는데, 요즘은 어떤가요?

이것도 꼭 말씀 드리고 싶었어요. 이런 질문이 나오는 게 당연

〈승리호〉는 약 1천 명의 VFX 팀이 동원되었다
| 제작: 영화사비단길, 배급: 메리크리스마스

〈반도〉에 등장하는 좀비로 폐허가 된 도시도
모두 VFX의 힘으로 만들어졌다
| 제작: 영화사레드피터, 배급: NEW

하다고 생각하고요. 솔직히 말하면 3~4년 전까지만 해도 사실 좋지 않았어요. 그런데 최근 한 2년 전쯤부터 VFX 업계에서도 근무 시간을 일주일에 최장 52시간이 넘지 않게 노력하고 있어요. 또 만일 넘게 되면 그만큼의 휴식을 주려고 하구요. 근데 이런 게 빠르게 이뤄진 건 아니죠. 모든 일이 그런 거 같아요. 한 번에 되는 건 절대 없고 많은 피드백, 그리고 피드백을 반영하는 운영 관리자들의 마인드 전환이 중요해요.

법도 바뀌어야 되겠죠. 영화를 볼 때 '어, 이게 특수효과였어?' 할 때가 있는데 감독님은 딱 보면 특수효과인지 아나요? 궁금해하는 분들이 많습니다. 저도 궁금하네요.

사실 요즘엔 저도 속아요. 저도 이제 그나마 전문가라고 하는데, 다 보고선 나중에 해외 미디어에서 나온 CG 관련 기사를 보고 '이게 VFX였어?' 할 때가 있어요.

영화 특수효과에 많이 사용되는 프로그램이 있나요?

지금 만일 3D DCCDigital Contents Creation 툴을 처음 입문하려는 분이 있다면 라이선스 걱정 없는 '블렌더Blender'라는 툴을 꼭 쓰세요. 요즘 많이 쓰는 마야MAYA나 3DS 맥스3DS MAX도 있지만 구독을 하더라도 돈이 들어가거든요. 그런데 블렌더는 프리 라이선스니까 마음 놓고 어디서나 깔고 써도 되고, 그 툴만 있으면 다 할 수 있어요. 컴프, 매치무브 같은 작업도 모두 다 할 수 있는 완전히 올라운드 패키지입니다. 그러니까 지금 입문한다면 꼭 사용하라고 블렌더를 추천합니다. 유저도 많고 튜토리얼도 많으니깐요.

제일 재밌게 작업한 작품이나 장면을 꼽는다면?

제가 실무에 참여했던 작업과 디렉팅으로 프로젝트를 관리한 작업으로 나눠 볼 수 있을 것 같아요. 작업자로 참여한 것은 예전에 했던 게임 시네마틱이 재밌었어요. 저는 라이팅하고 룩뎁Lookdev# 쪽 작업을 많이 했기 때문에 게임 시네마틱에서 크리에이티브를 더 발휘할 수 있어서 좋았죠. 〈파이터스 클럽〉이라는 게임 시네마틱이 기억 납니다. 관리적인 측면에서 제일 재밌게 한 작업은 〈기생충〉입니다. 〈기생충〉은 워낙 감독님이 원하는 게 분명했고, 작업 과정이 즐거웠어요. 관리하기도 편했고. 물론 '편하다'는 말은 비교적 그렇다는 것이지 그렇게 순탄하지는 않았습니다. (웃음)

---

look development의 줄임말로 3D 애니메이션 작업에서 화면에 구현된 질감, 색감 등의 시각적 요소들을 조정하는 작업을 말한다.

추천 영화를 두 편 고르셨는데, 첫 번째는 제임스 카메론 감독의 〈타이타닉〉입니다.

〈타이타닉Titanic〉(1997)에 들어간 VFX가 VFX 같지 않았어요. 3시간 정도의 영화를 보면서 VFX고 뭐고 그 애절한 사랑 얘기에 빠졌어요. 나중에 보니까 바닷물 휘몰아치고 배에서 사람도 떨어지고 할 때 VFX가 없었으면 사랑 이야기가 그렇게 애절하지 않았을 것 같다 싶더라고요. 만일 VFX가 없었다면 제임스 카메론 감독도 그렇게 표현하지 못했을 거예요. VFX가 있었기 때문에 두 사람의 사랑 이야기가 완성될 수 있었다, 그래서 VFX가 너무나 잘 들어갔다, 저는 그렇게 생각해요.

> **"**
> 〈타이타닉〉은 이야기 완성시키는 VFX의 힘을 잘 보여 주는 작품.
> 〈레디 플레이어 원〉은 VFX 없이는 불가능한 영화. **"**

VFX 자체가 스토리의 역할을 하죠. 스토리를 잘 만드는 방식의 하나로서 VFX가 굉장히 중요해진 시대 같습니다. 또 다른 추천 영화로는 스티븐 스필버그 감독의 〈레디 플레이어 원Ready Player One〉(2018)을 꼽으셨네요.

〈레디 플레이어 원〉은 혹시 아직 안 봤다면 정말 꼭 보십시오. 이 영화는 10대부터 50대까지 누구나 즐길 수 있는 영화라고 생각해요. 여러분이 많이 아는 메타버스 개념이 정말 잘 나온 영화입니다. 또 제가 젊은 날에 열광했던 미디어의 코드가 다 나와요. 애니메이션 〈아키라アキラ〉(오토모 가츠히로, 1988)에 등장하는 오토바이, 〈백 투 더 퓨처Back To The Future〉(로버트 저메키스, 1985)의 드로리안, 〈카우보이 비밥Cowboy Bebop〉(와타나베 신이치로, 1998)에 나온 비행기, '킹콩', '티렉스' 그리고 '자이언트 로보'와 '건담'. 또 제가 제일 존경하는 스탠리 큐브릭의 영화 〈샤이닝The Shining〉(1980), 제가 했던 8비트 게임들의 이미지와 음악!

VFX 없이는 이야기가 안 굴러가는 작품이기도 하죠.

정말 VFX가 없었다면 나오지 못할 영화라고 생각해요. 거의 모든 게 3D 애니메이션이거든요.

정성희 디렉터님은 '덕업일치의 정석'이라고 할 만한데요, 덕업일치를 꿈꾸는 새싹들에게 조언을 하신다면?

조급한 마음에 결과를 빨리 내려고 하면 좋아하는 걸 해도 금방 지치고 환멸을 느끼게 돼요. 열정이 아무리 많아도 빨리 뭔가를 이루어야겠다는 분들이 그만큼 빨리 지치더라고요. 사람은 나약한 존재거든요. 그리고 되게 빨리 바뀌어요. 그러니까 여러분은 너무 조급하게 하지 마시고 그날그날의 목표, 그날 맡겨진 일, 자기가 설정한 일만 잘하고 거기에 만족하면 그게 하나하나 쌓여서 나중에는 정말 크게 될 겁니다. 정말로! 저도 젊었을 때는 '그런 게 어딨어? 한 방에 해야지!' 했거든요.

처음엔 그런 욕심이 있죠. '이번 걸로 한 방에 내 이름 알린다.'

지금 보니까 성공한 분들은 어느 업계든 결국 충실한 분들이 성공하더라고요. 순간에 충실하면서 꾸준한 분들이 끝까지 잘 버티고, 업계에서도 계속 멘토 역할도 하시는 것 같아요.

마지막으로 업계의 미래는 어떤가요?

이 책을 보는 여러분들, 그리고 VFX 쪽에 꿈을 갖고 있는 분들께 VFX 관련 산업이 계속 좋아지고 있으니 이렇다더라 저렇다더라 하는 얘기들에 너무 신경 쓰지 말라고 말씀 드리고 싶습니다. 그런 말에 너무 공포를 갖지 마세요. 이 분야에 정말 관심이 있다면, 한번 부딪혀 보는 것도 좋다고 생각합니다.

영화 VFX 쪽은 정말 계속 발전하고 있고, 점점 더 많은 영화들이 더더욱 많은 VFX를 필요로 하고 있어요. 그리고 설명하신 것처럼 비단 영화에 국한되지 않고 테마파크, 게임, 애니메이션 쪽으로 옮길 수 있는 여지도 굉장히 많아서, 일단 공부해 보고 또 직접 일을 해 보면 훨씬 더 많은 것들이 명료해질 것 같습니다. ★

9 _____ 편집감독

"장면과 장면 잇는 편집은
두 번째 창작"

양진모

· 대표작 ─────────
〈부산행〉〈옥자〉〈1987〉〈독전〉
〈기생충〉〈반도〉〈콜〉〈지옥〉

| 촬영: Irina Logra

유튜브에서 영화 〈기생충〉(봉준호, 2019)에 대한 영상을 찾아보면 편집에 대한 이야기를 자주 보게 된다. 어떤 장면과 어떤 장면이 이어져 만들어 내는 시각적 효과가 얼마나 은근하고 확실하게 영화를 보는 우리의 감정을 뒤흔드는지에 대한 상찬이다. 편집감독의 작업은 영화의 호흡과 리듬에 지대한 영향을 미친다. 촬영분 중에서 몇 번째 테이크를 사용해 하나의 컷이 얼마 동안 지속되게 할지를 정하고, 때로 둘 이상의 테이크를 하나의 연결로 이어야 할 때에도 이음새를 느낄 수 없게 매끄럽게 만든다. 이러한 작업이 완성도 높게 이루어진 '잘된 편집'은 숙련된 눈을 가진 사람조차 편집을 생각하지 않고 영화에 집중하게 만든다. 영화에 대한 다큐멘터리 시리즈 〈무비: 우리가 사랑한 영화들〉(브라이언 볼크-웨이스, 2019~2021)의 〈귀여운 여인Pretty Woman〉 편을 보면, 편집감독 프리실라 네드 프렌들리Priscilla Nedd-Friendly와 감독 게리 마셜Garry Marshall이 편집을 마친 영화를 보고 배우들이 "저런 장면을 찍었나?" 하고 놀랐다고 이야기하는 장면이 나온다. 당시 여러 버전으로 촬영을 했기 때문에 편집실에서 어떤 영화가 만들어질지는 감독과 편집감독만 알았다는 것이다.

〈반도〉(연상호, 2020), 〈기생충〉, 〈1987〉(장준환, 2017) 등 한국을 대표하는 수많은 영화의 편집을 맡았고, 〈기생충〉으로 아카데미상 편집상을 수상한 양진모 편집감독은 차분하게 자신의 경력을 통해 편집감독의 일에 대해 들려주었다. 한국에만 존재하는 현장편집이 한국영화의 제작 속도나 완성도와 어떤 연관성이 있는지 생각하게 하는 이야기를 포함하여, 편집실에서 감독과 의견 충돌이 있을 때 해결하는 개인적인 노하우까지. 편집을 공부하고 사람이라면 양진모 편집감독이 작업한 영화를 비롯해 아카데미 편집상을 받은 이들의 필모그래피를 하나씩 확인하는 작업이 진심으로 즐거우리라는 것만은 보장할 수 있다.

수많은 한국영화가 양진모 편집감독님의 손을 거쳐 완성되었습니다. 영화 편집감독은 어떤 일을 하는 사람인지부터 이야기해 볼까요?

편집은 포스트프로덕션, 그러니까 후반작업에 해당됩니다. 촬영한 영상들을 정리해서 관객들이 극장에서 보기 바로 전 단계를 완성하는 과정입니다.

후반작업 과정에서 편집 말고도 많은 일이 이루어지죠?

저희가 영상을 러닝타임에 맞게 완성해 놓으면 그것을 기준으로 CG, 음향, 믹싱을 비롯한 다른 후반 작업팀들이 영화에 디테일을 추가하죠. 그렇게 모든 과정이 완성되었을 때 영화 프린트를 만들고, 그러면 관객 여러분이 극장에서 볼 수 있습니다.

사운드는 어느 단계에서 편집과 맞물리나요?

편집을 시작하기 전, 저희 작업의 준비 과정 중 하나가 영상과 소리의 싱크를 맞추는 거예요. 그때 한 번 사운드를 정리합니다. 그 뒤 어떤 시퀀스를 완성할 때 필요한 특정 효과음·음악을 추가하고요. 사실 저희가 어느 정도의 사운드 이펙트(음향효과)나 음악 가이드는 편집 단계에서 일단 만들어 놓긴 해요. 하지만 그 퀄리티를 높이기 위한 최종 믹싱이나 후시녹음은 편집이 다 끝난 후에 이루어집니다.

편집이 완료된다는 건 실제로 촬영의 마지막 단계이면서, 관객이 극장에서 보는 모든 효과가 덧입혀지기 직전 단계가 되겠네요.

그렇습니다.

어떤 것이 편집이고, 어떤 장면이 왜 좋은 편집으로 평가받는지 궁금합니다. 우선 편집이 중요한 이유가 무엇이라고 생각하시나요?

편집이 어떻게 이루어지느냐에 따라 영화의 내용이 완전히 바뀔 수도 있어요. 편집에 따라서 영화가 진짜 재미있게 보여질 수도 있고, 반대로 정말 지루하게 느껴질 수도 있고요.

'편집에 따라서'라고 말씀하셨는데, 그래서 편집실에 누가 들어가느냐가 굉장히 중요한 이슈입니다. 편집감독님 혼자 작업하는 경우도 있겠지만 감독이 들어올 때도 있고 또 제작자가 편집실에 들어오는 경우도 있다고 알고 있습니다.

케이스 바이 케이스인데요. 편집할 때 처음 준비 과정은 편집팀이랑 제가 합니다. 저희가 '러프 컷rough cut'을 만들어요. 최초 편집본인 셈이죠. 일단 영화의 뼈대를 대략 만들어 놓은 시점, 촬영이 끝나고 1,2주 정도 후쯤 그 준비 과정이 끝나면 보통 감독님이 옵니다. 감독님하고 '스크립트 슈퍼바이저'가 같이 오는데요, 스크

'스텝 바이 스태프' 현장에서
인터뷰하는 양진모 편집감독

립트 슈퍼바이저는 촬영 일지를 자세하게 기록하는 분이거든요. 촬영할 때 감독님이 남긴 코멘트라든지, 아니면 '어떤 테이크에서는 어느 부분이 좋아서 꼭 편집에서 쓰고 싶다' 식의 기록을 남기는 사람이니까 감독님과 함께 편집실에 들어옵니다. 딱 필요한 분은 그 정도인 거 같아요, 감독님 하고 저하고 스크립트 슈퍼바이저, 혹은 연출부 그렇게 이루어져 있죠.

필름으로 찍을 때는 필름 자체가 다 돈이기 때문에 신중하게 많이 생각 하고 가능하면 필름을 많이 안 쓰면서 찍으려 하는데, 디지털화되면서 다 찍어 볼 수 있으니까 그만큼 편집실에서 해야 할 일이 늘었다고 들었 습니다.

그렇죠. 그런데 다행인지 불행인지는 모르겠는데 제가 편집실 일을 시작하고 나서는 다 디지털로 찍었던 거 같아요. 그래서 저는 시작 할 때부터 그 많은 양의 촬영분을 가지고 작업했기 때문에 특별히 더 힘 들지는 않았습니다. 그런데 디지털화되어서 필름으로 찍을 때보다 양이 많아졌다기보다는 연출자 혹은 제작자의 성향, 아니면 제작 환경에 따라 차이가 있는 것 같아요. 신인 감독님일수록 앵글에 대한 확신 같은 게 부 족할 수 있잖아요? 그러니까 많은 앵글을 확보해 두려고 하죠.

만에 하나 문제가 발생하면 편집실에서 숏을 대체하고 원하는 장면을 만들 수 있도록 하려고 그러는군요.

노련한 감독님일수록 아무리 디지털 카메라로 바뀌었다고 해도, 필름 값이 안 든다고 해도 프리프로덕션을 잘하고 촬영할 때 쓸데없는 걸

안 찍죠. 사실 시간이 돈이잖아요. 그 대표적인 분이 봉준호 감독님 같아요.

제가 봉준호 감독님 시나리오와 콘티를 보면서 제일 신기했던 게 완성된 영화하고 큰 차이가 없다는 거예요. 이런 경우는 감독의 머릿속에서 완성된 영화를 시나리오와 콘티라는 중간 단계로 표현해서 모든 스태프가 공유한 뒤 정말 그 머릿속 영화를 만드는 과정으로 보여요. 하지만 다 그렇지는 않고 많이 바뀌거나 시나리오에 있던 장면을 찍어 놓고 안 쓰는 경우도 많을 텐데, 그럼 편집실에서 "이거 쓸까 말까?" 고민스럽겠죠. 그럴 때 보통 어떤 기준으로 답하시나요?

가장 좋은 기준은 이겁니다. '그 숏이 진짜 그 영화의 시퀀스에 중요한가.' 아무리 멋있게 찍었어도 이야기에 도움이 되지 않거나 흐름을 방해하면 편집실에서 선택하지 않게 되죠.

감독이 원하는 구성과 흐름이 이미 정해져 있을 텐데 전문 편집감독이 필요한 이유가 무엇인가요?

그렇죠. 하지만 감독이 일일이 다 프로그램을 사용해서 손을 볼 수는 없습니다. 그게 현실적인 이유고요. 또 한 가지는, 감독님이 영화를 머릿속에 그려서 시나리오로 표현하고 촬영하면서 한 번 더 표현을 하지만, 그게 극장에 걸리는 완성된 영화와 꼭 일치하지는 않아요. 전문 편집자는 감독님이 구상하고 찍어 온 그 소스들을 '어떻게 하면 감독님이 처음에 생각했던 구상과 일치시킬까'를 가장 신경 써서 이루어 주는 사람이라고 생각합니다. 그 과정에서 더 좋은 아이디어가 있으면 편집자의 경험으로 조언을 할 수도 있죠. "이 장면이 너무 좋긴 하지만 이 영화의 큰 구성에서 크게 필요가 없습니다"라고 의견을 전달할 수도 있고, "이 장면은 꼭 써야지 관객들에게 더 공감을 얻을 수 있을 거 같아요" 하고 조언할 수도 있고요. 그렇게 변화를 시키죠.

> **'그 숏이 진짜 영화의 시퀀스에서 중요한가?' … 아무리 멋있게 찍었어도 이야기에 도움되지 않고 흐름 방해하면 선택하지 않아.**

책이나 잡지를 만들 때 편집자의 역할에 대해 '첫 번째 독자'라고 얘기합니다. 편집감독도 영화에서 '첫 번째 관객'으로서 그런 입장을 전달하는 거네요.

그렇습니다. 시나리오와 촬영한 것, 편집된 것 사이에는 괴리감이 있을 수 있거든요. 어떨 땐 현실적인 입장에서 의견을 말하죠. '이 시퀀스는 그렇게 재미는 없는 거 같다', '이 신은 우리 영화 톤에 어울리지 않는 장면 같다', 그렇게 해서 빼기도 해요.

편집은 어떻게 시작하셨나요?

저는 미국에서 공부를 했어요. 제가 다닌 학교가 아트영화를 만드는 작은 학교였어요. 독립영화 제작에 필요한 인턴을 학교에서 뽑아서 사운드 인턴을 하게 됐습니다. 그때 '니그라'Nagra(아날로그 현장 녹음기)라는 테이프 같은 도구를 교체하거나 붐마이크 드는 일을 했어요. 그러다가 미국에서 이명세 감독님을 우연히 뵙게 되어서 〈형사: Duelist〉(이명세, 2005) 현장편집으로 한국영화 작업을 시작했죠.

〈형사:Duelist〉처럼 액션이 많은 영화일수록 현장편집의 역할이 크지 않나요? 현장에서 바로 장면을 붙여 보고 다음 촬영을 조정하기도 한다고 들었습니다. 현장편집과 촬영을 마친 뒤 편집실에서 이루어지는 편집은 어떤 차이가 있나요?

우리나라의 '빨리빨리' 문화가 있잖아요. 마찬가지로 감독님들이 "지금 그 시퀀스 어떻게 편집됐지?" 하고 즉시 확인하고 싶어해요. 그런 식의 현장 확인용이지 현장편집본의 퀄리티가 완성본과 같다는 보장은 없습니다. 현장편집은 프로덕션을 진행시키기 위한 과정이고 촬영을 위한 가이드 정도니까요. 그렇기 때문에 현장편집과 편집은 차이가 있어요. 편집실에서는 찍어 온 영상 전체를 꼼꼼히 확인할 수 있거든요. 현장은 치열해요. 정신이 없어요. 현장편집을 해도 저쪽에서는 세팅하고, 촬영 마치면 자리를 옮기고 하기 때문에 편집할 수 있는 상황이 넉넉하지 않아요.

학교에서는 영화이론이 아니라 영화 제작을 전공했나요?

'필름 아트'라고 해서 전반적인 과정을 배웠어요. 편집 전공이 따로 있지 않고 그냥 '영화과'였는데, 좋았던 점은 졸업반이 되면 학교에서 편집실을 쓸 수 있게 해 줬어요. 조그만 골방 같은 곳에 편집 툴이 있는, 그런 방을 배정해 줘요. 저도 빨리빨리 습성이 있어서 현상을 빨리 돌린 다음 편집실에서 시간을 많이 보냈어요. 그때 왕가위 감독 영화에 빠져서 그 영화들에 나오는 '스텝 프린팅step printing'#을 흉내 내기도 했죠. 그 시간이 나중에 도움이 많이 됐어요.

그때 편집실에 오래 있으면서 편집을 계속해도 재밌겠다고 생각했나요?

그때는 오로지 '쿨한 영화를 만들어서 빨리 좀 보여 줘야겠다' 하는 쪽이었죠. 그때까지만 해도 꿈은 감독이었어요.

> **"** 현장편집은 한국의 '빨리빨리' 문화에서 비롯된 것. 현장 확인용일 뿐 완성본과는 달라. 프로덕션 진행과 촬영을 위한 가이드 역할. **"**

현장편집을 한 다음 바로 편집감독이 된 건가요?

그건 아니에요. 제가 현장편집을 10년 넘게 했거든요. 〈형사〉 끝나고 〈태풍〉(곽경택, 2005)까지 한 다음 군대에 갔어요. 서른 살 정도에 군대를 갔다 오고 다시 시작해야 하는데 막막한 거예요. 그래서 아는 아티스트들을 따라다니면서 퍼포먼스 영상도 돕고 하는 식으로 여러 시도를 했어요. 〈형사〉 때 알게 된 미술감독이 단편영화를 찍는다고 하면 현장편집을 포함해서 편집을 해 주기도 했고요. 그때 목표는 딱 하나였어요. '좋은 감독님 옆에서 현장편집을 하면서 그들의 노하우를 캐내서 내가 내

저속촬영을 한 다음 특정 부분을 필요한 만큼 복사해 붙이는 기법으로, 이렇게 하면 동작의 잔상이 그대로 이어져 흐르듯이 묘사되는 슬로모션을 만들어 낼 수 있다.

영화를 찍어야겠다.'

원래는 감독이 되려고 경력을 쌓은 거네요.

그렇게 10년이 지났어요. 너무 좋은 감독님들을 그 10년 동안 많이 만났어요. 그 뒤 다른 사람과 편집실을 만들었는데 현장편집 때 만났던 감독님들이 저한테 편집을 맡겨 주셨죠. 봉준호, 장준환, 김지운 감독님이 그런 경우였어요.

사람마다 다르겠지만 어떻게 하면 편집감독이 될 수 있을까요?

대부분 편집실에서 시작하는 것 같아요. 일단 편집에 관심이 있는 사람이 편집실에 조수로 들어가서 경력을 쌓고, 영화인과 관계를 만들어서 편집기사로 데뷔하는 경우가 대부분일 겁니다.

데뷔까지 얼마나 걸리나요?

개인의 능력과 운에 따라 달라요. 처음에는 독립영화나 단편영화부터 시작하는 분도 많고요. 현장편집에 참여해서 경력을 쌓고 편집까지 맡으면서 커 가는 것도 하나의 방법이 아닐까 싶어요.

> **"**
> 편집실 조수로 들어가 경력을 쌓거나 현장편집에 참여하거나
> 무조건 현장으로 가야. 답은 현장에 있어. **"**

특이한 케이스도 본 적이 있나요?

제가 좀 특이한 경우긴 했어요. (웃음)

이명세 감독님의 〈형사:Duelist〉 현장편집으로 시작했다면, 처음부터 제작 규모가 큰 현장에 들어가셨네요.

사실 제가 조감독을 할 수 없어서 이명세 감독님이 현장편집을 시킨 거였어요. 제가 연출의 꿈이 있으니까 경력을 쌓기에 더 적합한 포지션은 조감독이었거든요. 감독님이 "아! 그럼 현장편집 해 볼래?" 그래서 얼결에 시작한 거죠.

처음부터 명확하게 목표를 갖고 경력을 쌓는 분들도 있지만, 어쩌다 보니 자리가 있는 곳에서 일을 시작했다가 더 파고들어 전문가가 되는 경우도 있더라고요. 그래서 영화 일을 할 때 처음부터 한 가지를 정해 놓고 시작하기보다는 여러 가지를 경험하면서 내가 뭘 잘하는지 찾는 것도 좋은 방법인 듯해요.

맞아요. 제가 드릴 수 있는 조언은 '무조건 현장에 가라. 거기에서 현장 일을 계속하면서 답을 찾아라'입니다. 왜냐하면 자기가 진짜 잘하는 일이 바뀌어 가거든요.

또 내가 잘한다고 생각하는 것과 다른 사람이 나를 볼 때 잘한다고 생각하는 게 다를 때도 있고요. 많은 분들이 '영화를 해야지' 맘을 먹으면 대체로 연출자, 그러니까 '감독이 되고 싶다'고 생각합니다. 그런데 현장에

가 보면 다양한 일이 있고, 때로는 적성에 맞다고 생각했던 것과 다른 일을 잘하는 경우도 분명 있으니까요. 양진모 편집감독님은 언제 감독이 아니라 편집 쪽으로 결정하게 됐나요?

사실은 제가 편집실을 차리고 첫 작품을 하고 나서도 항상 마음은 감독을 하고 싶었어요. 근데 아마도, 〈옥자〉(봉준호, 2017) 때였던 거 같아요.

〈옥자〉라면, 최근이잖아요!

그전까지 제 생각은 이랬어요. '내가 편집자 중에 그래도 일단 최고가 돼 보자. 그러고 나서 감독이 되자.' 그런 생각을 항상 했어요. 그래서 감독님들과의 관계도 그만큼 더 신경을 쓰고 얘기도 많이 하고 그랬습니다. 그런데 〈옥자〉가 글로벌한 프로젝트였잖아요? 〈옥자〉를 하면서 편집감독이라는 역할을 바라보는 눈이 한국 안에서만 작업할 때와 다른 걸 느꼈어요. 〈옥자〉 미국 촬영분 현장편집을 제가 맡았거든요. 현장에 갔는데 자기들이 아는 편집자랑 너무 다르다는 거예요.

할리우드는 각 분야의 전문성을 굉장히 존중하고, 그래서 내가 그 전문성을 키워서 이 일만으로 영화인으로서 한 획을 그을 수 있겠다는 확신이 있는 반면, 한국은 아직도 연출 중심으로 생각하는 경우가 많아 보여요.

특히 〈기생충〉 때문에 미국을 많이 왔다 갔다 하면서 그때도 진짜 많이 느꼈어요.

〈기생충〉 때문에 바뀐 것들이 많을 것 같습니다.

그렇죠, 〈기생충〉이 많은 영화인들의 인생을 바꿔 놨죠. (웃음) 찍는 동안에도 좋았고 끝난 다음에 더 좋았으니까요. 어떤 영화는 찍는 동안 한참 싸우다가 결과가 좋으면 '그러면 그냥 다 좋아' 이렇게 넘어가기도 하거든요. 그런데 〈기생충〉은 과정이 굉장히 좋고, 그 이후에는 더할 나위 없이 좋았어요.

> " 〈옥자〉 작업하며 편집감독의 역할 바라보는 새로운 눈 경험. 편집의 전문성에 대한 확신 얻어. "

〈기생충〉 작업할 때 얘기도 들을 수 있을까요?

〈기생충〉은 봉준호 감독님께서 잘 짜 놓은 판이어서 편집할 때 즐거웠죠. 촬영을 마치고 저희 쪽으로 넘어오는 클립들을 볼 때마다 너무 반가웠어요. 제가 봉준호 감독님의 글로벌 프로젝트에 많이 참여했어요. 〈설국열차〉(봉준호. 2013), 〈옥자〉 다 같이 했으니까요. 두 편에서 이어지는 〈기생충〉은 오롯이 한국에서 찍고 우리가 더 잘 소통할 수 있는 영화라고 생각해서 재밌게 작업했어요. 편집할 때는 감독님도 여유로웠고요. 그래서 주어진 시간에 문자 그대로 차근차근 작업했어요.

편집 작업할 때 가장 중점을 두는 부분이 있다면 무엇일까요?

이야기죠. 편집을 통해 이야기가 얼마나 매끄럽고 재밌게 관객들에게 전달될 것인가가 중점입니다. 그 다음은 그 영화만의 리듬을 찾아야 해요. 재미 외에도 그 영화만의 리듬이란 게 있잖아요. 장르적인 리듬. 원하는 포인트에서 이야기가 나오고 들어가는지를 찾아내는 일이 두 번째로 중요하다고 생각해요.

영화에서 어떤 컷과 어떤 컷을 붙이는지가 굉장히 중요하잖아요. 그 결정은 어떻게 하나요? 시나리오를 보고 해당 장면으로 붙이는 방식은 아닐 텐데요. 특히 한 장면을 여러 번 찍잖아요.

일단은 해 보면서 배우죠. 스크립터들의 노트에 많이 의존하고요. 〈기생충〉은 워낙 스토리보드에 잘 적혀 있어서 그대로 한 다음에 저희가 튜닝을 하는 식이었어요. 대부분 편집자들은 처음에 스토리보드를 많이 따라가려고 해요. 왜냐하면 스토리보드는 감독님이 이야기와 그 컷을 생각한 지도, 설명서 같은 거니까요.

좋은 편집의 기준은 무엇일까요?

'편집이 드러나지 않는 것.' 한편으로는 슬프기도 하면서 가장 좋은 편집이라고 생각해요. 영화를 볼 때 편집이 잘된 영화를 보면 관객들이 편집 생각을 안 해요. 극영화인데 관객이 편집에 신경을 쓰면 저희는 망한 거죠. 잘된 영화는 그 편집을 어디서 했을지 모를 정도로 부드럽게 잘, 자연스럽게 만져진 게 아닌가 싶어요.

좋은 예 중 하나가 영화 〈그래비티Gravity〉(알폰소 쿠아론, 2013)에서 굉장히 유명한 장면, 카메라가 우주를 유영하는 산드라 블록 쪽으로 빠르게 빨려 들어가다가 갑자기 다음 순간에 산드라 블록 시점에서 우주를 보는 장면 아닐까요? 처음에는 '그냥 그렇게 찍었나 보다' 했는데 나중에 생각해 보면 '이걸 어떻게 붙였지?'란 생각이 드는 거예요.

맞아요, 맞아요. 그런 거는 최고의 난이도고요. 일반적인 영화에서는 편집은 티가 안 나게 존재하죠. 그런데 일반 관객들이 편집 얘기를 할 때는 편집이 좋다는 게 아니라 "편집이 이상해"라고 하거든요.

> **스토리보드를 지도 삼아 매끄럽게, 재밌게 ⋯ 가장 좋은 편집은 드러나지 않는 것. 항상 뒤에 숨어 있고 싶어.**

이상할 때만 티가 나는 거죠.

그래서 저희는 항상 뒤에 숨어 있고 싶어 하죠.

또 한 가지 궁금한 건 영화 볼 때 종종 '저건 왜 안 잘랐을까?' 싶을 때도 있어요. 삭제할까 살릴까 하는 갈등이 첫 번째로 불거지는 곳이 편집실일 것 같습니다.

맞아요. 관객들이 어떤 영화를 보고 '왜 그랬을까?' 하면 사실 저희는 몇 백 번도 더 얘기한 장면일 거예요. 관객에게는 지루했을지 몰라도 작업하는 사람들에게는 나름의 사연이 있답니다. 감독님의 의도, 제작자 의도 ⋯, 그런 장면이 나오면 '만든 사람들도 고민을 했겠지' 생각해 주시면 좋겠어요.

지금까지의 작업물 중에서 가장 만족스러웠던 장면은 어떤 것인가요?

〈기생충〉 얘기는 너무 많이 했으니까…. 〈뷰티 인사이드〉(백종열, 2015) 엔딩에서 여러 주인공이 다리에서 만나는 장면. 프라하에서 찍었는데 그때도 제가 현장편집과 편집을 다 했어요. 현장편집을 하면서 그 시퀀스를 미리 정해 놓은 엔딩 음악에 맞게 진짜 러프하게 편집한 순간 딱 '그 느낌'이 왔어요. '이거는 진짜 제대로 된 엔딩이겠다'란 느낌이요. 그래서 현장에 있는 감독님, 배우들에게도 보여 주고, 그때 자신감을 얻었었거든요.

현장편집이 갖는 엄청난 강점이네요.

제게는 특히 그래요. 현장의 에너지가 있어요. 추울 때 같이 떨고 더울 때 같이 힘들고. 그때 같이 고생한 감독님이랑 편집실에서 작업할 때는 말로 다할 수 없는 시너지가 있어요. (웃음) 서로를 더 아는 거죠.

매일매일 모습이 달라지는 우진과 그를 사랑하는 이수. 〈뷰티 인사이드〉의 엔딩은 영화 속 모든 우진의 모습들이 이수와 다리에서 만난다
| 제작: 용필름, 배급: NEW

영화의 주제나 장르에 따라서 편집 리듬이 어떻게 달라지나요? 실제로 액션영화만 해도 70년대 액션영화와 요즘 액션영화의 컷 길이가 다르잖아요?

컷은 감정을 따라가느냐 액션을 따라가느냐에 따라서 길이감이 달라요. 그런데 그렇다고 해서 꼭 액션영화의 컷이 많으라는 법은 없어요. 오히려 〈존 윅John Wick〉(데이비드 리치 · 채드 스타헬스키, 2014) 같은 영화를 보면 짧고 긴 컷의 대비를 상당히 잘 보여 줍니다. 어느 순간에는 굉장히 빨리 컷이 바뀌지만 어느 순간에는 그냥 내버려 둬요. 그래야 더 사실감이 있으니까 타격감이 강해지거든요.

액션 신이 길어지면 눈속임하지 않는 거 같기 때문에 길게 찍는 경우도 있더라고요. 영화 〈반도〉의 카 체이싱 장면이 정말 멋졌는데요, 긴박한 장면을 표현하기 위해 어떤 편집 스타일을 적용했는지 궁금합니다

영화 〈반도〉의 카 체이싱 장면은 편집의 힘을 많이 받았다기보다는 프리프로덕션의 힘이 컸어요. 워낙 CG가 많아서 저희가 애니매틱스animatics#를 했어요. 카 체이싱은 전부 찍기 전에 애니매틱스 작업이 된 데에 음향까지 다 입혀 놨어요. 애니매틱스 작업분을 받아서 저희가 편집을 다듬고 음향까지 입혀서 다시 촬영장에 주는 거죠. 어차피 CG 작업을

\# 스토리보드의 그림들을 실제 시간에 맞게 편집하여 영상으로 만든 것을 말한다. 애니매틱스를 만들면 각 신의 배열과 시간 배정을 비롯해 액션의 구도와 화면 움직임, 편집의 완급 등을 알 수 있으며, 이를 통해 제작될 장면의 시간과 느낌을 확인함으로써 연출자의 의도가 현장 작업자들에게 명확히 전달된다. 영화 제작 단계 전에 컴퓨터그래픽을 이용해 만들어진 애니매틱스는 '사전시각화 previsualization'라고 부른다.

<반도>(연상호, 2020)
카 체이싱 장면
| 제작: 영화사레드피터
배급: NEW

나중에 정교하게 해야 하니까 찍을 만큼만 정확히 찍어 온 거예요. 그러면 현장 촬영분이 저희한테 또 오는데, 앞에서도 말했듯이 찍힌 거랑 생각한 거랑 다를 수가 있으니까, 그런 부분을 저희가 세부적으로 조정해서 스피디한 시퀀스로 만들게 되죠.

추천 영화로 이명세 감독의 〈인정사정 볼 것 없다〉(1999)를 꼽았네요.

이명세 감독님은 같이 작업하기도 했지만 제게는 스승 같은 분이에요. 〈인정사정 볼 것 없다〉는 제가 참여한 작품은 아니지만 편집자로서, 영화인으로서 매력을 느낄 수밖에 없는 작품이죠. 스톱 모션, 스텝 프린팅 등 영화적인 기법이 많이 쓰였고, 음악과 영상의 어우러짐도 멋지고요.

다음으로 드니 빌뇌브의 〈컨택트Arrival〉(2016)를 추천했는데, 이 영화를 꼽은 이유는 무엇인가요?

처음 봤을 때 느낌이 너무…, 너무 이상했어요. 사실, 처음에는 이해가 안 갔어요. 그런데 영화가 끝나니까 이해가 다 되는 거예요.

그렇죠. 한순간에!

한순간에! 그게 편집이 주는 힘이라고 저는 생각하거든요. 음향도 너무 뛰어났고. 편집적으로 제가 가장 많이 영감을 받은 영화였어요.

> **〈인정사정 볼 것 없다〉는 편집자로서 매력을 느낄 수밖에 없는 작품. 가장 영감을 많이 받은 작품은 드니 빌뇌브의 〈컨택트〉.**

직접 편집한 영화들 중 "편집을 한 번 눈여겨 보세요"라고 말하고 싶은 작품과 장면이 있다면요?

〈기생충〉이죠. (웃음) 가장 완성도 높은 시퀀스들이 많고요. 스태프들이 '믿음의 벨트 시퀀스'라고 부르는 대목이 있어요. 기택네 가족이 다 박 사장 집에 안착하기까지의 시퀀스인데, 그 시퀀스를 OST 라이브 연주로 봤어요. 미국에서 〈기생충〉을 상영하면서 OST가 나올 때 정재일 음악감독님이 현지 오케스트라와 함께 라이브로 OST를 연주하는 이벤트를 했거든요. 그 믿음의 벨트 시퀀스가 딱 끝나는 것과 동시에 1막이 끝났어요. 그때 관객들이 진짜 엄청나게 호응하더라고요. 영화인으로서 최고의 경험이었던 것 같아요.

조여정 씨와 대화 나누는 장면, 신뢰가 중요하다고 하면서 굉장

"일종의 믿음의 벨트?"
라는 대사 이후 음악이
흐르며, 기택과 충숙이
동익의 집에 들어오는
과정이 그려진다
| 제작: 바른손이앤에이
배급: CJ엔터테인먼트

히 이상한 방식으로 속아 넘어가네 싶은 그 장면이 영화에서는 굉장히 중요한 터닝 포인트가 되는, 내용상으로도 중요한 대목이죠.

많은 분이 궁금해한 질문입니다. 작업하면서 감독과 의견 충돌이 생기면 어떻게 하나요?

최대한 안 생기도록 노력해요. 그런데 만약 생각이 다르다면 다른 방법이 없어요. 약간의 시간을 두고 다시 얘기를 하는 수밖에 없죠. 저는 충돌이 많지는 않았어요. 운이 좋았다고 생각합니다. 그렇다고 해도 의견 차이는 항상 있을 수 있잖아요? 저는 감독님이 요청하는 다른 걸 많이 들어 줍니다. 그런 다음 제가 꼭 관철시키고 싶은 걸 다시 얘기하는 거죠.

사회생활 노하우네요.

예를 들어서 문제가 세 개 있어요. 제게 한 개는 중요하고 두 개는 그렇게 중요하지 않다면, 두 개는 양보하고 그 대신 중요한 하나를 제 뜻대로 해결하려고 하죠. 그런데 지금까지 큰 문제는 없었어요.

편집감독이 되려는 사람들에게 가장 추천하는 공부, 준비 과정이 있다면 무엇인가요? 또 영화적인 감각을 발전시키기 위해서 뭘 하면 좋을까요?

저는 그냥 영화를 많이 봤어요. 지금은 좋아하는 영화의 편집자를 찾아보죠. 그 편집자가 작업한 영화들을 봅니다. 전에는 어떤 작업을 했는지 보면, 대부분 특정한 감독님과 작업을 이어 오고 있다거나 그런 게 보여요. 지금은 유튜브에 좋은 영화에 대한 분석 자료도 많아요. 책도 좋아요. 인터뷰 위주의 책이 상당히 많이 나와 있습니다. 특히 감독님들, 한국의 박찬욱 · 김지운 · 봉준호 감독님 책을 한번 읽어 보세요. 그런 책을 읽고 저도 많은 영감과 노하우를 얻거든요. 저도 여전히 공부하고, 열심히 배웁니다. ★

10 _____ 사운드 디자이너

"툴은 정해져 있고, 중요한 건 호기심"

김병인

· '라이브톤' 사운드 슈퍼바이저
· 대표작 ─────────────
〈설국열차〉〈변호인〉〈명량〉〈해무〉〈부산행〉〈택시운전사〉〈신과 함께: 죄와 벌〉〈신과 함께: 인과 연〉〈킹덤: 아신전〉

영화는 종합예술이다. 인간의 감각을 자극해 영화를 '체험'하게 만든다. 이를 위해 영화는 묵직하거나 사색적이거나 달콤한 대사를, 움직이지 않는 화면을 보여주거나 혼을 쏙 빼는 카메라 움직임과 속도감 넘치는 편집을, 경이감을 느끼게 하는 특수효과나 영화관을 나서면서 입에 붙어 떨어지지 않는 주제가를 적재적소에 사용한다. 영화를 보는 관객은 제작진의 의도에 따라 불현듯 불안해지거나 주체할 수 없는 슬픔에 젖어들기도 한다.

이처럼 감정을 쥐락펴락하는 영화의 감정 연출에서 사운드 디자인은 중요한 역할을 한다. 영화를 '음소거' 상태에서 보면 사운드 디자인의 마법 같은 효과를 알 수 있다. 공포영화에서 살인마가 나타났을 때 신경질적으로 현을 긁는 효과음이 있을 때와 없을 때, 사랑에 빠지는 두 주인공의 얼굴 위로 달콤한 선율이 덮일 때와 아무 소리도 들리지 않을 때의 차이를 생각해 보라. 물론 감정을 증폭시키는 소리가 없는 쪽이 실제 상황에 가깝지만, 우리는 영화를 볼 때만큼은 사운드가 만들어 내는 감정의 지형 위에서 스토리를 파악한다. 극히 부자연스럽지만, 영화에서는 자연스러운 감정 유도 장치인 셈이다.

영상음향 전문 스튜디오 '라이브톤'의 김병인 사운드 디자이너는 사운드와 관련한 작업 순서부터, 사운드 디자이너로 일하는 즐거움에 대한 소회까지, 영화의 사운드에 대해 알아야 할 가장 기초적이고 중요한 정보들을 차근차근 설명해 준다. 그의 설명을 듣다 보면 영화의 심리적인 부분을 디자인하는 과정에서 사운드의 중요성은 물론이고, 왜 '사운드가 영화의 반이다'라고 하는지 알 수 있을 것이다.

영상음향 전문 스튜디오 라이브톤의 김병인 사운드 디자이너는 〈기생충〉(봉준호, 2019), 〈신과 함께〉시리즈(김용화, 2017), 〈킹덤: 아신전〉(김성훈, 2021), 〈부산행〉(연상호, 2016), 〈택시운전사〉(장훈, 2017), 〈변호인〉(양우석, 2013), 〈명량〉(김한민, 2014) 등 정말 많은 한국영화의 사운드 디자인을 맡았습니다. 제작 규모가 크고 많은 관객에게 사랑받은 작품들이 많아요. 한국영화가 장르적으로 다양해지는 시기와 궤를 같이하셨네요.

제가 일을 시작한 2010년대부터 한국영화 관객이 많이 늘었습니다. 멀티플렉스도 곳곳에 들어서기 시작했고요. 운 좋게도 한국영화 시장이 폭발적으로 성장해 가는 상황을 바로 옆에서 지켜볼 수 있었고, 그 과정에서 이른바 '천만 영화' 탄생에 함께한 것도 좋았지만, 무엇보다 다양한 장르를 경험할 수 있어서 행복했어요.

일을 하면서 한국영화계가 변화하고 있다는 걸 많이 실감할 것 같아요.

제 직업의 큰 장점 중 하나가 영화관의 변화를 일반 관객보다 한 박자 빨리 느낄 수 있다는 겁니다. 작업을 할 때도 항상 '내가 이 영화의 첫 번째 관객'이라고 생각해요. 영화 제작의 작업 공정상, 편집이 끝나고 VFX와 색보정이 어느 정도 마무리된 상태에서 음악과 사운드까지 모두 들어간 작업물을 처음 보는 과정이 바로 '사운드 믹싱'할 때거든요. 적막한 믹싱 스테이지에서 혼자 영화의 첫 번째 테마곡을 들을 때의 전율은 정말 굉장하죠! 감독님보다 먼저 이 영화를 보는 첫 번째 관객이라는 생각이 들어서요.

처음 받은 편집본과 완성된 영화는 큰 차이가 있죠?

정말 차이가 크죠. 음소거 상태에서 자막만 켜 놓고 영화를 감상하는 것과 비슷합니다. 저는 영화를 볼 때 사운드가 없어도 음악과 효과음을 상상하는 훈련이 되어 있는데, 이런 '상상하는 순간'이 바로 제 작업의 시작이기도 합니다.

> " 사운드 믹싱할 때 첫 테마곡을 들으며 전율 느껴 … 사운드 없이
> 음악과 효과음을 상상하는 순간이 작업의 시작. "

관객 입장에서도 사운드에 따라서 영화에 대한 인상이 달라지는 경우가 많아요. 예를 들면 공포영화를 소리를 죽여 놓고 보면 훨씬 덜 무섭거든요. 반대로 공포영화의 영상을 보지 않고도 극장에서 소리만 들어도 공포감이 느껴지고요. 영화의 지배적인 색깔을 영상만큼이나 사운드가 많이 잡아 준다고 생각합니다.

맞습니다. 저도 학교에서 배울 때 "사운드가 영화의 반"이라는 얘기를 많이 들었어요. 영화를 완성하는 데 시각을 자극하는 이미지도 중요하지만 음악과 사운드로 만들어 내는 분위기가 있거든요. 특히 음악은 기승전결을 담아낼 수 있어서 점점 감정을 고조시키는 서스펜스와 서프라이즈를 표현할 수 있죠. 거기에 음향효과가 더해지면서 영화의 사운드가 완성되는 모습을 지켜보면, 사운드의 중요성을 실감할 수 있어요. 색보정하는 분들은 사운드 없이 작업하는 경우가 많은데, 최종 믹싱된 사운

드를 전달하면 "완전히 다른 영화 같다"고 하기도 해요. 그만큼 소리의 영향력이 큰 거죠.

영화 사운드가 중요하다고 생각은 하지만 '사운드 디자이너'가 어떤 일을 하는 사람인지 자세히 모르는 분들이 많아요. 영화 사운드 디자이너는 어떤 일을 하는 사람인가요?

이야기를 만든 작가님과 연출을 맡은 감독님의 머릿속에 있는 추상적인 이미지가 여러 스태프들의 헌신으로 시각화된다면, 사운드 디자이너는 거기에 더해 감독님의 머릿속에 있는 사운드를 청각적으로 표현하는 사람입니다. 추상적인 이미지로 연결된 이야기를 스피커를 통해 관객의 귀에 들리게 하는 일을 하는 거죠. '디자이너'라는 표현, 그러니까 옷을 디자인하는 패션 디자이너를 떠올려 보면 쉽게 이해할 수 있을 거예요. 패션 디자이너는 원단을 꼼꼼히 살피고 여기에 트렌드를 가미해 자신만의 개성이 담긴 디자인으로 멋진 옷을 만들잖아요. 사운드도 마찬가지예요. 감독님의 이야기를 듣고 저희는 필요한 소리를 취합하고 가공해서 영화의 사운드를 만들어요. 그런 모든 사운드를 관객이 듣기 좋게 최종적으로 조율하면 극장에서 개봉하게 됩니다.

영화의 여러 사운드 요소 중에서 시대적인 변화가 가장 먼저 느껴지는 부분은 배우의 발성 같습니다. 80년대 영화와 2020년대 영화를 비교하면 요즘에는 더빙을 해도 밀착감 있게 소리가 연출되고, 사람들이 쓰는 말이 달라지니까 영화 속 캐릭터가 구사하는 말투도 바뀌었거든요.

사운드 디자인도 시대에 따른 변천사가 있을까요?

시대에 따른 변천사가 기술에 따른 변천사이기도 해요. 촬영장에서 동시녹음을 할 수 없었던 과거에는 배우 또는 성우가 스튜디오에서 후시녹음을 했어요. 그렇게 만든 대사와 음악·효과음들이 하나의 채널, 즉 모노로 들리다가 스테레오로 들리게 되고 또 5.1채널로도 들리다가 최근에는 애트모스ATMOS#로 들을 수 있게 됐어요.

그런데 녹음·재생 기술이 발전하면서 좋은 점도 있지만, 요즘 촬영 현장에는 카메라 수가 많아지고 하늘에는 드론이 날아 다니고 있어서 오히려 동시녹음을 하기 힘든 상황이 늘어나고 있어요. 작품에 따라 옆에서 강풍기를 트는 경우도 있고요.

신작 영화의 첫인상에 큰 영향을 미치는 것이 무얼까 생각해 보면 영상이든 사운드든 예고편의 역할이 중요한 것 같습니다. 완성된 영화를 보기 전에 예고편의 짧은 클립만으로 영화에 대한 인상이 좌우되거든요.

예전에는 저희가 예고편 작업까지 했는데 요즘은 마케팅 파트에서 맡아서 하고 있습니다. 기존에는 영화 본편에 담긴 사운드 디자인의 톤을 예고편에 미리 노출하는 일이 많았지만, 지금은 그렇지 않아요. 그렇다고 아예 관계가 없을 순 없죠. 가끔은 감독님이나 프로듀서가 예고편 후보들을 미리 보여 주는데, 그때마다 좋다 나쁘다 정도의 의견만이 아니

\# 미국의 사운드 기술 개발 회사인 돌비Dolby에서 만든 입체 음향 시스템. 애트모스는 극장의 앞뒤, 상하좌우뿐 아니라 천장에도 스피커를 설치해서 수평·수직의 음향을 입체적으로 표현할 수 있다.

라 "저희가 사운드 디자인한 이 소스를 꼭 예고편에 들어가게 해 주세요" 라든가, "그 부분은 저희가 후시녹음을 해 놓은 더 좋은 대사가 있습니다. 이걸로 쓰세요" 같은 제안을 적극적으로 냅니다.

> **"** 작품당 작업 기간은 최소 6주. 액션이 많은 영화나 SF영화는
> 8~10주를 넘기기도 해. VFX처럼 많은 인원 참여하지는 않아. **"**

영화를 볼 때 한 장면 안에서 대사 외에도 차 지나가는 소리, 바람 소리 등 굉장히 여러 소리를 듣게 됩니다. 어떤 소리는 분명하게 인식할 수 있고, 어떤 소리는 신경 써서 듣게 되지는 않지만 그럼에도 불구하고 중요하게 다루어지는 경우가 있어요. 그 하나하나가 분위기나 정서, 정보를 전달하고요. 이런 사운드가 모두 후시녹음으로 만들어지는 거라면 작업 분량이 어마어마할 것 같습니다. 영화 한 편의 작업 과정을 간단하게 설명해 주시겠어요. 먼저 한 편 작업할 때 소요되는 시간은 어느 정도인가요?

영화마다 다르지만, 작업을 시작해서 끝내기까지 최소 6주 이상은 걸려요. 잔잔한 멜로드라마라고 해도 그 정도의 작업 시간은 소요됩니다. 그리고 액션이 많은 영화나 SF영화는 8~10주를 넘기는 일도 많고요.

영화 한 편 작업하는 데 들어가는 인력은 몇 명 정도인가요?

제가 일하는 라이브톤의 직원이 현재 16명인데요, 관리직을 제외한 엔지니어만 14명입니다. 작품을 시작하면 이 중에서 최소 10명은

투입된다고 봐야죠. 그런데 라이브톤은 규모가 큰 편이고, 다른 스튜디오들의 경우에는 더 적은 인원을 투입하는 대신 좀 더 오래 작업하는 곳들도 있습니다.

회사마다 다르고 영화마다 다르다는 말씀이네요.

그렇죠. VFX처럼 많은 인원이 참가하는 일은 아닙니다. 엔딩 크레디트를 보면 VFX팀 소개는 2~4줄이 넘어가요. 그만큼 많은 스태프가 있지만, 사운드 파트는 그렇지 않습니다. 할리우드도 마찬가지고요.

사운드 작업 진행 과정을 처음부터 얘기해 볼까요?

편집실에서 감독님이 영상 편집을 마치면 그때부터 사운드 작업이 시작됩니다. 일단 함께 영상을 보면서 회의를 하죠. 감독님이 해당 작품에서 원하는 사운드의 느낌과 각 장면의 연출 의도를 이야기해 주고, 소음과 공간음이 정리된 동시녹음 사운드를 같이 들으면서 '이 장면에는 잡음이 많으니 후시녹음을 하면 좋겠다', '이 부분은 목소리 연기를 다시 해서 분위기를 바꿔 보면 좋을 것 같다'는 의견을 내놓기도 해요. 이 모든 과정이 회의를 통해 이루어집니다. 촬영 당시에 동시녹음된 모든 소리가 영화에 그대로 나온다고 생각하는 분들이 많은데 사실 그렇지 않아요. 동시녹음을 할 때는 정확하게 배우의 목소리만 녹음해요. 목소리만 녹음해서 그것만 정리해서 사용하고, 대사를 제외한 나머지는 전부! 만든 소리라고 보면 됩니다.

동시녹음에서 대사만 녹음하고 다른 배경음은 전부 다 만든다고요?

그렇습니다. 영화의 사운드는 크게 대사, 음악, 사운드 이펙트 sound effect(음향효과) 이렇게 세 부분으로 나눌 수 있어요. 음악은 음악감독님이 멋지게 만들어서 보내 주면 최종 믹싱할 때 저희가 다른 소리들과 함께 조화롭게 어울리도록 배치합니다. 대사는 우선 현장에서 녹음한 동시녹음 사운드를 편집합니다. 잡음을 제거하고 대사가 좀 더 잘 들릴 수 있도록 여러 가공을 거치죠. 사용된 테이크보다 다른 테이크의 소리가 더 좋다면 소리를 갈아 끼워서 좀 더 명료하게 만들기도 하고요. 그 다음에는 동시녹음을 쓸 수 없는 부분 혹은 대사가 추가된 부분 등에 쓰기 위해서 ADR Automated Dialogue Replacement(후시녹음)을 합니다. 배우들이 스튜디오로 와서 화면을 보면서 녹음하는데, 영화 한 편의 전체 대사 중 최소 40퍼센트 정도는 후시녹음을 해요. 장르마다 후시녹음 분량은 다르지만 최소 40퍼센트 이상입니다.

> " 대사의 최소 40퍼센트는 후시녹음. 영화에서 대사를 제외한 나머지는 전부 만든 소리. "

효과음 작업은 어떻게 이루어지나요?

효과음은 또 크게 세 가지로 나눌 수 있어요. 첫 번째가 '폴리 foley' 작업입니다. 여러 사물을 이용해서 소리를 만드는 일인데, '폴리'는 이 작업을 처음 실행한 잭 폴리 Jack Foley라는 사람의 이름에서 유래한 거예요.

사운드 분야에서 유일하게 아티스트 칭호를 붙여서 '폴리 아티스트'라고 합니다. 예를 들어 컵 내려놓는 소리, 발걸음 소리, 옷깃 스치는 소리 등을 도구와 몸을 이용해서 만들죠. 두 번째로 '사운드 이펙트' 과정이 있어요. 폴리로 만들어 낼 수 없는 소리를 디자인하고 편집해서 만드는 일입니다. 그리고 마지막으로 '배경음' 작업이 있습니다. 예를 들어 에어컨 소리가 들리고 사람들이 움직이면서 바스락거리는 소리가 들리는 환경음을 만드는 거죠. 도로에 있으면 들리는 차가 지나다니는 소리 같은 겁니다. 이렇게 각 파트별로 작업을 모두 마친 다음에 모아서 '사운드 믹싱'을 해요.

모든 소리가 다 크면 잡음이 되잖아요. 소리에도 우선순위가 있을 텐데요.

맞습니다. 그게 핵심이에요. '어떤 소리를 더 잘 들리게 할까'를 고민하는 것이 연출 측면의 접근이죠. 단순한 기술이 아닌 사운드 연출이요. 그래서 이런 작업을 좀 더 세부적으로 나눠 보면, 우선 '사운드 슈퍼

사운드 믹싱은 영화에 들어가는 각종 소리들을 조화롭게 배치하는 작업이다

바이저'가 모든 프로젝트를 총괄하는 역할을 하고, 그 아래 '슈퍼바이징 사운드 에디터'와 '리레코딩 믹서'가 있어요. 슈퍼바이징 사운드 에디터는 사운드 에디터들을 관리하는 총괄 책임자입니다. 사운드 에디터는 대사를 다루는 '다이알로그 에디터'와 음향효과를 담당하는 '사운드 이펙트 에디터', 그리고 배경음을 담당하는 '앰비언스ambience(백그라운드 노이즈) 에디터'로 나뉘고요. 이렇게 경우에 따라 어떤 소리들을 자르고 붙이고 늘리고 줄이고, 없으면 따로 녹음해서 영화에 필요한 소리를 만들어 갑니다. 이들 모두가 '사운드 디자이너'라고 얘기할 수 있죠.

사운드 디자이너라고 통칭하지만 여러 파트의 일로 나뉘는 셈인데요. 처음 일을 시작할 때는 다이얼로그 에디터였는데 일을 하다 보니까 폴리 아티스트에 관심이 생기고 잘하게 되어서 분야를 옮겨 일하는 분들도 있겠네요?

그럼요. 당장 맡은 일은 달라도 사운드 디자인에 필요한 기본적인 기술은 다 가지고 있으니까요. 대사 편집을 하다가 사운드 이펙트 편집도 하는 식인데, 다만 폴리 레코딩은 좀 더 전문적인 영역입니다. 몸을 쓰는 감각을 익혀야 하거든요.

그러면 폴리 아티스트를 제외하면 여러 파트를 겸해 작업할 수도 있겠네요. 실제 영화에 들어가는 사운드 부문 크레디트를 바탕으로 좀 더 세분화해서 말씀해 주세요.

최근 작업한 〈킹덤: 아신전〉을 예로 들면, 저는 이 작품에 사운드 슈퍼바이저이자 리레코딩 믹서로 참여했어요. 이런 식으로 겸직을 많이 합니다. 저는 사운드 슈퍼바이저로서 일정부터 담당자 배정까지 전체 과정을 총괄하죠. 사운드 디자이너와 사운드 이펙트 에디터는 폴리로 만들어 낼 수 없는 여러 소리를 디자인하고 편집하고, 앰비언스 에디터는 차 지나다니는 소리, 숲에서 나뭇잎 흔들리는 소리, 새소리 등을 작업해서 공간을 구성하는 소리를 만들고요. 'ADR 레코디스트'가 후시녹음을 마치면 다이알로그 에디터가 ADR 소스와 동시녹음한 소스를 가지고 편집을 합니다. 이후에 '폴리 레코디스트', '폴리 에디터'가 폴리 아티스트와 함께 폴리 사운드를 작업합니다.

> " 여러 소리 중 '어떤 소리를 더 잘 들리게 할까' 고민하는 것이
> 연출적 접근. 맡은 일은 달라도 기본적인 기술은 비슷해. "

리레코딩 믹서는 어떤 일을 하나요?

리레코딩은 말 그대로 '다시 레코딩한다'는 의미입니다. 미국의 영화 스태프 조합을 보면 '레코딩 유니온'과 '에디터스 유니온'이 따로 있어요. 녹음하는 일과 편집하는 일을 아예 다른 일로 구분하는 거죠. 왜 그냥 '믹서'가 아니고 '리레코딩 믹서'냐면, 레코디스트들이 녹음한 소리를 에디터들이 편집해서 만든 소스와 '합쳐서 다시 녹음하는 일'을 하기 때문입니다. 요리에 비유하면, 음식 재료를 썰고 준비하는 사람과 요리하는 사람이 나뉘어 있는 것과 같아요.

대사 후시녹음ADR은 어떻게 이루어지나요?

스튜디오는 방음 처리가 된 녹음 부스와 소리를 들으면서 의견을 주고받을 수 있는 공간으로 구성돼 있어요. 이곳에서 감독님과 함께 배우들의 연기를 조율하며 작업합니다. ADR 큐시트에는 녹음할 대사와 녹음해야 하는 이유, 그리고 좋았던 테이크와 좋지 않았던 테이크에 대한 세부 사항이 전부 기록되어 있습니다. 배우는 녹음 부스에서 화면에 자막으로 뜨는 대사를 보며 다시 한 번 연기를 합니다. 후시녹음은 배우가 영화에서 펼치는 마지막 연기인 셈이죠.

ADR 큐시트가 가능하려면 편집본이 완성되어 있다는 뜻일 텐데요. 사운드 작업을 하다가 편집이 바뀌는 경우도 있나요?

비일비재하죠. 안 그러면 좋겠는데 어쩔 수 없어요. 이런 경우 화면에 다시 사운드를 맞추는 작업을 해야 돼요. 신 하나에 수백 개의 트랙이 있거든요. 게다가 사운드는 컷과 컷 사이를 넘나들기 때문에 작업이 단순하지 않아요. 그래서 작업이 늦어지더라도 가능하면 편집이 완료된 영상을 받기 위해 노력합니다.

영화 사운드와 관련해서 일반 관객들이 가장 많이 이야기하는 불만이 '대사가 안 들린다'는 것인데요.

사실 이 문제에 대해서는 제가 논문을 쓸 수 있을 만큼 굉장히 많은 이유가 있습니다. (웃음) 몇 가지만 간단히 말씀 드리면 이렇습니다. 최종 믹싱이 끝났다면 감독과 제작자를 비롯한 관계자들이 '대사가 다 잘 들린다'고 판단했단 얘기입니다. 하지만 극장 상황, 집에서 영화를 보는 환경에 따라서 차이가 생겨요. 대사는 주로 가운데 있는 '센터 스피커'에서 나오는데 그 스피커의 상태가 모두 다른 거죠.

일차적으로는 상영 환경의 문제가 있고, 또 다른 문제는 없을까요?

두 번째로, 우리가 지금 영화의 사운드 디자인이라는 단일한 주제에 대해서 이야기하고 있잖아요? 그런데 갑자기 다른 화제를 꺼내면서 생각지도 못했던 단어가 나오면 소리는 들려도 그 내용을 몰라서 이해를 못하는 경우도 있습니다. 익숙하지 않은 소재나 주제를 다루는 경우, 내용이 생소하기 때문에 한 번에 알아듣기 힘들 수도 있구요. 또 배우마다 발성이 다른 것도 원인이 될 수 있죠.

특히 대사가 안 들리는 문제에 대해서 외국영화는 잘 들리는데 한국영화는 안 들린다고 생각하는 분들이 있습니다.

외국영화는 자막이 있습니다. 자막을 보면서 들으면 아무래도 명료하게 들리는 것처럼 느끼기 쉽죠. 그래서 저는 사운드 작업 전에 시나리오를 보지 않아요. 사실 이 문제를 해결하려면 후시녹음 비중을 높이면 되는데, 감독님들이 동시녹음을 굉장히 선호해요. 현장감 때문이죠.

대사를 숙지한 상태에서 들으면 훨씬 잘 들리니까요.

그렇죠. 그래서 대략적인 내용만 알고 작업을 시작해요. 맨 처음 편집본을 받았을 때 처음부터 끝까지 보면서 '내가 못 알아듣는 건 관

객도 못 알아듣는 소리다' 생각하고 그 부분은 최대한 후시녹음을 하려고
합니다.

영화 〈해무〉(심성보, 2014)에서 사운드의 역할이 인상적이었어요. 안개
때문에 시야는 잘 안 보이지만 소리를 통해서 불길한 일이 벌어질 것 같
은 느낌을 고조시키는 장면들이 많았습니다.

그때 남해로 내려가서 뱃소리를 직접 녹음했어요. 또, 이희준
배우님이 "아, 이거 뭐야! 해가 떠 버렸네!" 하는 식의 대사가 있어요. 이
대사는 나중에 집어넣었거든요. 원래는 '날이 바뀌고 동이 튼다'는 게 시
각적으로 표현돼야 되는데 시각적으로 명확한 느낌이 안 나오니까 대사
를 추가해서 해결해 버린 거죠.

사운드 디자인의 묘수네요.

작업자들은 그런 작업에서 매력을 느껴요. 색깔을 바꾸고 CG
를 입혀도 해결이 안 되던 문제가 대사 한 마디로 해결되곤 하거든요.

실제 촬영할 때는 없었던 대사를 넣는 것처럼, 소리를 디자인하기 위해
직접 녹음을 하거나 소리를 만드는 경우도 있나요?

영화 〈최종병기 활〉의 사운드를 작업하면서
활 소리를 디자인하기 위해 미국의 파트너 회사에
도움을 요청하기도 했다.
| 제작: 다세포클럽·디씨지플러스
　배급: 롯데쇼핑(주)롯데엔터테인먼트

〈최종병기 활〉(김한민. 2011) 작업할 때 활과 화살 소리가 많이 필요했는데, 우리나라에서 이 소리를 녹음하는 게 힘들었어요. 우리나라에선 조용하게 녹음할 수 있는 곳을 찾기가 매우 어렵거든요. 그래서 미국에 있는 파트너한테 연락해서 이러이러한 이유로 화살 소리가 필요하다고 도움을 구했어요. 로스앤젤레스 쪽에 있는 분들인데 바로 옆에 있는 사막으로 가서 여러 종류의 활을 쏜 거죠. 화살에 깃털, 방울을 달았을 때의 소리 변화를 녹음하고 가공해서 〈최종병기 활〉의 활 소리를 디자인했던 경험이 있습니다.

디자이너님이 생각하는 사운드 디자이너가 가져야 할, 혹은 보통 가지고 있는 역량은 무엇인가요? 채용할 때 어떤 점을 눈여겨 보나요?

다른 직업과 마찬가지로 기본적인 역량은 갖추어야 해요. 물론 일을 시작하기 전에는 알기 어렵지만, 원활한 의사소통을 위한 열린 자세와 직업을 대하는 태도 같은 것이 중요합니다. 또 기술에만 너무 매달리는 것도 문제가 될 수 있어요. 매번 새로운 기술이 나오고 새로운 프로그램이 나오니까 사실 기술은 절대적인 게 아니거든요. 그런데 이것만 하면 될 수 있을 거라는 생각에 사로잡혀요. 사용하는 툴이 정해져 있긴 하지만 그건 오히려 금방 배웁니다. 결국 중요한 것은 연출적인 측면에 대한 호기심과 관심이 아닐까 해요. 단순히 프로그램만 배우고 싶다면 두 달이면 되거든요. 그걸 넘어선 창의적인 해석이 필요합니다.

많은 분이 공통된 질문을 주셨어요. 어떻게 음향 분야를 선택하고 꾸준히 해 왔는지 궁금합니다. 또 사운드 디자인 직종에 종사하기 위한 전공이나 필수적인 과정이 있는지 궁금합니다.

저는 고등학교 때 이과였고 공학 계열로 진학할 생각이었는데, 음악과 영화를 정말 사랑했어요. 문득 '지금 음악도, 영화도 도전하지 않으면 나는 이걸 그냥 취미로만 갖고 있겠구나' 싶어서 대학을 영화과로 갔어요. 그렇게 대학 1학년 때부터 영화 음향을 하면서 계속 공부했어요.

사운드 믹싱 장비

처음부터 영화 음향을 생각하셨네요.

네, 우주선 계기판처럼 생긴 콘솔에서 소리를 만지고 녹음하는 일이 정말 재밌었기 때문에, 처음부터 영화 음향에 관심을 갖고 공부했습니다.

음향을 하고 싶다고 해도 영화과 안에서 음향만 전문적으로 배우는 수업이 다양할 것 같지 않은데요.

맞습니다. 연출도 배우고 촬영도 배우고 편집도 배우고…, 4년 동안 여러 부문을 배우고 나니까 음향은 오히려 간단하게 배우게 됐어요. 그리고 대학 졸업 후에 미국에서 사운드 디자인을 더 공부했어요. 미국에서 돌아와서는 한국예술종합학교 영상원에 전문사 과정으로 입학해서 음향 공부를 또 했습니다. (웃음) 학교를 좀 많이 다녔죠.

같이 일하는 분들이 다 영화 전공자인가요?

대부분 영화과 출신이기는 해요. 사실 '사운드'만 놓고 보면 범위가 굉장히 넓어요. 공연장에서 일을 할 수도 있고, 음악 레코딩을 할 수도 있고요. 그런데 영화 음향은 영상을 깊이 이해하는 능력이 요구되기 때문에 영화과 출신들이 많은 것 같아요.

작업할 때 가장 중요하게 생각하는 부분은 무엇인가요?

가장 중요한 것은 감독님의 머릿속에만 존재하는 소리를 현실로 만들어 내야 한다는 점입니다. 그렇게 하기 위해서는 단순히 기술만 필요한 게 아니라 철학이 필요할 수도 있어요.

그리고 또 중요한 게 '심리 음향'이라는 겁니다. 예를 들어 우리는 주변이 시끄러워도 나와 대화하는 사람의 목소리만 더 또렷하게 들리는 것처럼 느끼잖아요? 인간의 귀는 그렇게 소리를 포착하는데, 마이크는 그렇지 않거든요. 그런 것들을 사운드 연출을 통해 만들어 줘야 돼요. 영상 연출도 마찬가지겠지만 소리도 3인칭 소리로 갔다가 1인칭 소리로 갔다가 할 수 있고, 화면 속 모두가 다 듣는 소리와 주인공이 혼자 듣는 소리도 별개로 연출 가능하죠. 그런 것들을 적절하게 조화해서 최종적으로 관객들에게 들려주고 싶은 소리가 무엇인지, 관객이 듣고 싶은 소리는 무엇인지를 조율하고, 믹싱 작업을 하는 거죠. ★

2부
영화와 관객 잇기

바 이 어

영 화 번 역 가

마 케 터

영화제 프로그래머

포 스 터 디 자 이 너

영화는 관객과 만나야 한다. 누군가 보지 않는다면, 1부에서 소개한 수많은 이들의 노력은 허무하게 사라지고 만다. 영화와 관객을 이어 주는 과정에도 당연히 특별한 전문성을 가진 이들이 필요하다. 2부에서는 촬영과 후반작업을 마치고 완성된 영화가 관객과 만나기까지 거치는 여러 과정과 그 과정에서 활약하는 직업들을 소개한다.

영화를 둘러싼 환경은 계속 변화하면서 그 반경을 넓혀 가고 있다. 극장 개봉은 물론이고, 글로벌 OTT 플랫폼의 입지가 커지면서 온라인 개봉에 대한 관심도 증가하는 추세다. 긍정적인 면과 부정적인 면이 모두 손재하지만, 어쨌든 관객이 영화를 만나는 통로는 그만큼 다양해지고 있다. 이런 상황에서 2부에 소개되는 직업들은 더 넓고 새로운 미래를 상상하게 만드는 좋은 계기가 될 것이다.

Part 4

마케팅과 배급

관객을 한 명이라도 더

후반작업이 끝나면 영화는 드디어 관객과 만날 준비를 한다. 하지만 무작정 만날 순 없는 법. 소개팅이나 비즈니스 미팅을 할 때도 나름 준비를 하지 않나. 애써 만든 영화가 한 명이라도 더 많은 관객의 사랑을 받게 하려면 치밀한 계획이 필요하다. 관객과 영화의 만남을 전략적으로 성사시키는 일이 바로 '배급'이다. 영화는 기획, 제작(촬영), 배급으로 이루어진다고 할 만큼 배급은 중요한 분야다.

눈물 홀리며 계산기도 두드려야

국내 영화 시장은 한국영화 시장과 외화 시장으로 나눌 수 있다. 한국영화 시장에는 국내 제작사들이 만든 한국영화를 배급하는 배급사들이 있다. 이 중에서 대기업 계열 대형 배급사들은 영화 기획 단계에서 제작비를 투자·관리하고 영화 완성 이후 배급사 역할까지 모두 담당하기도 한다. 그 외 중소 배급사, 한국독립장편영화들을 챙기는 배급사, 한국독립단편영화 전문 배급사들이 한국영화 시장에서 함께 활동한다. 한국영화의 해외 판매를 전문으로 하는 세일즈사도 있는데, 대형 투자배급사와 몇몇 중소 한국영화 배급사들은 해외 세일즈를 직접 하기도 한다.

외화 시장에서는 크게 두 축의 외화 수입배급사들이 활약한다. 먼저 할리우드 영화를 한국에 직접 배급하는 '미국 직배사'가 한 축을 차지하고 있다. 그리고 그보다 작은 규모로 해외 영화 마켓에서 중저예산의 영미권 · 아시아 · 유럽 · 남미 · 아프리카 등의 예술영화와 작가영화를

| 표 2 | 국내에서 활동 중인 수입·배급사들

한국영화 배급사

대형 '투자'배급사	중소배급사	독립장편 전문 배급사	독립단편 전문 배급사	해외 세일즈사
CJ ENM	키다리ENT	엣나인필름	센트럴파크	화인컷
롯데컬쳐웍스	이수C&E	인디스토리	필름다빈	케이무비엔터테인먼트
쇼박스	KTH	시네마달	포스트핀	엠라인디스트리뷰션
NEW	스톰픽쳐스	그린나래미디어	퍼니콘	
메가박스중앙㈜ 플러스엠	콘텐츠판다		호우주의보	
에이스메이커무비웍스	리틀빅픽쳐스			
메리크리스마스				
셀트리온				

※ 초록색은 신흥 배급사

외화 수입배급사

미국 '직배'사	국내 수입배급사
월트디즈니컴퍼니코리아	그린나래미디어
유니버설픽쳐스인터내셔널코리아	영화사 진진
워너브라더스코리아	엣나인필름
소니픽쳐스엔터테인먼트코리아	더쿱
	티캐스트
	찬란
	오드

관객을 한 명이라도 더

구매해 국내에 소개하는 외화 수입배급사가 있다. 그중에는 수입과 배급을 동시에 하는 곳도 있고, 수입만 하고 배급은 다른 곳에 맡기는 회사도 있다.

배급사들이 영화를 주로 배급하는 곳은 극장(영화관)이다. 극장 외에 영화를 보는 경로는 전통적으로 부가 윈도window 개념으로 인식돼 왔다. 그래서 지상파 TV, IPTV, 케이블 TV, DMB, VOD, DVD, 블루레이 등 극장이 아닌 다른 윈도에 특화된 부가판권 전문 유통사가 따로 있다. 그런데 이런 상황이 급변하고 있다. 코로나19로 인해 넷플릭스 같은 OTT 플랫폼의 영향력이 커지면서 온라인 개봉, 극장과 온라인 동시개봉이 늘어났기 때문이다. 해외 OTT 플랫폼(넷플릭스, 디즈니플러스, 아마존 프라임 비디오, 애플TV)과 국내 OTT 플랫폼(왓챠, 티빙, 카카오TV, 쿠팡플레이)의 경쟁이 뜨거워지면서 OTT 플랫폼들이 앞다퉈 제작, 투자, 수입, 온라인 배급에 나서고 있다. 전통적인 배급 구도가 큰 변화를 맞고 있는 것이다.

그렇다면 배급사에서는 구체적으로 무슨 일을 할까? 우선 영화를 선정해 투자하고, 완성되면 배급하겠다고 계약을 한다. 그러려면 어떤 영화들이 기획되고 있는지 알아야 하고, 그중에서 흥행 수익을 거둘 만한 영화를 잘 찾아내야 한다. 평소 한국영화 산업 전체와 감독, 배우들의 사소한 행보에도 관심을 갖고 있어야 좋은 작품을 경쟁사보다 먼저 '찜'(!)할 수 있다. 영화를 제작하고 개봉할 때까지의 비용(총제작비)을 계산해서 함께 투자할 외부 투자자도 찾는다. 영화가 흥행에 실패할 경우 위험 부담을 줄이기 위해서다. 투자배급을 할 영화가 결정되면 그 작품의 마케팅 전략을 짠다. 목표 관객 수와 손익분기점을 설정하고 개봉일과 개봉 규모

(단독, 소규모, 대규모), 개봉 시기(비수기, 성수기, 명절, 연휴)를 정한다. 극장 외에 다른 윈도를 어떻게 활용할지, 어떤 해외 영화제에 출품하고 어느 해외 배급사와 계약할지 등의 전략도 세운다. 투자한 제작비를 관리하고, 개봉 이후 수익도 정산해서 투자자와 제작사 등에 배분한다.

외화 배급은 미국 직배사의 경우 할리우드 본사의 라인업을 받아서 개봉한다는 점만 제외하면 이후 마케팅과 극장 배급, 부가판권 등의 업무는 유사하다. 그 외 수입 배급사들은 주요 해외 영화제(칸, 베니스, 토론토, 선댄스 등)와 영화 마켓(부산 AFM, 홍콩 필름 마켓 등) 기간에 좋은 외화를 구매하기 위해 발로 뛰어야 한다. 개봉 규모는 한국영화나 할리우드 블록버스터보다 작지만 이후의 배급 업무는 비슷하다. 독립예술영화의 경우는 한국영화든 외화든 개봉 시기와 규모를 정하는 것부터 어려움과 특수성이 있긴 하다.

배급을 잘 하려면 좋은 인재와 아이템을 발굴하는 기획자의 눈, 투자 관리를 위해 시장의 여러 조건을 냉정하게 살피는 비즈니스 감각, 배급할 작품이 흥행할 수 있게 입지를 만들어 가는 마케팅 아이디어를 갖춰야 한다. 감동적인 시나리오를 읽고 눈물을 뚝뚝 흘리면서 계산기도 두드릴 수 있어야 하는 일이다. 큰 규모의 배급은 배급이라는 분야의 파워를, 작은 규모의 배급은 작게 출발해서 큰 결실을 맺는 성취감을 느낄 수 있을 것이다. 하지만 배급 분야에서 일하고 싶다면 꼭 생각해 봐야 할 게 있다. '관객에게 어떤 영화를, 어떻게 보여 주고 싶은가.' 모든 영화가 '천만(관객을 동원하는) 영화가 될 순 없다.' 거리두기가 일상화된 시대에 '천만 영화'는 더 이상 최종 목표로 보이지 않는다. 지금은 영화와 관객의 만남을 무리하게 밀어붙이는 대신 더 넓고 길게 보면서 효율적인 만남을 주선하는 중개인이자 중재자로서의 '배급인'이 필요하다.

마케터는 최후의 해결사, 전천후 플레이어

배급 업무의 하이라이트는 언론에 개봉 일정을 알리고, 같은 시기 다른 배급사 경쟁작들을 탐색해 개봉 전략을 짜는 일이다. 애플이 아이폰 신제품을 내놓을 때 전 세계적으로 유통·판매하기 위해 전략을 짜는 것과 비슷하다. 배급사는 관계자들을 모아 기술 시사를 열고, 관객 모니터링용 블라인드 시사를 개최해 영화 편집본을 수정한다(물론 이때 감독, 제작자와 논의가 필요하다. 모니터링 점수만으로 영화를 마구 편집하면 안 된다). 동시에 영화 전문 마케팅사, 광고대행사, 디자인사, 영상 제작사 등과 협력한다. 이때 영화 마케팅사의 역할이 특히 크다.

영화 마케팅은 물건이 아니라 영화라는 특수한 콘텐츠이자 문화를 파는 일이라는 점에서 전문성이 요구된다. 영화 마케팅사의 마케터들은 배급사와 제작사에 적절한 마케팅 콘셉트를 제안한다. 회의를 거듭하며 영화의 줄거리를 어디까지 밝히고 숨겨야 할지도 정한다. 전체 마케팅 콘셉트와 영화의 핵심 문구 등이 합의되면 주조연 배우 캐스팅, 크랭크인crank in, 크랭크업crank up,[#] 해외 영화제 진출, 개봉 결정, 시사회 등 중요 이슈가 있을 때마다 보도자료를 작성해서 기사를 노출시킨다.

포스터와 예고편 기획도 영화 마케터의 주요 업무 중 하나다.

포스터는 관객들에게 영화를 하나의 이미지로 설명하고, 예고편은 30초에서 2분 사이의 짧은 시간에 영화를 압축해서 설명한다. 둘 다 여러 종류로 기획해서 개봉 한 달 전부터 노출시킨다. 매주 개봉작이 10여 편이 넘고 그 영화들마다 마케팅사에서 최선을 다할 테니, 이건 거의 전쟁이다! 영화 마케터는 이외에도 제작발표회나 쇼케이스, 시사회, 미디어데이 등의 행사를 진행한다. 최근엔 코로나19로 인해 많은 행사들이 비대면 온라인으로 전환됐다. 이런 변화에도 매끄럽게 적응해야 한다. 여기서 끝이 아니다. 광고나 협찬 등 프로모션도 유치하고 굿즈도 기획한다. 언론 시사회를 통해 영화가 공개되기 전후에, 감독·배우들의 언론 인터뷰와 TV, 라디오, 팟캐스트, 유튜브 프로그램 등의 출연도 논의한다. 외화의 경우 해외 제작사, 배급사와 협의해 배우들의 내한 행사나 온라인 및 서면 인터뷰를 진행한다.

　　　　영화 마케터는 그래서 전천후 플레이어가 되어야 한다. 영화의 장단점과 타깃층의 취향을 파악하는 능력, 다양하고 급변하는 홍보 환경에 대처하는 유연성, 여러 행사를 진행할 수 있는 체력과 배짱·끈기, 수많은 언론을 응대하고 관련 회사들과 소통하는 커뮤니케이션 능력이 요구된다. 영화가 관객과 만나기 직전까지 온갖 난제와 악재들을 해결하는 사람, 영화 마케터는 영화를 위한 '최후의 해결사'이자 '최전방 수호병'이

" 크랭크인crank in은 영화에서 촬영 개시를 뜻하는 말이다. 옛날 영화에 쓰이는 촬영기에는 필름을 돌리는 용도의 손잡이가 있었고, 이를 크랭크기고 부른다. 따라서 크랭크를 돌리기 시작하면 촬영을 시작한다는 의미가 되어, 촬영 개시를 '크랭크인'이라고 부르게 되었다. 마찬가지로 촬영이 종료될 때는 '끝내다, 마무리하다'라는 의미를 가진 전치사 'up'을 붙여 크랭크업이라고 표현한다.

라 해도 좋겠다.

아름답거나 강렬하거나, 포스터와 예고편

배급사, 영화 마케팅사와 협력하는 광고대행사는 오프라인 광고(현수막, 전광판, 버스 · 지하철 · 택시 등의 광고, 스탠드, 포스터, 전단지, 신문 및 잡지 인쇄광고 등)와 온라인 광고(SNS, 포털 및 예매 사이트, 커뮤니티 광고 등)의 노출을 책임진다. 극장에서 영화 전단지를 집어 오거나, 고층빌딩에 걸린 초대형 영화 포스터를 눈여겨 본 경험이 한 번쯤은 있을 것이다. 모두 배급사, 영화 마케팅사, 광고대행사 직원들이 열심히 일한 결과다. 이런 모든 영화 관련 선전 재료들, 일명 '선재'들은 디자인사를 통해 탄생한다.

디자인사가 가장 먼저 만드는 영화 관련 선재는 시나리오북과 콘티북이다. 시나리오북과 콘티북은 가독성을 고려하여 디자인해야 한다. 디자이너는 그 외에 포스터, 전단지, 극장 광고, 옥외 광고물, 굿즈 등의 판촉물과 언론 홍보를 위한 보도자료 디자인과 제작도 담당한다. 그중에서도 포스터는 영화 제목, 개봉일, 감독과 배우, 스태프 이름, 압축적인 카피 한 줄 등 다양한 정보를 넣으면서도 단숨에 관객의 눈길을 끌어야 하는 주요 디자인 선재다. 영화를 하나의 이미지로 응축시켜 한 장의 포스터에 담는다. 그 이미지가 영화의 핵심을 이해하는 열쇠를 담고 있다는 점에서, 영화 포스터 디자이너는 마치 보물지도의 제작자와도 같다.

포스터는 영화 스틸 사진을 사용하거나, 주요 배우들과 따로 사진을 촬영해서 만든다. 종류도 티저 포스터, 메인 포스터, 캐릭터 포스터, 국내외 영화제용 포스터, 해외 개봉 포스터 등 다양하게 제작한다. 중요한 점은 강렬하거나 아름답거나 실험적이거나, 하여간 인상적인 포스터를 만들어야 한다는 것이다. 배우의 얼굴, 인물들의 관계, 멋진 아트워크를 사용해서. 아이디어 넘치는 영화 포스터 디자이너의 작업은 관객 수 몇 만을 좌우할 수 있다.

포스터와 더불어 핵심 선재인 예고편은 배급사, 영화 마케팅사와 협력하는 영상제작사가 만든다. 이들은 영화와 관련한 모든 영상을 기획, 제작한다. 티저 예고편, 메인 예고편, 캐릭터 예고편, 하이라이트, 제작기 영상, 제작보고회 영상, 무대인사 영상, 스페셜 영상 등. 이 가운데 예고편의 영향력이 상당하다. 본편보다 예고편이 더 재미있는 경우도 있을 만큼. 멋진 예고편은 하나의 장르와도 같다. 예고편 제작자는 영화 포스터 디자이너만큼이나 인문학적 지식과 디자인 감각, 영화에 대한 애정이 필요한 일이다. 예고편은 30초에서 2분 사이의 짧은 영상 안에서 영화의 스토리를 전달하고 궁금증을 불러일으켜야 한다. 기획력과 아이디어, 흥미로운 편집과 구성을 갖춘 예고편은 관객의 마음을 단숨에 훔친다. 좋은 예고편 제작자는 대형 쇼의 문을 여는 '오프닝 밴드'처럼 영화를 향한 관심과 열기를 한껏 끌어올린다.

좋은 마케팅은 좋은 배급 결과(흥행)를 낳고, 그 결과는 다시 좋은 영화 제작이나 구매를 위한 투자로 이어진다. 물론 늘 좋은 결과만 있는 건 아니다. 하향평준화된 특색 없는 영화들도 많이 쏟아진다. 심지어 그런 영화들이 독과점 형태로 배급되기도 한다. 개성 있고 용감한 영화들이 간신히 개봉해서는 '퐁당퐁당 상영'[#] 끝에 극장을 떠나는 모습을 볼 때도 있다. 그래도 다양한 한국영화, 외화를 끊임없이 배급하려고 노력하는 많은 이들이 있기에 우리는 계속 영화라는 즐거움을 만날 수 있다. 고맙고 다행스러운 일이다.

[#] 교차상영, 곧 영화관에서 한 영화를 관객이 적은 조조와 심야시간대 등 일부 회차만 상영하는 것을 일컫는다.

11 _____ 바이어

"취향과 감 사이, 꿈과 현실 사이"

유현택

- '그린나래미디어' 대표
- 대표작 ─────────
〈폭스캐처〉 〈스틸 앨리스〉 〈패터슨〉 〈원더〉 〈가버나움〉 〈이미지북〉 〈타오르는 여인의 초상〉 〈남매의 여름밤〉

영화도 시장에서 사고 판다. 시장에 시식 코너가 있는가 하면 포장만 보고 물건을 사야 하는 경우도 있는 것처럼, 영화 시장도 전편을 다 보고 구매할 수 있는 경우가 있는가 하면 시놉시스만 보고 정해야 할 때도 있다. 가격 흥정도 한다. 이런 영화 시장이 열리는 곳은 칸국제영화제, 베를린국제영화제, 부산국제영화제를 비롯한 국제영화제들이다. 영화제 기간 중 열리는 '필름 마켓'에서 영화들이 거래된다. 영화 수입사 그린나래미디어의 유현택 대표는 이런 과정을 통해서 해외 영화를 구입하는 바이어다. 구매 계약을 맺고 한국에 영화를 들여오면 수입사는 일정 기간 한국에서 독점적인 유통 권리를 갖는다. 이것을 보통 '판권'이라고 부른다. 영화 판권을 갖고 있는 동안 수입사는 극장 개봉, IPTV나 OTT 플랫폼에 배급해 영화가 소비자, 즉 관객을 만나게 한다.

그린나래미디어는 〈폭스캐처Foxcatcher〉(베넷 밀러, 2014), 〈스틸 앨리스Still Alice〉(리처드 글랫저·워시 웨스트모어랜드, 2014), 〈가버나움Caphamaum〉(나딘 라바키, 2018), 〈이미지 북Le livre d'image〉(장 뤽 고다르, 2018), 〈타오르는 여인의 초상Portrait de la jeune fille en feu〉(셀린 시아마, 2019), 〈패터슨Paterson〉(짐 자무쉬, 2016), 〈원더Wonder〉(스티븐 크보스키, 2017) 등의 영화를 수입한 회사다. 수입하는 영화의 색깔이 선명하고, 배급도 직접 하며 마케팅에 능한 회사다. 색깔이 분명하고 마케팅을 잘하는 수입사라는 말은, 영화 구입 단계에서 극장에 어떻게 선보일지까지 염두에 둔다는 뜻이다. 최근 영화보다 OTT를 통한 시리즈와 영화의 제작과 배급이 활발해지면서, 영화 수입사가 자신만의 색깔을 갖고 브랜드를 신뢰하는 관객들과 소통하는 일의 중요성이 더 커졌다. 유현택 대표의 산업 진단을 흥미롭게 보게 되는 이유는 그래서다.

그린나래미디어에서 수입, 배급한 〈원더〉는 관객이 26만 명이나 들었어요. 독립예술영화가 한국 시장에서 26만 명의 관객을 동원하기 쉽지 않았을 텐데요. 이런 영화를 선택한 유현택 대표님은 어떻게 영화 일을 하게 되었을까 궁금합니다.

제가 원래 95학번이어야 되는데 삼수를 했어요. 그냥 전형적인, 꿈이나 목표가 없는 아이였는데 고등학교 때 유일하게 좋아했던 게 영화였습니다. 종로에 있던 예술극장 '코아아트홀'에 혼자 많이 갔어요. 그때 봤던 작품이 〈피아노The Piano〉(제인 캠피온, 1993), 〈패왕별희覇王別姬〉(천카이거, 1993) 같은 영화였고, 어린 나이에 정말 이해하기 어려운 영화들도 있었어요. 라스 폰 트리에 감독의 〈브레이킹 더 웨이브 Breaking The Waves〉(1996) 같은 영화요. (웃음)

영화와 관련된 일을 해야겠다고 생각한 계기가 있었나요?

영화를 직업으로 삼을 수 있겠다고 생각할 계기를 만들어 준 영화가 한국영화 〈접속〉(장윤현, 1997)이었어요. 그때 영화를 보려면 종로에 가야 했잖아요. 피카디리, 단성사, 서울극장. 제가 피카디리에서 〈접속〉을 봤는데 그때 'PC통신'이라는 새로운 플랫폼을 마케팅적으로 풀었다는 생각이 들었어요. 요즘 식으로 말하면 PPL이 도입된 경우였죠. 저는 경영학을 했으니까 그런 새로운 시도가 눈에 들어오더라고요. 그 영화를 보면서 '내가 학교에서 재미있게 공부하고 있는 마케팅을 잘 접목시킬 수 있겠구나' 하는 생각을 하게 됐어요.

영화 수입, 배급보다는 마케팅이 먼저였던 셈이네요.

사실 영화 마케팅을 하고 싶었어요. 영화 마케팅 분야에서 구직하려고 노력했는데 쉽지 않더라고요. 제가 나이가 어리지 않았거든요. 어학연수를 다녀와서 서른 살쯤 구직 활동을 시작했는데, 나이도 많고 제 능력이 좀 부족했던 탓도 있겠죠. 그래서 처음부터 영화 쪽에 입사할 수가 없었어요. 현실과 타협한다고 일반 기업체에 들어가서 1년 남짓 일하다가 우연히 영화 수입사에서 일할 기회를 얻어서 영화 수입 업무를 시작하게 됐습니다. 2, 3년 정도 일을 익힌 뒤 조금 어린 나이이긴 했지만 지금의 그린나래미디어를 시작하게 됐어요.

〈접속〉은 당대 걸출한 마케터이자 프로듀서들이 만든 작품이었죠.

저도 영화라는 산업을 파다 보니 〈접속〉이 굉장히 잘 기획된 영화라는 사실을 알게 됐고, 자연스레 〈접속〉을 기획한 심재명 대표님을 존경하게 됐어요. 그리고 제가 두 번째로 배급한 로랑 캉테 감독의 〈폭스파이어Foxfire:Confessions of a Girl Gang〉(2012)가 전주영화제에서 상영됐는데, 그 작품을 이은 감독님이 전주에서 보고 "영화가 너무 좋아서 이 작품을 어떤 식으로든 명필름에서 도와주고 싶다"고 연락을 주신 거예요. 그래서 심재명, 이은 두 대표님을 처음 뵀죠. '내가 진짜 영화 일을 하는구나' 싶었어요.

바이어의 업무는 무엇인가요?

바이어의 일은 말 그대로 '바잉buying'을 하는 일이겠죠. 영화 수입 역시 일반적인 무역업의 수입과 개념은 동일할 텐데요, 외국에서 제작된 영화를 국내에 들여오는 일, 그 과정 전반에 해당하는 업무를 하는 겁니다. 바이어는 당연히 해외에 나가서 일을 하게 되고요.

" 바이어는 수입한 영화를 한국 내에서 독점적으로 유통할 권리를 구매하는 것. 영화가 소비자인 관객과 만나는 프로세스 만들어. "

외국영화를 들여오는 일련의 과정과 수입 이후에 어떤 일이 진행되는지도 함께 말씀해 주세요.

칸영화제와 베를린영화제에 필름 마켓이 있어요. 세계 3대 영화제로 함께 꼽히지만 베니스영화제에는 마켓이 없습니다. 토론토영화제에도 필름 마켓이 있고요. 물건을 사고팔 듯이 마켓에서 영화를 팔기도 하고 사기도 합니다. 저희 같은 바이어들은 영화를 사고 구매 행위를 하는 바이어가 되는 거죠. 계약이 성사된 영화는 한국이라는 제한된 지역 내에서 독점적인 저작권이랄까 유통권을 갖게 됩니다. 저희는 보통 '판권'이라고 부릅니다. 예를 들어 〈프란시스 하Frances Ha〉(노아 바움백, 2012)를 수입한다면, 그린나래미디어가 일정 기간 동안 한국 내 판권을 갖는 겁니다. 계약 기간이 10년이라면, 그 기간 동안 한국 내에서 그 영화를 유통할 권리를 구매해 오는 거죠. 10년 동안 영화를 배급 방식으로 극장에 개봉도 하고 IPTV나 OTT 플랫폼에 유통합니다. 그렇게 영화가 소비자 즉, 관객들과 만나는 프로세스를 만들어요.

필름 마켓에서 영화를 살 때도 있고, 누가 어떤 영화를 만든다는 사실을 먼저 알게 되면 영화 완성 전에 '프리세일즈presales'라고 사전구매하는 경우도 있다고 들었습니다. 어쨌든 과거에는 마케팅까지 면밀하게 사전에 고려해서 영화를 수입하는 분이 많지 않았어요.

최근에 많이 바뀌긴 했어요. 문화도 시장도 바뀌었죠. 제가 사전에 마케팅까지 전문적으로 고려한다고 하기에는 부족한 점이 있고요. 구매자 입장에서 생각하면, 마케팅 면에서 시장 상황이나 배급 흐름을 모르고 영화를 산다는 건 너무 위험하거든요.

어찌 보면 현실적인 고려군요.

심지어 '우리 회사는 마케팅이나 배급은 백퍼센트 외주를 주고 있습니다' 하면서 전략적으로 수입만 하는 수입사들도 마케팅이나 배급에 대한 분석과 안목은 다 갖고 있다고 생각해요. 다만 기준이 약간 다르겠죠. 그렇기 때문에 〈프란시스 하〉를 선택하는 저희 같은 회사가 있는가 하면, 전혀 다른 영화를 선택하는 회사도 있어요.

필름 마켓은 어떻게 접근하나요?

'뱃지'라고 부르는, 입장할 때 쓰는 출입증이 있거든요. 마켓용 뱃지를 구매하면 일단 들어갈 수는 있을 겁니다. 하지만 미팅을 잡거나 하는 데에는 약간의 제한이 있겠죠? 아예 모르는, 구매 이력이 없거나 구매자인지 파악하기 어려운 상태라면 비즈니스 미팅을 하기 어려울 수 있어요.

영화를 수입할 때 개인적인 선호도와 비즈니스맨으로서의 선호도가 다른 경우, 각각의 선호도를 어느 정도 비율로 반영해서 결정하나요?

진행형의 고민입니다. 그때그때 달라질 수 있고, 전략적으로 달라질 수도 있고요. 저는 바이어이고 회사에서는 의사결정권자잖아요. 바이어로서 제 개인적인 취향이 그대로 반영이 될 수밖에 없는 위치예요. 처음 회사를 시작했을 때는 이런 고민이 굉장히 어려웠습니다. 예를 들어 저는 〈프란시스 하〉, 〈패터슨〉 같은 영화를 좋아하는데 '얼마만큼의 수익이 돌아올까'에 대한 고민에 부딪히는 거죠. 그러면 '나도 액션이나 스릴러 장르를 해 볼까?' 싶지만, 그런 장르에 대해서는 잘 모르겠거든요. 제 취향하고는 조금 거리가 있어요. 그럼에도 불구하고 바이어로서 그런 영화들을 선호해야 하나 고민했던 적이 있어요. 그런 괴리감에서 드는 고민을 과감하게 접고 선택한 첫 영화가 〈시스터L'enfant d'en haut〉(위르실라 메이에, 2012)입니다. 제 개인적인 선호도에 손을 드는 계기가 된 거죠. 그리고 〈러스트 앤 본De rouille et d'os〉(자크 오디아르, 2012), 〈프란시스 하〉, 〈내일을 위한 시간〉 같은 영화들로 색깔이 만들어졌어요. 물론 동시에 '뭔가 정체되지 않았으면 좋겠다', '한정되지 않았으면 좋겠다'는 고민은 계속해요. '〈겟 아웃Get Out〉(조던 필, 2017)처럼 잘 만든 호러영화는 우리도 해 볼 수 있지 않을까?' 이런 고민은 계속하고 있죠.

〈시스터〉(위르실라 메이에, 2012)의 주연인
레아 세이두가 직접 사인한 엽서

보통 바이어는 셀러와 유대감을 쌓는 게 중요하잖아요? 일종의 라포rapport 같은 거요. 그런 유대감을 잘 구축해서 계속 좋은 영화를 확보할 수 있는 여지를 넓혀 가나요, 아니면 새로운 파트너십 대상을 끊임없이 찾아다니면서 그때그때 영화를 찾나요?

둘 다죠. 이 일이 즐거운 이유는 비즈니스만큼 인간관계에 있어요. 저는 인간관계를 소중하게 생각하기 때문에, 저희와 영화를 계약하지 않았다고 해도 통하는 사람들과는 관계를 이어 가요. 마켓에 가면 그들과 매번 만나고, 그런 관계가 즐거워요. 물론 좋은 콘텐츠, 좋은 영화를 갖고 있는 사람이라면 내가 싫어하더라도 쫓아가야 하고요. 그러니까 말씀하신 두 가지를 병행해야 하는 거죠.

메이저 스튜디오가 아닌 그린나래미디어 같은 수입사가 구매할 수 있는 영화는 어떤 것들인가요?

단순하면서도 어려울 수 있는 질문입니다. 일단 디즈니, 유니버설 같은 흔히 '직배사'라고 부르는 메이저 스튜디오들이 있죠. 할리우드 영화사들이 제작 단계에서부터 기획하는 영화들은 그들이 직접 자체 배급 시스템을 통해서 들여옵니다.

그리고 직배 영화사의 자매회사 같은 회사들이 있어요. 폭스에는 서치라이트가 있고, 유니버설에는 포커스 피처스가 있고요. 이런 레이블들이 있어서, 그들이 기획해서 만드는 영화는 저희가 아무리 구매를 하고 싶어도 건드릴 수 없어요. 그런 영화들을 제외하고 저희가 〈스틸 앨리스〉 같은 영화를 수입해 오는 거죠.

> " 바이어로서 '셀러'와의 유대는 필수이자 즐거움 … 글로벌 OTT 기업들의 진출로 경쟁 치열해져. "

그래서 점점 경쟁이 복잡해지고 있죠?

개인적으로 넷플릭스, 아마존, 훌루 같은 글로벌 OTT 기업들이 대거 시장에 뛰어들면서 더 경쟁이 심해졌다고 생각합니다. 가장 대표적인 케이스로 〈콜 미 바이 유어 네임Call Me by Your Name〉(루카 구아다니노, 2017)은 국내 수입사에서 계약했는데, 저희도 정말 구매하고 싶었던 영화였고 수입사 대표님과 개인적으로 이야기를 나누면서 국내 개봉할 때 '마케팅이나 배급을 할 수도 있겠구나' 하고 내심 기대를 했거든요. 워낙 좋은 영화였으니까. 그랬는데 소니 같은 글로벌 직배사가 세일즈사를 통해서 저작권을 다시 사 갔어요. 오리지널 콘텐츠 확보를 위한 글로벌 OTT 플랫폼들의 경쟁과 이에 맞서는 기존 직배사들 간의 경쟁, 그 틈바구니에서 수입사들은 대형 기업들과 글로벌 판권을 두고 경쟁해야 하는 상황이 더 심화되고 있어요. 원래 저희가 수입 가능했던, 시장에 나왔던 영화들까지 다시 직배나 OTT 플랫폼으로 돌아가는 일이 벌어지는 거죠. 점차 더 복잡해질 거라고 생각합니다.

한국도 CJ가 필라멘트라는 레이블로 〈조난자들〉(노영석, 2013) 같은 저예산 독립영화를 제작한 적이 있고, 디즈니도 스파이글래스라는 제작사를 통해서 〈식스 센스The Sixth Sense〉(M. 나이트 샤말란, 1999) 같은 영화를 만들기도 했죠. 어쨌든 그렇게 어려운 경쟁 상황에서 작품을 가져오면 제목을 정해야 할 텐데요. 작품 제목은 어떻게 정하는지 궁금합니다.

저희의 취약점 중 하나인 거 같아요. 가장 어려운 과정이라 가장 기억에 남는 사례를 말씀 드릴게요. 〈내일을 위한 시간〉이라는 영화는 원제가 프랑스어로 '1박 2일'이에요. 그걸 그대로 사용할 수 없어서 원제를 그대로 번역하는 대신 다른 제목으로 바꿔야겠다고 심각하게 고민했습니다.

제목이 완전히 바뀌었네요.

주말 동안에 일어나는 스토리이기 때문에 '시간'이라는 워딩을 살리고 싶었어요. 마케팅도 고려해서 그때 막 활성화되기 시작한 아트하우스 페이스북에 제목을 공모했습니다. 제목을 공모하면 그 자체가 이슈화되지 않을까 기대했거든요. 저희 예상보다 아트하우스 관객들이 훨씬 더 좋은 반응으로 참여해 주셨죠. '거장 감독의 영화 제목을 내가 지을 수 있다'는 기회에 크게 호응했던 거 같아요. 그때 두 분이 똑같은 제목으로 응모해 주셨어요. 그분들이 공통적으로 사용한 단어를 바탕으로 '내일을 위한 시간'이라는 제목이 탄생했습니다.

제목이 바뀌는 경우에는 새로운 걱정거리가 생기겠죠?

사실 원제를 바꾸면 감독에게 승인을 받는 과정을 밟아야 해요. 그래서 다르덴 형제 감독에게 저희가 미리 서신을 보냈죠. 이메일을 보내서 '한국에서는 우리가 이 원제를 그대로 할 수 없다. 너무나 유명한 〈1박 2일〉이라는 TV 코미디쇼가 있고. 그래서 우리가 이러이러한 과정을 통해서 제목을 이렇게 정했는데 이런 좋은 의미가 있다' 설명했더니 감독님들이 너무 좋아했어요. 친필로 사인도 보내 주고 "그 제목이 너무 마음에 든다"고 해서 그걸 저희가 홍보로 노출해서 제목에 대한 불만이 잦아들었죠. 제목은 굉장히 어려워요. 3일 정도는 몇 시간씩 마케팅 회의를 하면서 제목 회의를 하다가 그냥 다시 원점으로 돌아와서 영어를 그대로 소리 나는 대로 읽어서 나간 경우도 있어요. (웃음)

그린나래미디어 유현택 대표

저도 〈사랑니〉(정지우, 2005) 제작할 때 제목이 너무 안 나와서 '현상금' 걸고 직원 공모를 했어요.. 그때 기획실 막내 사원이 '사랑니'를 제안했습니다. 그분이 나중에 프로듀서가 되었죠. 그 외 바이어로서 고충이 있다면 어떤 것이 있을까요?

늘 고충이죠. 경제적인 고충은 늘 있고요. 워낙 위험부담을 감수하면서 해야 하는 일이니까요. 모든 비즈니스가 그렇긴 하지만, 영화는 경쟁도 과도하고 관객들의 취향이 너무 빠르게 변하기도 하고요. 작은 영화들에게 유리한 상영 시장은 아니잖아요. 거기에 코로나19는 더 특수한 상황이니까 말할 필요도 없겠죠. "영화가 열 편 개봉하면 한 편도 제대로 성공하기 힘든 상황이다" 이런 얘길 하니까 경제적인 부분은 늘 힘들어요.

저희는 바잉을 해야 되는 포지션이니까 정말 '이 선택이 바른 선택일 것이냐'에 대한 고민이 크죠. 물론 제작이나 기획도 마찬가지겠지만요. 앞에서 '프리세일즈, 프리바잉pre-buying' 이야기가 잠깐 나왔는데요, 바이어들끼리의 경쟁 때문이기도 하지만 구매 패턴 자체가 갈수록 프리바잉으로 가고 있어요. 사전제작 단계에서 구매하는 비율이 점점 높아지거든요. 비단 상업영화만이 아니라 예술영화 쪽도 마찬가지로. 그러다 보니 위험이 훨씬 더 커지는 거죠. 영화를 보고 구매해도 결정하기 힘든데 영어 대본만 읽고 결정을 해야 된다는 게 너무 힘들어요.

제작 전 단계에서 사전구매했는데 예상과 다른 영화가 만들어지는 경우도 있죠?

아휴. (웃음) 엄청 많죠. 사실 예상하고 비슷하게 만들어지는 게 드물 정도 아닐까 싶어요. '어? 이게 내가 읽었던 그 영화야?' 이렇게 생각할 정도로 너무 많이 다른 경우가 많습니다.

〈남매의 여름밤〉(윤단비, 2019) 같은 한국영화도 배급하시잖아요? 한국 영화 배급은 또 다른 보람일 거 같아요.

영화를 마케팅하고 배급한다는 면에서는 다르지 않은 것 같아요. 차이라면 외화는 제가 직접 해외에 나가서 혹은 나가지 않더라도 외국에서 만들어진 영화를 구매해 오는 행위인데, 한국 독립영화는 그걸 창작하고 프로듀싱한 분들이 여기 다 있으니까 한국영화일 때 어깨가 훨씬 무거워지죠. 영화가 돈을 못 벌면 그린나래미디어가 손실을 보는 걸로 끝나는 게 아니라, 한국 독립영화계에서 다음 영화를 만들 기회에 영향을 미칠 수도 있으니까요. 그런데 〈남매의 여름밤〉이라는 너무 아름다운 영화를 만나서 자신감을 좀 가지게 됐습니다.

그린나래미디어에서 배급한 한국영화 〈남매의 여름밤〉의 포스터
| 제작: 오누필름, 배급: 그린나래미디어

독립예술영화는 영화제 수상 여부가 영향을 미치죠?

《버라이어티》지에 따르면 아카데미 외국어영화상 받으면 매출이 30배가 뛰기도 한대요. 7배에서 30배. 그러니까 그런 작품이 수입이 안 됐으면 가격이 엄청 올라가는 거죠. 아카데미가 갖는 비즈니스적 상징성이 대단해요. '오스카 버프', '칸 버프'라는 말이 있을 정도로. 그래서 계약할 때 '칸에서 황금종려상을 받으면 얼마를 더 지불하겠습니다'. 아니면 '아카데미에서 여우주연상을 받으면 얼마, 작품상을 받으면 얼마' 이런 식의 계약 조건을 추가하기도 합니다.

눈여겨 보는 해외 감독이 있나요?

최근 개봉한 〈타오르는 여인의 초상〉은 '내가 이런 작품을 또다시 만날 수 있을까?' 싶을 정도로 미학적으로도 완벽하게 잘 짜여진 영화라고 생각해요. 그래서 셀린 시아마 감독의 다음 작품을 기대하고 있습니다.

바이어가 되려면 어떤 능력을 갖춰야 하나요?

바이어든 셀러든 배급이든 상관없이 영어는 기본이죠. 영어를 못해도 일을 시작할 순 있지만 영어를 잘하면 굉장히 유리합니다. 예를 들어 〈기생충〉(봉준호, 2019)처럼 칸영화제에 출품되면 출장을 갈 일이 생기고 배급팀, 마케팅팀에서 수행할 수도 있으니까요.

> " 바이어든 셀러든 영어 실력은 기본! 잘하면 굉장히 유리해.
> 취향과 감을 관리하는 것도 중요. "

영화를 판매하는 쪽에서는 어떻게 수입 배급사를 고르나요?

여러 가지 기준이 있겠죠. 우선 과거 퍼포먼스를 볼 수 있는데,

그렇다고 생각하면 뿌듯할 때도 있어요. 똑똑한 셀러일수록 그린나래미디어라는 회사가 어떤 영화를 진행했고 얼마만큼의 퍼포먼스를 냈다는 수치 자료를 다 갖고 있더라고요. 물론 높은 가격을 선호하지만 그럼에도 불구하고 콘텐츠의 가치를 알아주는 사람에게 판매하려고 하는 셀러들도 여전히 있어요. 그래서 회사의 평판, 회사가 영화를 제대로 개봉할 의지가 있는지를 많이 보는 거 같아요.

트렌드나 관객의 취향은 어떻게 파악하나요?

트렌드를 알아보는 특별한 방식이 있지는 않아요. 그때그때 달라지는데, 요즘에는 SNS에서 어떤 얘기들이 가장 많이 회자되는지, 어떤 영화가 가장 큰 반응을 일으켰는지, 넷플릭스에서 어떤 배우들이 핫한지 같은 지표…. 사실 저희처럼 작은 회사들이 빅데이터를 활용할 수 있는 방법은 거의 없어요. 그래서 취향이나 감에 의지하기도 하죠. 저희 마케팅 팀장도 경력이 10년이 넘었는데도 열심히 공부하더라고요. 요즘 젊은 관객들이 어떤 걸 보는지.

한국에 수많은 중소 배급사가 있는데 앞으로 지속적인 성장이 가능할까요?

성장 가능성이라고 하면…, 어떤 걸까요? 돈을 번다?

'돈을 많이 번다'는 뜻이죠.

꿈을 심어 드리려면 미래가 밝다고 말씀드려야 하겠죠? (웃음) 누구에게나 일확천금과 같은 대박 영화의 꿈이라는 게 있잖아요. 대박의 꿈이 영화 비지니스에서는 가능하니까.

그렇죠. 엔터테인먼트 비즈니스는 사실 '히트작'이 동력이 되니까요.

네. 그런데 안타깝게 그린나래미디어는 아직 그런 작품이 없었어요. 그렇지만 만약에 그걸 성장 가능성의 의미로 묻는다면, "Why not?"이라고 말할 수 있을 거 같아요.

좋은 영화를 수입해서 배급하는 입장에서 '좋은 영화관 하나 있으면 좋겠다', 영화 일을 꿈꾸게 했던 '코아아트홀의 2020 버전'을 갖고 싶다는 소망이 있을 것 같아요.

그럼요! 있죠. 지금도 있어요. 그런데 그게 얼마나 어려운 일이고 힘든 일인지 알기 때문에 그냥 꿈처럼 갖고 있습니다.

제가 광주극장 85주년 기념식과 '광주극장 기념영화제'에 다녀왔는데, 광주극장이 역사가 깊은 극장이라서 그런지 향수 같은 감정을 느꼈어요. 저는 광주극장에 대한 향수가 없는데도요. 영화제 개막 행사로 간판을 새로 그려서 교체하는 행사를 하는데 약간 울컥하는, 눈물이 날 것 같은 감정이 들더라고요. 개막작이 〈남매의 여름밤〉이었어요. 그런 공간이 작든 크든 있으면 너무 행복할 것 같아요.

그린나래미디어 입장에서 한국에 배급하는 영화의 상영 환경은 어떻다고 생각하세요?

코로나19라는 특수한 상황인 2020년을 제외하고 일반적인 상영 환경을 개인적인 입장에서 말씀드리면, 사실 좋지는 않죠. 특정 기업의 상영 시스템 이야기가 아니라 전체적인 면에서요. 여러 문제가 다 맞물려 있습니다. 관객이 기다려 주지 않는 면도 있고요. 요즘 관객들의 눈에 띄려면 검증된 것이어야 하거든요. 스스로든, 주변에서든 아니면 인플루언서든 누군가에게 검증된 것, 확실한 것을 보려고 하고 새로 도전하거나 탐험하는 경향이 크지 않아서 1주 정도의 시간으로는 승부를 보기 어려워요. 그런데 요즘은 영화가 개봉하는 목요일부터 주말 동안 성적이 안 나면 그냥 이별을 해야 되니까, 그 상영 환경 자체가 가혹하죠.

> " 관객이 기다려 주지 않는 상영 환경 너무 혹독해. 그래도 대박 가능성을 묻는다면 'Why not?' "

잘될 것 같은 영화의 특징이 있을까요?

저도 알고 싶습니다. (웃음) 너무 알고 싶습니다.

앞으로의 목표는 무엇인가요?

향후 목표는 '살아남자!' (웃음) 어렵다는 분위기가 팽배해 있는 상황이다 보니까 '아, 일단 살아남아야겠다'는 생각이 제일 커요. 농담처럼 이야기하지만 농담만은 아니죠. 그린나래미디어는 〈시스터〉라는 작품을 2012년 전주영화제 개막작으로 상영하게 되면서 알려지기 시작했거든요. 〈시스터〉라는 영화도, 영화에 출연한 배우 레아 세이두도 한국에서 알려져 있지 않았어요. 그런데 이제는 영화에 대한 애정이 큰 관객들이 "어, 나 그린나래 아는 거 같은데? 나 저 회사 영화 좀 본 거 같은데?" 이렇게 기억해 주고 또 알아봐 주면 그게 정말 뿌듯해요. '회사 이름만 봐도 한번 극장에 가 볼 만한 영화일 것 같아'라는 말이 요즘 식으로 표현해서 브랜딩이잖아요. 제가 영화일을 접기 전까지는 계속 '그린나래다움'을 지켜 나갈 수 있으면 좋겠습니다. ★

12 _____ 마케터

"영화를 파는 게 아니라
관객의 마음을 사는 일"

| 제공 《씨네21》

강효미·이윤정

- '퍼스트룩1st look' 공동대표
- 대표작 ─────────
〈도둑들〉 〈광해, 왕이 된 남자〉 〈변
호인〉 〈명량〉 〈베테랑〉 〈마녀〉 〈#살
아있다〉 〈낙원의 밤〉 〈어거스트 러
쉬〉 〈아이언맨 1, 2〉 〈헝거 게임: 판
엠의 불꽃〉 〈토르: 다크 월드〉

영화라는 문화상품이 소비자인 관객들의 시야에 노출되는 과정에서 가장 중요한 역할을 하는 사람들이 바로 마케터다. 이윤정·강효미 공동대표가 이끄는 '퍼스트룩'은 가장 활발하게 활동하는 영화 마케팅사 중 하나다. 퍼스트룩이 마케팅을 진행한 영화로 '천만 영화'인 〈도둑들〉(최동훈, 2012), 〈광해, 왕이 된 남자〉(추창민, 2012), 〈변호인〉(양우석, 2013), 〈명량〉(김한민, 2014), 〈베테랑〉(류승완, 2014)이 있고 할리우드 영화인 〈미션 임파서블: 고스트 프로토콜Mission Impossible: Ghost Protocol〉(브래드 버드, 2011), 〈트랜스포머: 사라진 시대Transformers: Age of Extinction〉(마이클 베이, 2007), 〈아이언맨Iron Man 1, 2〉(존 파브로, 2008~2010), 〈어거스트 러쉬August Rush〉(커스틴 쉐리던, 2007), 〈퓨리Fury〉(데이비드 아이어, 2014), 〈쿵푸 팬더 3Kung Fu Panda 3〉(여인영·알레산드로 칼로니, 2016), 〈헝거 게임: 판엠의 불꽃〉(게리 로스, 2012), 〈토르: 다크 월드〉(앨런 테일러, 2013)의 홍보도 진행했다.

마케터가 하는 일은 넓고도 깊다. 영화 제작에 직접 참여하지는 않지만, 영화에 대한 입소문을 좌우하고 영화를 매력적으로 보이게 만드는 것, 그것이 바로 영화 마케팅의 힘이다. 강효미 대표는 마케팅이 일반적으로 판매를 목적으로 하는 활동이라면, 영화 마케팅은 영화를 파는 활동이라기보다는 관객의 마음을 사는 활동에 가깝다고 설명한다. 관객의 여가 시간을 채울 수많은 것들 중에 영화가 최우선 순위로 꼽힐 수 있게 하는 일. 그래서 단순히 장점을 어필하는 것만으로는 충분하지 않다. 영화라는 매체가 생겨나고 아주 오랫동안 마케팅은 '오프라인'에서 관객의 시선을 잡아끌었다. 하지만 이제 영화 마케팅은 미래의 관객 손에서 한시도 떨어지지 않는 핸드폰으로 찾아간다. 미래의 마케팅은 지금까지보다 정교하게 영화와 관객을 매치할 것이다. 이 변화가 어떻게 이미 우리 곁에 도착해 있는지 확인해 보자.

퍼스트룩은 어떤 회사인지, 이윤정·강효미 대표님은 어떻게 영화 마케팅을 시작했는지 궁금합니다. 또, 회사 설립부터 지금까지 공동대표로 순조롭게 협업하는 비결도 알려 주세요.

이윤정(이하 '이') 저는 2001년부터 영화 마케팅 일을 했어요. 첫 회사는 명필름이었습니다. 명필름에 5년 정도 다니다가 강효미 대표를 만났고, 퇴사 이후에 영화 전문 마케팅사를 세우게 됐습니다. 회사를 세워야겠다고 결심했을 당시 강효미 대표가 워낙 출중하게 업무 능력을 발휘하고 있어서 제가 함께 일하자고 제안했어요. 지금까지 큰 싸움 없이 서로 협력하면서 좋은 파트너로 일하고 있습니다. (웃음)

강효미(이하 '강') 퍼스트룩을 차린 지 15년이 넘었네요. 저는 2001년 말에 영화 마케팅 전문 회사에서 일을 시작했어요. 그때 명필름은 영화 일을 하는 모든 사람의 로망 같은 곳이었는데, 거기에서 사람을 뽑는다는 소문을 듣고 '내가 거길 꼭 가야겠다' 싶어서 시험을 봤죠. 그때 면접을 본 분이 이윤정 대표였습니다. 일을 잘하는 분이라고 생각했고 존경심을 갖고 있었는데, '독립하고 회사를 차릴 건데 같이 일해 보자'고 제안하시더라고요. 흔쾌히 그럼 같이 '맨땅에 헤딩'해 보자는 맘으로 시작했어요. 그렇게 2005년 '마켓인피니티'라는 영화 마케팅사를 설립하고, 2007년 4월에 '퍼스트룩'으로 사명을 변경했습니다.

두 분이 오래 같이 일을 했는데 각자 독립하지 않은 이유가 있을까요?

이_ 우선 금전적인 면에서 둘 다 명확하다는 것. 일을 같이 할 때 신뢰가 생기는 중요한 부분이니까요. 두 번째로는 일에 대한 지향성은

퍼스트룩이 마케팅을
담당했던 천만 관객 영화들.
왼쪽 위부터 시계 방향으로
〈도둑들〉, 〈광해, 왕이 된 남자〉,
〈변호인〉, 〈명량〉, 〈베테랑〉

같지만 역량 면에서 각자 장점이 다르고, 그런 면에서 상호보완하는 점이 많다는 점. 또 영화를 좋아하고 맡은 일을 책임감 있게 한다는 점, 일에 대한 끈기가 있다는 점도 둘의 장점이자 공통점이고요. 둘 다 좋아하는 게 비슷하거든요. 좋아하는 영화는 다르더라도 운동을 좋아한다거나 스포츠 관람을 좋아한다거나, 새로운 시도를 두려워하지 않는다거나 호기심이 많다거나 하는 공통점이 있어요.

두 분의 동업에 대해 질문을 드린 이유가 있어요. 영화 일의 성격이 개인의 고유함이나 스타일을 강조하고 또 중요하게 생각하잖아요. 보통 '업력'이라는 표현을 쓰는데, 한 회사에서 경력이 쌓이면 각자도생의 길로 가는 경우가 많아요. 두 분은 영화계에 취업해 경험을 쌓고 자기 회사를 만들 때 적절한 파트너를 찾아 협업하는 아주 좋은 예 같습니다. 이제 본격적으로 영화 마케팅 이야기를 해 볼까요? 배급사나 영화사 내에도 마케팅 부서가 있는데요, 별도로 마케팅을 주도하고 기획·실행하는 회사로서 퍼스트룩의 역할은 어디까지인가요?

강_ 영화 마케팅의 영역이 어디까지인지, 어떤 일까지 하고 어떤 일은 안 하는지 궁금해하는 분이 많습니다. 저희가 하는 영화 마케팅은 이렇습니다. 영화라는 콘텐츠의 특징은, 극장에 가서 영화를 보기 전까지는 실체를 아무도 알 수 없다는 거예요. 그런데 관객 분들은 분명 어떤 정보를 얻고 '저 영화는 볼 만하겠다'는 결심을 하고 극장에 오게 되죠. 관객들이 영화를 보기 전에 얻는 모든 정보를 컨트롤하고 모든 정보를 커뮤니케이션하는 작업이 마케팅입니다. 투자배급사의 마케팅팀, 제작사의 마케팅팀도 있고, 오프라인 마케팅사, 온라인 마케팅사 그리고 예고편을 편집하는 회사와 포스터를 디자인하는 회사, 영화 행사만을 전담하는 팀도 있어요. 인쇄소도 있고요. 이런 수많은 마케팅팀이 모여서 영화의 마케팅 업무를 진행합니다.

투자배급사의 마케팅팀과 퍼스트룩 같은 마케팅 회사의 일이 많이 다른가요?

이 _ 그분들과 저희는 함께하는 동료라고 보면 될 거 같아요. 같이 의논하고 처음부터 끝까지 같이 이야기하고 의논하면서 끌고 가죠.

마케팅 회사는 마케팅 기획부터 한다고 볼 수 있겠네요. 퍼스트룩은 오프라인 마케팅사에 해당하나요?

강 _ 그렇습니다. 오프라인 마케팅사는 마케팅 전반의 기획과 전략 수립부터 언론을 중심으로 하는 홍보 활동을 전담해서 진행해요. 예고편이나 포스터를 기획하는 등 마케팅 관련 기획과 홍보 업무를 합니다. 영화 개봉 전에 관객이 영화에 대해 접하는 모든 파트를 총괄·기획하고 실무를 진행하는 거죠.

이 _ 관객이 영화와 관련해서 접하는 모든 정보가 저희를 통해 나간다고 생각하면 가장 쉬울 거 같아요. 저희가 안 내보내면 아무것도 접할 수 없어요. (웃음) 진짜로.

영화에 대한 모든 정보를 통제하고, 경우에 따라서는 가공하거나 노이즈를 일으키는 일까지도 한다고 볼 수 있겠네요. 그 목표는 잠재적인 관객을 영화관으로 유인하는 것이고요. 그런 면에서 캠페인과 비슷한 것 같습니다. 그럼 '영화 마케팅의 A to Z'라고 하면 어디서부터 어디까지 인지 자세하게 설명해 주세요.

이 _ 저희를 통해 거쳐 가는 영화에 대한 첫 정보로 관객이 가장 많이 접하는 게 캐스팅 기사일 거예요. 그때부터 마케팅팀이 영화와 관련한 일을 시작하는 거죠. 관객들 눈에 보이지 않는 첫 작업은 투자배급사와 제작사의 여러 팀이 영화 마케팅을 누가 할 것인지 먼저 결정하는 것입니다. 저희 회사가 1년에 할 수 있는 영화 편수가 제한되어 있기 때문에 일정이 서로 부딪히지 않는지 체크해서 계약 여부를 정합니다.

캐스팅 자료를 내보낸 이후의 과정은 어떻게 되나요?

이_ 크랭크인, 크랭크업, 후반작업 일정이 나오고 개봉 일정 윤곽이 잡히면 언제부터 어떠한 일정과 어느 정도 예산으로 마케팅을 할지 정해요. 이 영화만의 콘셉트나 포지셔닝, 마케팅 전략을 제안하고요. 스태프들과 이런 논의를 마치면 콘셉트와 전략에 맞는 실행 아이템들을 정하고, 이걸 가지고 영화에 대한 커뮤니케이션을 시도하면서 관객들에게 이 영화가 왜 좋은지를 어필합니다, 이 영화를 보고 싶다고 생각할 때까지. 그렇게 영화라는 콘텐츠가 극장에서 마무리되기 전까지 저희가 모든 일을 계속합니다. 극장 상영이 종료될 때까지 업무가 계속되는 거죠.

〈#살아있다〉(조일형, 2020)의
원래 제목은
'디 얼론The Alone'이었다
| 제작: 영화사 집·퍼스펙티브픽처스
배급: 롯데엔터테인먼트

강_ 저희가 하는 일 중에 이런 것도 있어요. 최근에 〈#살아있다〉(조일형, 2020)라는 영화를 맡았는데 그 영화 제목이 원래 '디 얼론The Alone'이었어요. 처음 영화에 합류할 때 "제목이 뭔데요?" 물었다가 '언론言論'이라고 잘못 들은 거예요. 그래서 "아, 기자가 주인공이겠네" 했더니 아니라는 거예요. '디 얼론'이라고요. 저희가 마케팅 전략을 수립하면서 제목을 바꾸는 편이 좋겠다는 의견이 나와서 프로덕션 과정에서 제목 변경을 함께 논의하기도 했어요.

> **"** 캐스팅 기사부터 극장 상영 종료될 때까지 관객이 접하는 모든 영화 정보 컨트롤. 우리가 안 내보내면 아무것도 접할 수 없어. **"**

영화 프로듀서 입장에서 마케팅팀, 마케팅 회사는 '뭐든지 물어보세요 친구' 같은 파트너죠. 저도 〈뜨거운 것이 좋아〉(권칠인, 2007) 제작할 때 작품의 원래 제목이 '미친 그녀들'이었다가 바꿨는데, 그 과정에서 마케터의 감각에 절대 의지했어요. 마케터는 영화가 어필하려는 대상인 관객을 잘 알고 있고 관객에게 정보를 주는 정도를 넘어서서 감정을 상품화하는 부분까지 알고 있는 전문가니까요. 결국 영화라는 건 감정을 상품화하고 그것을 판매하는 일인데 그 최전선에 있는 사람들이 마케터인 거죠. 그렇다면 영화 마케팅은 자동차나 냉장고 같은 상품 마케팅이나, 스포츠 마케팅과 얼마나 다를까요?

이 _ 영화라는 제품의 속성은 콘텐츠입니다. 무형의 자산을 마케팅하느냐 유형의 자산을 마케팅하느냐부터 다르죠. 경영학을 공부한 분들은 알겠지만 마케팅의 가장 중요한 포인트 중 하나는 가격입니다. 예를 들어 휴대폰도 마케팅할 때 브랜드나 가격의 영향을 많이 받잖아요? 그런데 영화는 특이하게 가격이 항상 정해져 있어요. 어떤 극장에 가서 보느냐에 따라 조금씩 다를 수는 있지만 대체로 가격이 동결되어 있는 상태에서 경쟁을 하게 됩니다. 또 영화는 보이지 않는 마음을 자극하는 것이니까, 기업의 마케팅 과정과 많은 부분이 다르다고 생각해요.

강_ '영화 마케팅과 일반 마케팅이 뭐가 다를까'라는 생각을 많이 했어요. 마케팅이 일반적으로 판매를 목적으로 하는 활동이라면 영화 마케팅은 영화를 파는 활동이라기보다는 관객의 마음을 사는 활동에 좀 더 가깝다고 생각해요. 신선한 음식이 필요해서 냉장고를 사고 전화 통화를 하려고 핸드폰을 사지만, 영화는 그런 필요에 의해서 보는 건 아니잖아요? 여가 활동이 필요하다면 운동도 할 수 있고 영화도 볼 수 있고 TV도 볼 수 있고 잠도 잘 수 있는데, 그중에서도 영화를 선택하는 거죠. 또 영화를 선택했을 때 OTT로도 볼 수 있고 VOD로도 볼 수 있고 극장 가서도 볼 수도 있지만, 그중에서도 극장에 가서 보겠다고 선택을 하는, 수많은 선택의 과정 속에서 저희 영화를 극장에 와서 보게 만드는 게 영화 마케팅입니다. 그래서 단순하게 '이 영화는 이런 게 장점입니다' 그런 마케팅 툴만 가지고는 관객의 마음을 살 수 없다고 생각해요.

영화의 인지도를 높이더라도 실제로 티켓을 구매하게 만드는 일은 매우 어렵습니다. 어떤 요소가 티켓 구매에 가장 영향을 미치나요?

이_ 영화는 편리와 편의를 위해 보는 게 아니라, 어찌 보면 편의를 포기하고 굳이 가서 보는 게 영화예요. 멀리 떨어진 극장까지 가서 시간과 돈을 써서 보니까요. 그런 면에서 이 콘텐츠가 얼마나 나에게 만족감을 줄지 다른 사람들의 의견에 귀 기울이는 면이 있죠. 영화에 대한 평가·리뷰·입소문·주변 사람들의 추천 같은 요소가 최종 결정에 큰 영향을 줍니다. 그전에 영향을 미치는 요소는 예고편과 포스터고요. 그래서 마케팅팀에서 콘셉트에 맞는 예고편 아이디어를 내거나 포스터 기획을 하게 됩니다.

그 연장선에서 "마케팅에서 가장 중요한 요소는 무엇입니까?"라는 질문이 있습니다.

강 _ 배우, 감독, 스토리… 모두 중요하죠. 그런데 어떤 영화든 감독과 배우와 스토리가 정해진 채로 마케팅을 해요. 그러니 그런 요소들은 영화가 지닌 내적 자산이 됩니다. 외적으로 마케팅의 영역 중 무엇이 가장 중요하냐고 묻는다면, 다양한 매체가 발달할수록 마케팅 영역은 늘어날 수밖에 없어요. SNS, 유튜브를 비롯해 마케팅 툴이 늘어나지만 가장 중요한 핵심은 영화를 보여 주는 포스터와 예고편이 아닐까 해요. 마케팅의 콘셉트를 매력적으로 반영한 예고편이나 포스터가 다양한 채널을 통해 구현되었을 때 관객에게 '저 영화를 보러 극장에 가도 괜찮겠다. 손해 보지 않겠어'라는 확신을 준다고 봅니다.

포스터에 들어가는 카피도 중요하죠?

강 _ 영화를 어떻게 관객과 커뮤니케이션 할 것인가 하는 메시지를 콘셉트라고 한다면, 그 콘셉트를 가장 압축적으로 짧게 담아낸 게 카피니까요.

카피나 포스터 이미지 외에도 영화 제목의 글씨체나 예고편도 중요한
요소죠?

이 _ 영화는 움직이는 영상이잖아요. 그런 면에서 예고편이 굉
장히 중요할 수밖에 없어요. 영화를 최적화해서 소개해 줄 수 있는 도구
가 예고편입니다. 포스터처럼 한 장의 이미지를 가지고 사람들에게 영감
을 줄 수도 있지만, 동영상의 역할도 크거든요.

가장 만족하는 예고편이나 포스터가 있다면요?

강 _ 저희가 했던 수많은 작업 중에서 1등을 꼽기는 어려워요.
다 귀한 예고편들이라. 만족스러웠던 예고편 중 최근의 사례를 말씀드리
면, 〈#살아있다〉가 좋았어요. 〈#살아있다〉는 10대, 20대의 젊은 관객들이
가장 즐겁게 재밌게 즐길 콘텐츠라고 생각했거든요. 그래서 관객들에게
처음 공개되는 '티저 예고편'을 파격적으로 만들었어요. 관객들이 즉각적
으로 '저 영화를 보면 내가 이런 걸 느낄 수 있겠구나'라는 걸 정확하게
직관적으로 전달하는 역할을 한 것 같아요.

마케팅 업무의 좋은 점과 힘든 점은 뭘까요?

이 _ 저도 영화의 팬이라 영화 마케팅을 직업으로 선택했거든

요. 그래서 영화에 가까이 다가갈 수 있다는 점, 영화의 아주 깊숙한 안쪽을 볼 수 있다는 점이 굉장히 좋아요. 안 좋은 점은 너무 가까이 다가간다는 점입니다. (웃음)

강_ 영화는 개봉일이 정해져 있어요. 저희가 마케팅을 열심히 하는 게 나중에 극장에서 내려간 다음 방에서 보라는 게 아니잖아요. 극장에 걸려 있을 때 관객이 보게 하려면 무조건 극장 개봉 시점에 인지도, 호감도, 관람 욕구가 최고조에 달하도록 만드는 게 저희 임무거든요. 그래서 개봉 시점이 되면 일이 몰린다는 게 힘들어요. 명절, 주말….

이_ 큰 영화일수록 방학, 크리스마스, 여름 휴가 때 개봉하니까. 연휴! 다른 사람들이 놀 때 일을 해야 한다는 점에서 어려움이 있죠. 주말에 일할 수도 있고요.

현재 영화 마케팅의 흐름은 뭐라고 생각하나요? 회사를 처음 설립했을 때, 또는 그 이전과 지금, 차이점이 있다면?

이_ 저희는 이른바 '하이텔 시절', 그러니까 인터넷이 보급화되기 전부터 마케팅을 시작했어요. 20년 정도 사이에 급격한 변화를 겪었죠. 지금은 소셜미디어를 통해서 영화 마케팅을 알리는 흐름으로 많이 바뀌었죠.

강_ 과거에는 영화 마케팅이 오프라인 중심이었어요. '매진 사례'라고 서울극장에서 종로3가 지하철역 3번 출구까지 줄 서고 그러면 대박이라고 했던 게 불과 20년도 안 된 일이에요. 그때는 영화를 알릴 수 있는 매체도 일간지, 스포츠지 같은 신문이나 영화지 지면 매체 중심이었기 때문에 영화 마케팅 플랫폼 자체가 오프라인 중심이었습니다. 그러다가 포털사이트가 만들어진 다음부터 중심이 온라인으로 옮겨 왔죠. 포스터나 예고편도 포털사이트, SNS, 유튜브에서 보니까.

마케팅사에서 필요로 하는 자질, 자격 요건, 경험, 경력이 있다면?

이_ 좋은 마케터가 되기 위한 자질에 대해 말하는 편이 좋을 것 같아요. 영화 마케팅이라고 하면 많은 분이 "크리에이티브해야 되지 않나요?" 그래요. 하지만 저희는 영화에 대한 이성적인 접근이 중요하다고 생각해요. 작품에 대한 객관적인 분석이 선행되어야 관객의 마음을 살 수 있는 마케팅을 할 수 있다고 보니까요.

강_ 영화를 일로 하려면 좋아하는 데서 한 발 더 나아간 공부는 분명 필요하겠죠. 영화 전공을 하라는 말이 아니라 영화에 대한 본인만의 생각을 할 수 있어야 한다는 거예요. 그 생각에 옳고 그름은 없어요. 또 영화 마케팅을 한다는 건 시장에 영화를 내놓는 일이니까 최근 어떤 영화들이 흥행하는지도 알아야 할 테고.

> **영화에 대한 이성적 접근, 영화에 대한 본인만의 생각을 할 수 있어야 … 그 생각에 옳고 그름은 없어.**

영화 마케팅 업무의 미래를 어떻게 전망하나요?

강_ 코로나19 때문에 영화계 자체가 워낙 힘든 시기라 영화 마케팅뿐만 아니라 영화계 전체가 미래를 전망하기가 어렵습니다. 그럼에도 불구하고 저희의 역할이 중요하다고 생각해요. 요즘 'AI가 대체하는 직업과 대체할 수 없는 직업'을 많이 이야기하는데, 예술 관련된 일들은 대체하기 어렵다고들 하거든요. 영화 마케팅은 영화와 관객 사이에 있는 전문직 중 하나라고 생각해요. 만약 코로나19 때문에 영화 전문 마케터가 이탈한다면, 그래서 나중에 그들을 대체하려면 시간이 얼마나 걸릴까 생각해 보면 5년은 필요하겠더라고요. 대체 불가능한 사람들인 거죠. 영화 마케팅은 경험을 쌓으면 누구도 뺏어 갈 수 없는 본인만의 자산이 되거든요. 〈82년생 김지영〉의 마케팅 결과물'이라고 네이버에 치면 다 나오니까 그거 보면 다 할 수 있겠다 싶어도 그게 아니거든요. 과정을 경험한 사람들만의 자산이 있어요.

이_ 전 국민을 대상으로 뭔가를 하는 직업이 많지 않아요. 저희는 전 국민을 상대로 마케팅을 하는 것이고, 그러니 매력적이죠. 저희가 했던 영화 〈명량〉은 1,700만 명 관객이 들었는데요. 1,700만 명이 어떤 한 물건을 사는 경우는 굉장히 드물잖아요. 천만 명이라는 엄청난 사람의 마음을 샀고, 그들이 한 영화의 팬이 되도록 가교 역할을 했다는 보람이나 뿌듯함은 남다르죠. 게다가 영화 마케터는 다른 전문직에 비하면 그 수가 굉장히 적은 편이에요. 그런 면에서 희소가치도 있다고 보고요.

한 가지 덧붙이면, 비단 영화가 아니라 콘텐츠 산업은 죽지 않을 거라고 생각해요. 왜냐하면 언택트untact(비대면) 사회에서도 사람들은 무언가를 보고 싶어 하고, 즐길 거리를 원하거든요. '어디에서 볼 것이냐'라는 선택만 있을 뿐 콘텐츠 자체가 사라지진 않을 겁니다.

영화 한 편을 마케팅할 때 모든 직원이 함께 진행하나요? 아니면 몇 명이 팀을 꾸려서 프로젝트 형태로 진행하나요?

이_ 팀이 있어서, 팀별로 영화를 일정에 맞게 나눠서 진행하죠.

한 팀의 팀원은 몇 명이고 퍼스트룩 전체 직원은 어느 정도 되나요?

이_ 팀은 4명에서 5명 정도입니다. 저희 직원은 10명에서 12명 사이인데, 코로나 때문에 조금씩 변동이 생기기는 합니다.

지속적으로 영화 마케팅사 사람들과 소통할 수 있는 창구가 있나요? 강효미 대표님은 영화마케팅사협회 회장을 맡고 있기도 한데요.

강_ 이 일을 하려고 준비하는 분들을 위한 별도의 채널이 있는 건 아니지만, 한겨레나 여성영화인모임을 비롯한 다양한 단체에서 강의나 워크숍을 하고 있어요. 저희도 많이 참여하고요. 그런 강의를 찾아서 들으면 현업에 있는 분들의 노하우를 들을 수 있으니까 도움이 될 것 같아요.

이_ 저는 부산 아시아영화학교에서 여덟 번에 걸쳐 강의한 적도 있습니다. 그런 창구가 많이 있어요.

마지막으로 영화 마케터를 꿈꾸는 분들께 당부 말씀 부탁드립니다.

강 _ 영화 마케팅 쪽 일을 하고 싶은데 어떻게 해야 될지 몰라 답답함을 토로하는 분들이 많은 것 같아요 말로만 들으면 너무 어려운 것 같지만, 저는 영화 마케팅은 누구나 할 수 있는 일인 동시에 아무나 할 수 없는 일이라고 생각해요. 사실 어떤 일이든 일하는 대상을 좋아하는 애정이 있고, 그것을 뒷받침하는 노력이 있으면 못할 건 없어요. 초반에 힘든 건 사실이에요. 그걸 버티는 것도 힘든 게 사실이고요. 하지만 단편적인 평가보다는 직업의 장기적인 미래를 본다면 분명 좋은 결과도 얻을 수 있는 직업이라고 생각합니다.

이 _ 저도 하니까 여러분도 할 수 있다고 말씀드리고 싶어요. 제가 돌이켜 봤을 때 제 재능은 인내와 끈질김 정도가 아니었나 싶거든요. 큰 재능을 생각하기보다는 '정말 좋아하고 해낼 수 있다'고 생각하고 꾸준히 해 나가면 언젠간 본인만의 길이 열릴 겁니다. ★

13 _____ 포스터 디자이너

"시나리오북부터 비주얼이 필요한 모든 작업 전담"

| 촬영: 차혜경 포토그래퍼

최지웅

- '프로파간다' 대표
- 대표작 ——————
  〈신세계〉〈최악의 하루〉〈오목소녀〉〈야구소녀〉〈찬실이는 복도 많지〉〈국도극장〉

영화 제목을 들으면 가장 먼저 떠오르는 이미지는 무엇인가. 배우의 얼굴? 인상적인 영화의 한 장면? 그런데 아직 보지 않은 영화라면? 자연스레 포스터 이미지가 가장 먼저 떠오를 것이다. 그 포스터를 보고 어떤 생각이 들었는가. 이번 주말에 꼭 보러 가야겠다고 마음먹게 되었는가. 영화관에 갈 때 혼자 가는게 좋겠다 싶은가 아니면 여러 사람과 함께 가면 좋겠다 싶은가. 친구, 가족, 연인 중 누구와 보고 싶다는 생각이 들었나. 포스터만 보고 그걸 어떻게 아냐고? 영화를 좀 본 관객이라면 포스터만 보고도 어느 정도는 감을 잡을 수 있다. 포스터는 영화에 대한 정보를 전달하는 것은 물론, 감성적인 면에서도 효율적으로 관객과 커뮤니케이션하는 중요한 도구다.

영화 〈야구소녀〉(최윤태, 2019), 〈찬실이는 복도 많지〉(김초희, 2019), 〈최악의 하루〉 (김종관, 2016) 등의 영화 포스터를 디자인하고 영화뿐 아니라 드라마·공연 등 다양한 엔터테인먼트 분야의 디자인물을 작업하는 디자인 스튜디오 '프로파간다'의 최지웅 그래픽 디자이너는 포스터 디자이너의 작업이 포스터에만 국한되지 않는다는 사실을 잘 보여 준다. 영화나 드라마 촬영에 사용되는 각본집 디자인을 시작으로, 촬영 현장에서 찍은 사진을 활용한 포스터 제작, 직접 촬영한 사진을 이용한 포스터 기획과 제작, 영화 굿즈 기획과 제작에 이르기까지, 영화와 관련된 '물건'들이 관객 손에 들어오기까지의 과정에서 여러 일을 한다. 가끔은 포스터에 '속아서' 영화를 봤다는 푸념을 듣기도 한다지만, 영화를 보게 만들었다는 점에서 포스터의 힘을 실감하게 하는 말이기도 하다. 이런 모든 작업의 노하우부터, 일을 시작하는 단계에서 참고할 만한 '내 실력 알리는 방법'까지 그에게 물어보았다.

디자인 스튜디오 '프로파간다'를 2008년에 설립하고 영화 포스터 디자인 작업을 꾸준히 하셨는데요, 흔히 포스터만 디자인한다고 생각하지만 아트워크 전반을 책임지는 것으로 알고 있습니다.

보통 '영화 포스터 디자이너'라고 하면 영화 포스터 한 장만 만든다고 아는 분들이 많아요. 하지만 영화 촬영이 시작되기 전부터 영화 시나리오북을 디자인하고 개봉할 때까지 비주얼이 필요한 모든 작업을 합니다.

시나리오북과 굿즈, DVD나 블루레이 커버까지 다 제작하신다니 그래픽 디자이너의 일을 전반적으로 살필 수 있을 것 같습니다. 출판도 함께 하시죠?

제가 영화 포스터 디자인도 하지만 출판 브랜드도 갖고 있어요. 그래서 영화와 디자인에 관련된 아카이브 책을 매년 출간하고 있습니다. 《영화선전도감》이라는 책도 그중 하나인데요, 영화 전단지만 모아 놓은 아카이브 책입니다. 1950, 60년대에 한국에서 개봉했던 외화들의 전단을 모았어요. 제가 갖고 있는 것 중 가장 오래된 1952년 한국에서 개봉한 〈애수Waterloo Bridge〉(머빈 르로이, 1940) 전단부터 1960년대 전단까지 볼 수 있게 모았습니다.

그동안 어떤 영화 포스터를 디자인했는지 주요작들을 꼽는다면요?

처음에는 〈허니와 클로버ハチミツとクローバー〉(다카타 마사히로, 2006), 〈혐오스런 마츠코의 일생嫌われ松子の一生〉(나카시마 테쓰야, 2006), 〈도쿄타워東京タワー

オカンと僕と、時、オトン〉(마쓰오카 조지 · 니시타니 히로시, 2007) 같은 일본영화들을 많이 디자인했어요. 그리고 오다기리 죠와 이나영 주연의 〈비몽〉(김기덕, 2008) 포스터를 하면서 처음 한국영화 포스터를 하게 됐습니다. 그때 영화잡지 《필름 2.0》에서 매년 연말에 선정하는 '올해의 포스터 베스트 5'에 선정되면서 알려지게 됐고, 그 이후 한국영화 포스터도 많이 하게 됐습니다.

〈최악의 하루〉, 〈찬실이는 복도 많지〉, 〈야구소녀〉, 〈내일을 위한 시간Deux jours, une nuit〉(장 피에르 다르덴 · 뤽 다르덴, 2014) 등이 대표작으로 꼽히는데요, 한 편씩 포스터 작업 과정을 소개해 주세요.

〈최악의 하루〉 먼저 말씀드릴게요. 보통 영화 포스터를 만들 때 예산이 허락하는 영화는 포스터 촬영을 따로 하고 여력이 없는 영화는 스틸컷이나 영화를 캡처해서 만드는 경우가 많아요. 〈최악의 하루〉는 포스터를 따로 찍었습니다. 촬영 콘셉트부터 전부 정했죠. 배우가 어떤 포즈로 어떤 동작을 하고 어떤 옷을 입고 어떤 배경에 서 있는지까지 다 짰어요. '어떤 경우가 저 주인공에게 최악의 하루가 될 것인가'를 생각하다가, 영화가 아주 진짜 최악까진

〈최악의 하루〉(김종관, 2016) 포스터
| 제작: 인디스토리, 배급: CGV아트하우스

아니고 소소하고 귀여운 그런 최악의 하루를 다룬 내용이잖아요. 그래서 풍선껌을 심통 맞게 불다가 풍선껌이 터져서 얼굴에 탁 붙는다든가, 골목에서 깡통을 찼는데 그게 머리를 맞는다든가 하는 귀여운 것들을 생각했어요. 그래서 풍선껌이라는 아이디어를 생각해 냈고 포스터를 찍게 됐는데 어디서 찍을지가 문제였어요. 포토그래퍼와 마케터랑 함께 헌팅을 다녔는데 영화를 주로 촬영한 동네인 서울 서촌 어느 골목에 능소화가 예쁘게 피어 있는 거예요. 그 앞에서 촬영을 했습니다.

포스터가 초여름의 아이콘 같은 느낌이에요.

네. 그래서 SNS에 포스터와 똑같이, 능소화 앞에서 사진을 찍어 올리는 분들이 많아요. 그럴 때 뿌듯하죠.

〈내일을 위한 시간〉 포스터는 주인공이 외롭고 혼자인 상황을 잘 보여 준다는 인상이에요. 타이포그래피를 잘 활용했고, 또 '프로파간다'가 멋지게 잘 쓰는 핑크 톤이고요.

〈내일을 위한 시간〉 포스터는 사연이 많아요. 지금 검색하면 가장 먼저 뜨는 포스터가 원래 메인 포스터가 아니에요. 애초에 시안으로 만든 포스터가 그동안 못 보던 느낌이어서 너무 신선하고 좋았거든요. 근데 '필라테스나 요가 학원 광고 같다'는 반응이 있었어요. 그래서 세상 빛을 보지 못했어요. 디자이너가 제일 아쉬운 것 중에 하나가 정성 들여 만든 포스터가 세상의 빛을 못 볼 때거든요. 그래서 저희 SNS에 그냥 올렸어요. '이런 B컷 포스터도 있다' 하고 올렸는데 반응이 굉장히 좋았고, 외국에서도 반응이 오더라고요.

이러면 얘기가 달라지죠. (웃음)

특히 트위터에서 어떤 미국 영화평론가가 그 포스터를 올리면서 "〈내일을 위한 시간〉 전 세계 포스터 중에서 가장 아름답다"고 쓴 거예요. 그렇게 많이 알려졌어요, 외국에서도. 영화사에서도 그 반응을 보고 다시 정식 포스터로 배포하고 전단지도 하나 더 만들었어요. 정성일 평론가도 "이 포스터가 가장 아름다운, 〈내일을 위한 시간〉 포스터"라고 칭찬해 주셨죠.

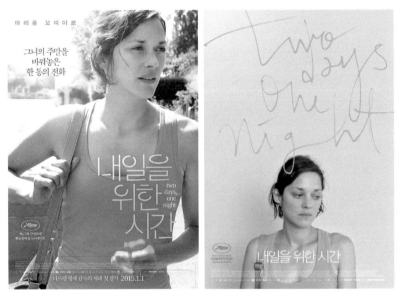

〈내일을 위한 시간〉 메인 포스터(왼쪽)와 아트워크 포스터(오른쪽)
| 제작: Les Films du Fleuve Archipel 35, 배급: 그린나래미디어

영화 개봉 단계에서 포스터를 비롯한 여러 아트워크들은 많은 사람이 머리를 맞대고 결정하다 보니 대중적이고 알아보기 쉬운 포스터는 나와도 디자이너 입장에서 너무 무난한 시안으로 결정되는 경우가 많을 것 같아요.

어떤 영화 포스터를 저희가 촬영까지 마쳤는데 영화사 대표님이 다 안 쓰겠다는 거예요. 그러면서 스케치를 해 주는 거죠. "요렇게 만들어라" 하면서. (웃음) 클라이언트와 디자이너의 의견 차이를 좁히는 게 가장 중요한데 그게 또 제일 어려운 일이기도 하고요.

> **"**
> 정성 들여 만든 포스터가 빛을 못 볼 때 아쉬워. 클라이언트와 의견 차이를 좁히는 게 가장 중요하면서도 어려운 일. **"**

〈야구소녀〉 포스터 작업은 어땠나요? 파란색이 시원하게 쓰였는데요.

〈야구소녀〉도 직접 촬영해서 포스터를 만들었어요. 스틸컷과 캡처 사진 중에 쓸 만한 컷이 단 하나도 없었어요. (웃음) 그래서 포스터 촬영을 하기로 했는데, 아이디어를 짤 때 스포츠 캠페인 광고 포스터처럼 보이고 싶었어요. 여성이 주인공인 스포츠 캠페인 포스터처럼 만들고 싶어서 고심하던 차에 패션잡지를 보는데 어떤 포토그래퍼 사진이 굉장히 좋은 거예요. '박종하'라는 포토그래퍼였는데 그분한테 컨택해서 같이하게 됐어요.

〈찬실이는 복도 많지〉는 어땠나요?

〈찬실이는 복도 많지〉도 첫 개봉 때 포스터는 달랐어요. 11월에 재개봉하면서 포스터를 새로 만들었는데 영화사와 감독님이 제일 좋아하는 스틸컷을 사용했어요. "이 이미지를 보면 뭔가 씩씩하면서 힘이 난다. 코로나 시기를 헤쳐 나가는 느낌도 들고, 파이팅하는 느낌도 들어서 사진을 꼭 사용해 달라"고 요청했어요. 그럼 그 사진을 이용해서, 오로지 디자인만 가지고 예쁘게 만들어야 되는 거예요. 그러니까 포스터 촬영을 하고 안 하고의 장단점을 따져 보면 이렇습니다. 촬영을 할 때는 내 머릿

〈찬실이는 복도 많지〉 메인 포스터(왼쪽), 재개봉 기념 스페셜 포스터(오른쪽)
| 제작: 사이드미러, 배급: 찬란

속에 있는 걸 구현할 수 있는 반면에 주어진 사진으로 할 때는 디자인으로 커버를 해야 되는 거예요. 굉장히 매력적이고, 갖고 싶고, 보고 싶게 만들고자 노력한 결과물입니다.

인물 구도에 따라 글자를 배치한 것도 인상적입니다. 여백을 어떻게 비우고 어떻게 사용할지도 하나하나 다 신경 쓰면서 작업해야겠죠. 포스터 외에도 굉장히 다양한 홍보물 작업을 하시죠?

저도 처음에 영화 포스터 디자이너가 포스터 한 장만 만드는 줄 알았는데 그게 아니더라고요. (웃음) 처음 영화 의뢰가 들어오면 하는 일이 시나리오북을 디자인하는 거예요. 시나리오북 커버를 디자인하고 안쪽 대본 디자인도 해요. 시나리오북은 배우와 스태프들이 직접 보고 영화를 촬영하는 용도이기 때문에 요즘에는 제작에 신경을 많이 쓰고 감독님들이 직접 컨펌을 합니다. 그래서 저희가 본문 내지를 새로 디자인하는 책이 있는가 하면, 내부는 손대지 못하게 하는 감독님도 있어요.

캐스팅되기 전부터 영화 작업을 시작하는 셈이네요.

이 시나리오를 배우들한테 돌려서 캐스팅이 이루어지니까요. 다른 말로 하면 시나리오북을 만들 때 로고 타이포그래피도 만들고 북커버도 해야 되고 내지 디자인도 해야 해요. 그러니까 포스터 디자인이 모든 그래픽 디자인의 집합체 같은 느낌이 있어요. 편집디자인에 속하는 시나리오북 디자인이 제일 처음에 하는 일입니다.

시나리오북 말고 콘티북도 만만찮게 중요한 사전 작업인데요.

콘티북도 만들죠. 콘티는 전문 콘티 작가님이 만들고 이 파일을 받아서 커버를 저희가 디자인해요. 명필름에서 만든 〈나의 특별한 형제〉(육상효, 2018) 콘티북을 예로 들면, 영화의 순수한 느낌을 그림으로 표현하고 싶어서 일러스트레이터 송철운에게 의뢰해 따로 그린 그림을 커버에 넣어 콘티북을 만들었습니다. 그렇게 시나리오북과 콘티북을 만들면 영화 촬영이 본격적으로 진행돼요. 촬영이 진행되고 난 뒤에는 따로 일정을 잡아서 포스터 촬영을 하는 경우도 있지만, 요즘에는 영화 현장에서 찍는 경우도 많아졌어요. 그래서 스틸 작가님한테 시안을 짜서 드리는 경우도 많죠. 현장의 생생한 느낌을 담기에는 현장에서 찍는 게 더 좋더라고요.

> ❝ 포스터 디자인은 로고 · 타이포그래피는 물론 시나리오북 커버와 내지 디자인까지 모든 그래픽 디자인의 집합체. ❞

그럴 때는 현장에 가기도 하나요?

갈 때도 있지만 갈 수 있는 상황이 아닐 때는 못 가죠. 〈신세계〉(박훈정, 2012) 포스터를 할 때 노주한 스틸 작가님이 롯데백화점 옥상에서 사진을 찍었어요. 5분 정도 잠깐 찍었는데 포스터로 만들기 좋은 사진이 나왔습니다. 그렇게 개봉 즈음이 되면 포스터와 전단지 작업이 시작됩니다.

전단지 작업의 특징은 무엇일까요?

전단지는 멀티플렉스 극장의 전단 거치대가 A4 사이즈여서 그 크기로 만들어요. 그런데 색다른 걸 만들고 싶어서 초미니 전단도 만든 적 있어요. 〈초행〉(김대환, 2017)이라는 영화 전단인데 부산영화제 특별판으로 초미니 전단을 만들었고. 〈오목소녀〉(백승화, 2018) 같은 경우는 미니 전단으로 오목판을 만들었어요.

종이에 인쇄되는 것이지만 평면뿐 아니라 입체적으로 어떻게 보일지많이 생각하는 편인가요?

제가 영화 전단지 수집가이기도 하거든요. 그래서 《영화선전도감》이라는 책도 만들었어요. 제가 갖고 싶은 걸 만든다는 느낌으로요. 그러니까 제게는 직업인 동시에 사심을 채우는 일이기도 한 거죠. 〈다이빙벨〉이라는 영화를 작업했을 때는 호외 전단 같은, 신문 같은 느낌을 주고 싶어서 신문용지에 인쇄를 했어요. 일반 인쇄소에서는 하기 힘들어서 신문 인쇄하는 인쇄업체를 찾아서 만들었습니다.

시안 구상은 어떻게 하시나요?

포스터를 촬영해야 하는 경우, 영화가 촬영되기도 전이니까 시나리오만 보고 아이디어를 짜는 거예요. 처음에는 되게 막연하죠. 시나리오를 읽고 포스터 아이디어를 짤 때 가장 먼저 '내가 관객이라면 이 영화를 왜 봐야 될까?' 생각하고, 그 질문에 스스로 답하면서 키워드를 정해요. 키워드를 통해서 이 영화를 봐야 하는 이유들을 만들기 시작하고, 그런 생각을 포스터에 녹여 내는 거죠. 아이디어의 형태가 잡히면 영화사와 마케팅 회사, 홍보사·배급사 다 모여서 회의를 하고 결정되는 아이디어로 촬영을 하죠. 촬영할 때는 포토그래퍼, 헤어·메이크업 아티스트, 스타일리스트, 그리고 장소 섭외를 위해서 로케이션 매니저도 있어야 해요. 그런 모든 스태프들을 저희가 다 꾸려야 해요. 촬영 진행도 하고 디자인을 하고 최종적으로 인쇄소에 가서 인쇄 감리까지 봐요. 이런 작업을 풀코스로 다 합니다.

> **"** 시나리오만 보고 시안 구상. 포스터 촬영 스태프 직접 꾸려.
> 블록버스터 영화는 1, 2년 전부터 작업하기도 해. **"**

한 번에 한 작품씩만 작업하는 건 아니죠?

여러 작품이 물려 있어요. 많이 몰릴 때는 한 달에 6편 개봉한 적도 있고 아예 한 편도 없는 경우도 있어요. 편차가 크긴 한데 블록버스터 영화는 1, 2년 전부터 시작하기도 해요.

영화 포스터 디자이너에 어떻게 입문했나요?

어렸을 때부터 영화를 굉장히 좋아했어요. 지금 생각해 보면 거의 유치원 때부터 극장 앞에 가면 괜히 가슴이 터질 것처럼 뛰고 기분이 좋았던 것 같아요. 길거리 게시판에 붙은 포스터를 뜯어서 갖고 싶다고 생각할 정도로 좋아했어요. 하지만 포스터만 전문적으로 만드는 직업이 있는 줄은 몰랐거든요. 막연히 좋아하다가, 고등학교 2학년 때 지금은 폐

간한 영화잡지 《스크린》을 보는데 뒤쪽에 영화 포스터 디자이너 특집이 나온 거예요. 그때 디자이너들 인터뷰를 보는데 다 디자인 전공을 했더라고요. 70, 80년대까지만 하더라도 '디자이너'라는 단어도 없어서 영화사에 소속된 '도안사'라고 불리던 분들이나 기획실 직원들이 포스터를 만드는 경우가 많았는데 90년대쯤부터 디자인을 전공한 전문 디자이너들이 영화 포스터 디자이너가 되기 시작했어요. 그분들에 대한 소개를 보고 저도 디자인 전공을 한 거예요. 그 잡지를 부모님께 보여 드리고 그 다음 날 바로 미술학원에 다녔어요. 고 3 때 잊지 못할 사건이 하나 있었어요. 제가 강원도 원주가 고향인데 매일 포스터 뜯으러 가던 원주 아카데미극장이 있어요. 지금도 단관극장으로 남아 있는데요.

극장이 많지도 않은 동네에서 포스터를 뜯어 왔다고요?
극장이 네 개 있었어요.

네 개라도 해도 '포스터 도난 사건이 이어지고 있다'는 사실을 모를 수가 없잖아요.
아니나 다를까 어느 날 아카데미극장에서 포스터를 뜯다가 극장 스태프 분한테 딱 걸린 거예요. 덜미를 탁 잡으시더니 그동안 제가 포스터 뜯어 가는 걸 다 보고 있었대요. 벼르고 있다가 그날 저를 딱 잡은 거죠. 극장 안으로 끌고 들어가서 영사실 옆에 창고로 저를 막 들이미는 거예요. 저는 맞을 줄 알고 긴장하고 있었는데 그 창고 불을 탁 켜자마자 그 극장이 개관한 이래로 그때까지의 모든 포스터들이 책장에 빼곡히 정리되어 있더라고요. 원하는 만큼 다 가져가래요, 그분이. 그래서 새벽까지 그걸 다 챙겼어요.

새벽까지요? 망설임 없이 가져가고 싶은 것은 다 챙겼군요.

네! 그분이 퇴근도 안 하고 저를 기다려 주셨어요. 이런저런 얘기를 나누면서요. 그분이 "왜 포스터가 좋냐?" 물어서 포스터 디자이너가 되고 싶어서 지금 미대 입시 준비도 하고 있다고 하고 그러면서 밤새도록 챙겼어요. 지금도 소중하게 다 간직하고 있어요. 나중에 미대 합격하고 찾아가서 감사하다고 인사도 드렸어요. '영화 포스터 디자이너가 꼭 돼야지' 마음먹은 계기가 된 사건이기도 해요. 제게는 그분이 〈시네마 천국〉의 '알프레도 아저씨'고 제가 '토토'인 느낌이 들었죠.

그때 그냥 혼나기만 했다면 또 다른 이야기가 펼쳐졌을 수 있겠네요.

지금 생각해 보면, 다른 극장 사장님은 저를 그냥 문전박대한 분들도 많았거든요. 근데 그분은 청소년이었던 저의 꿈을 짓밟지 않고 북돋워 주셨고, 그게 지금까지 굉장히 도움이 많이 됐어요. 그래서 혹시 주변에서 청소년들이 이런 도움을 요청한다면 잘해 주시면 좋을 거 같아요.

> **"**
> 잡지에서 '포스터 디자이너' 기사 보고 미술 전공하기로 마음먹어.
> 영화관 포스터 뜯어 모으다가 도난 사건 주인공으로 소문 나기도. **"**

영화 포스터 디자이너가 되는 방법에 대해서도 여쭤 보고 싶어요.

저는 대학교 때부터 영화 포스터 디자이너가 되고 싶었는데, 주의 깊게 본 포스터들이 다 같은 회사에서 디자인을 한 것이더라고요. '꽃 피는봄이오면'이라는 회사였어요. 혼자 좋아하다가 그 회사에 지원해서 합격했습니다. 어떻게 보면 운이 좋았죠. 포스터 디자인 회사에 바로 입사해서 일을 시작했으니까. 그런데 지금은 SNS가 있잖아요. 인스타그램도 있고, 디자이너들이 많이 이용하는 '비핸스Behance'라는 글로벌 사이트가 있어요. 포트폴리오 올리는 사이트인데요, 요즘 인스타그램이나 비핸스에 자기 작업물을 올리면 기회가 많이 열리더라고요. 실제로 제 지인 중 한 분이 SNS에 본인이 만든 리디자인re-design 포스터를 올렸다가, 그걸 본 영화사에서 컨택을 해서 포스터 디자인을 맡기도 했어요. 자기 작품을 적극적으로 많이 보이게 하는 것도 이 일을 할 수 있는 계기가 될 수 있을 듯합니다.

영화 개봉할 즈음 해시태그로 검색을 많이 하니까 공개된 스틸 같은 걸 바탕으로 그림을 그렸다거나 포스터 작업을 해서 올리면 영화 관계자들이 본다는 말씀이죠?

네. 그래서 해시태그를 거는 게 굉장히 중요합니다. 저는 포토그래퍼나 일러스트레이터들을 주의 깊게 보는 편이에요. 요즘엔 영화 포스터뿐만 아니라 아트 포스터나 굿즈들이 많이 나오니까, 일러스트로 만든 포스터도 많거든요. 평소에 눈여겨 봤던 일러스트레이터나 포토그래퍼에게 컨택을 해서 함께 일하는 경우도 많아요. 좋은 현상인 거 같아요.

작품을 만들 때 가장 중요하게 생각하는 부분은 무엇인가요? 또 영화 포스터 디자인을 할 때 가장 신경 쓰는 부분이 무엇인지 궁금합니다.

영화가 매력적으로 보여야 해요. 영화도 슈퍼에 있는 물건과 같아요. 물건이 여러 개 놓여 있을 때 이것을 선택하도록 잘 포장하는 일입니다. 딜레마도 있어요. 의뢰가 들어와서 읽은 시나리오가 재미없는 경우, 그럴 경우에도 재밌어 보이게 해야죠!

영화가 해외로 진출하면서 나라별로 새로 나온 포스터를 접하게 됩니다. 같은 영화인데도 포스터의 분위기나 관점, 활용 장면 등이 굉장히 달라서 디자이너마다 중점적으로 보는 것이나 분위기가 다르구나 싶어서 흥미로웠습니다. 이것은 문화의 차이일까요? 또 본인이 디자인한 것 외에 다양하게 나오는 포스터를 보면 어떻게 생각하는지 궁금합니다.

이것은 문화의 차이가 맞아요. 우리나라도 그렇고 해외 큰 배급사의 영화 포스터는 오리지널 포스터 그대로 써야 하는 경우도 많아요. 룰을 그대로 지켜야 되고 로고 타이틀만 한글로 바꿀 수 있는 거죠. 그 외 포스터들은 한국 실정에 맞게 로컬 버전으로 다시 작업하는데, 일본은 우리나라와 문화적 차이가 굉장히 많아 보여요. 우리나라는 자연스럽고 아름다워 보이는 비주얼이 많은 반면, 일본 포스터는 설명이 많이 들어가는 편이더라고요. 카피도 많고 조연들 얼굴도 밑에 다 넣고요. 해외에서 사용되는 한국영화 포스터는 해외 디자이너가 작업하는 경우도 많지만, 요즘에는 한국판을 디자인하는 디자이너가 해외 버전도 다 만들어요.

영화 〈유리정원〉(신수원, 2016)의 국내 메인 포스터와 해외용 포스터
| 제작: 준필름, 배급: 리틀빅픽처스

굿즈 만들 때도 같이 협업하시죠?

네. '킥오프 회의'라고 해서 첫 번째 영화 회의 때 아이디어를
다 짜 가요. '이런 굿즈를 만들자', '이러면 재밌을 것 같다', 이런 제안을
많이 하는 편입니다. 뱃지는 외부 업체들이 많이 하는 편이에요.

**어떻게 하면 더 새로운 비주얼을 만들까 고민할 때 레퍼런스 삼아 보는
자료들은 무엇인가요?**

제일 어려운 질문입니다. "아이디어가 안 떠오를 땐 어떻게 하

나요?" 그냥 쥐어짜야죠, 나올 때까지. 또 이런 질문을 제일 많이 받아요. "어떻게 영감을 얻나요?"

맞아요. 그게 제일 궁금해요.

얼마 전 넷플릭스에서 〈앱스트랙트: 디자인의 미학〉이라는 다큐멘터리를 봤는데, 거기서 한 디자이너가 이런 말을 했어요. "영감은 아마추어를 위한 것, 프로는 그저 아침이 되면 출근할 뿐이다." (웃음) 근데 그게 웃프면서도 와닿았어요. 저한테도 해당되는 말 같았습니다. 이 말을 인용하자면, 아이디어가 안 떠오르고 영감이 떠오르지 않을 때는 그냥 쥐어짤 뿐이에요. 데드라인이 있으니까 어떻게든 해야 되잖아요. 답은 시나리오 텍스트 안에 있다고 생각하고요.

쥐어짤 때 참고하는 자료들은 무엇일까요?

포스터 디자이너니까 사진집을 많이 보는 편이에요. 디자인 라이브러리 가서 해외 사진집도 많이 보고, 서점이나 레코드숍 등에 가서 다른 디자이너의 작업물도 많이 봅니다. 다른 디자이너의 작업에서 영감을 많이 얻는 편이죠.

요즘에는 유튜브로 공부하는 분들도 많더라고요. 감각을 잃지 않기 위해 나름대로 노력하는 것이 있나요?

디자이너들에게 가장 어려운 것 중 하나가 감각을 유지하는 것이죠. 계속 일을 하다 보면 아웃풋output만 쏟아내고 인풋input이 부족해져요. 여유가 많이 없으니까. 그래서 최대한 많이 보려고 노력합니다. 영화, 공연, 유튜브…, 또 요즘에는 옛날 광고 영상을 틀어 놓고 일해요. 과거에 쓰인 타이포그래피 중에 신선한 것도 많아서, 과거에 좋았던 것들을 너무 촌스럽고 올드한 것이라고 치부하지 않고 현대적으로 바꾸는 작업도 하고 있어요.

> **아이디어 떠오르지 않을 때는 쥐어짤 뿐. 감각 유지하기 위해 최대한 많이 보려고 노력. 나만의 '비공유 폴더' 만들어.**

인풋 작업이 특별하게 일직선으로 연결되는 딱 한 개가 아니라 다양한 방식이 있을 것 같고, 그런 노력이 결국 디자인 작업을 할 때 머릿속에서 나오게 되겠죠?

그렇죠. 그리고 저만의 비밀 노트라고 할까요? 그런 게 하나 있습니다. 예를 들어 잡지를 보다가 좋은 게 나오면 '나중에 이런 느낌의 영화가 들어오면 참고해야겠다' 메모를 써 놓죠. 제가 또 여기저기 돌아다니는 걸 좋아해요. 그래서 또 좋은 장소를 가면 '이런 장소는 이런 포스터 할 때 써야겠다' 이렇게 많이 기억해 두는 편이에요.

책 표지 작업하는 분들도 자기 데이터베이스가 있다고 하더라고요. 특별한 게 아니라 핸드폰 안에 있는 메모장과 사진첩에 자료 폴더를 만드는 거죠.

맞아요. 다들 있어요. 공유하지 않는, 자신의 폴더.

특정한 비법이 있다기보다는 평상시 나의 작업과 연계될 가능성이 있는 이미지나 텍스트를 꾸준히 접하고 모아서 검토하는 것이야말로 작업을 지속할 수 있는 힘이 된다는 생각이 듭니다. ★

제작자

시나리오 작가

감독

촬영감독

조감독

프로덕션 디자이너

특수분장사

VFX 아티스트

편집감독

사운드 디자이너

바이어

마케터

포스터 디자이너

영화제 프로그래머

영화 번역가

영화로 세계를 연결하다

영화를 만드는 것은 그 자체로 놀라운 일이다. 하지만 그렇게 만들어진 영화가 다 개봉할 수 있는 것은 아니다. 모든 영화가 개봉을 위해 충분한 배급, 마케팅 비용을 쓸 수 있는 건 아니기 때문이다. 극장 상영관 수도 한정돼 있다. 온라인 상영의 기회가 늘어나고 있지만, 이 기회 역시 누구에게나 주어지지는 않는다. '나만 영화를 만들고 있었던 게 아니구나' 하는 깨달음은 영화를 완성한 이후 더 크게 찾아온다. 상업영화들만으로도 경쟁이 치열한데, 예술영화·독립영화는 그야말로 좁은 문을 비집고 들어가야 한다. '신인 감독의 예술성 짙은 독립영화'라면 더더욱. 그래서 많은 영화들이 찾는 활로가 영화제 출품이다. 영화제 경쟁 부문에 초청되거나 제작지원작으로 선정되면, 그 과정에서 영화 산업 관계자들의 주목을 받을 수 있다. 수상까지 한다면 상금으로 개봉 비용을 충당할 가능성도 커진다. 평단의 호평이나 영화제 관객들의 입소문도 영화를 알리는 데 도움이 된다.

보고 고르고, 영화 얼리어답터

　　한국에서는 수많은 영화제가 열린다. '글로벌'한 영화제도 수두룩하다. 현재 한국의 주요 국제영화제는 부산국제영화제, 전주국제영화제, 부천국제판타스틱영화제, 서울국제여성영화제, 제천국제음악영화제, DMZ국제다큐멘터리영화제, 부산국제어린이청소년영화제 등(2020년 영화진흥위원회 지원금 규모 순)을 들 수 있다. 이외에 울주세계산악영화제, 부산국제단편영화제, 서울국제프라이드영화제, 서울국제초단편영화제, 서울구로국제어린이영화제, 서울국제실험영화페스티벌, 서울국제음식영화제 등 중소 규모의 국제영화제도 개최된다. 자세히 보면 부산국제영화제처럼 종합적으로 다양한 영화를 선정해서 상영하는 '종합선물세트형' 국제영화제와 여성·장르·퀴어·산악·음악·다큐·어린이·음식 등을 정해서 특화한 '테마형' 국제영화제로 구분할 수도 있다. 한 해 대한민국에서 열리는 (국내, 국제 포함) 영화제는 2020년 기준 186개다(영화진흥위원회 2021년 5월 '국제영화제 육성지원 평가지표 개선 방안 연구' 참고). 지자체마다 지역 홍보와 지역 경제 활성화, 영화제 스태프 등 인력 고용을 통한 일자리 증대, 문화 체험 기회 늘리기 등을 위해 영화제를 만들고 예산을 지원하기 때문이다. 코로나19로 인해 영화제들의 살림살이나 형편은 양극화되고 있기는 하지만 말이다.

　　한국에 국제영화제가 존재해야 하는 이유는 무엇일까? 영화제는 관객에게 국내외의 다양하고 훌륭한 영화들을 발굴하고 소개하며, 아시아를 넘어 전 세계 영화인들이 교류하는 장이 된다. 그 만남이 결과적으로 영화를 만드는 이들을 성장시켜 더 좋은 영화를 탄생시킨다. 많은 영화제들이 매년 다양한 프로그램을 기획해서 영화를 상영한다. 새로운 영화 프로젝트를 피칭pitching해서 제작, 배급을 지원하는 자리도 마련한다. 최근에는 온·오프라인 콘텐츠&필름 마켓을 열어 전 세계 영화 투자자나 배급사들이 새로운 콘텐츠를 사고 팔수 있게 하고 있다.

영화제에서 매년 색다른 기획을 하고, 그에 맞는 영화를 상영하는 일을 주도적으로 진행하는 사람이 프로그래머다. '영화제를 위해 영화를 고르는' 직업이라고 간단히 정의할 수 있지만, 실제 영화제 프로그래머가 하는 일은 훨씬 넓고 깊다. 프로그래머는 영화를 만든 감독이나 제작자가 미처 생각하지 못했던 가치를 발견하고 의미를 부여해 주는 역할을 한다. 이전에 없던 새로운 물결, 놀라운 예술적 탐구와 성취가 될 영화들을 누구보다 먼저 이해하고 소개한다. 한국영화든 외화든 마찬가지다. 일종의 '영화 얼리어답터'라고 할까?

매년 영화제의 화두를 정하고 기획하는 프로그래머로 일하려면 기획을 성사시키려는 의지와 추진력, 세계 영화계의 움직임에 늘 열려 있는 자세, 오래된 영화의 가치도 다시 생각해 볼 줄 아는 예민한 감각과 발상을 전환하는 태도가 필요하다. 프로그래머가 매해 영화제 기획을 하고 나면, 그에 어울리는 상영작을 고르는 고난도의 중노동이 시작된다. 영화제 프로그래머는 세계 각지에서 영화제 경쟁 부문에 출품한 1천 편 안팎의 영화들을 봐야 한다. 칸, 베니스, 베를린, 로카르노, 토론토 등 중요한 해외 영화제에 참석해 자신의 영화제와 맞는 작품들을 보고 초청작을 선정한다. 해외 영화제 출장 기간 내내 아침부터 저녁까지 4~5편의 영화를 무조건 봐야 하는 것이다. 많이 봐야 좋은 작품을 찾을 수 있으니 수면 부족에 끼니도 거르기 쉽다. 틈만 나면 비행기 타고 해외를 오가며 파티에서 유명 영화인들을 만나는 화려한 직업 아니냐고? 모든 일에는 빛과 그림자가 있다. 영화를 보는 것이 많은 이들에게는 평범한 '취미 생활'이지만, 엄청나게 많은 작품을 봐야 한다는 것, 그것도 편안한 내 집 소파나 근처 극장이 아니라 세계 곳곳을 돌아다니며 내 취향이 아닌 영화들까지 보는 일은 상당히 힘든 '업무'다. 그래서 영화제 프로그래머는 그저 성공한 영화 마니아의 직업이 아니다. 일상의 흔한 규칙과 타임라인을 뛰어넘는 순간이 다반사다. 영화를 향한 열정과 끈기를 안고 영화제를 완주하기 위해 마라톤 선수처럼 훈련된 호흡을 갖춰야 하는 일이다.

　　프로그래머에겐 영화를 보고 고르는 것만큼이나 다른 업무도 많다. 영화제 상영작들을 선정하는 데 1년의 3분의 2 정도를 보내고, 그 후엔 영화제 카탈로그와 프로그램 노트에 선정 이유를 글로 써야 한다(원고량이 상당하다!). 상영 시간표를 짜고, 전시, 포럼, 마스터 클래스 같은 프로그램 준비도 한다. 영화제를 홍보하기 위해 각종 인터뷰도 해야 한다. 기획한 프로그램을 잘 진행해 줄 전문위원들이나 모더레이터moderater도 섭외한다. 영화제에 참석할 감독, 배우 등 주요 게스트를 섭외하고 프로그램팀, 초청팀 등 영화제 스태프들과도 긴밀히 협력해야 한다. 지역 공무원이나 언론과의 적절한 소통도 필수다. 이렇게 많은 일을 해야 하는데도 프로그래머가 매력적이냐고? 물론이다. 세계 영화계의 변화, 거장의 위대한 영화를 누구보다 빨리 접하고, 그 영화들을 관객에게 전하는 즐거움을 만끽할 수 있다. 가능성이 무궁한 프로젝트가 영화제를 통해 제작

지원을 받아 완성된다면, 뛰어난 신인 감독들을 태어나고 성장하게 하는 '인큐베이터' 역할도 하는 셈이다. 멋지고 보람 있는 직업임은 분명하다.

글자 수는 정해져 있다!

영화제를 가 본 이들이라면 많이 느끼겠지만, 한 편의 영화를 세계와 연결시켜 주는 또 하나 중요한 연결고리가 영화 번역이다. 영화가 자국이 아닌 다른 문화권에서 상영될 때 반드시 필요한 것이 번역이다. 세계 영화 관계자들이 새로운 영화를 처음 접하는 통로인 국제영화제나 영화 마켓은, 영화 전문 번역가의 작업 결과가 처음 공개되는 때이다. 전 세계에서 개봉하는 상업 블록버스터의 경우 자국 밖에서 최초 개봉할 때 번역이 큰 주목을 받기도 한다.

영화번역가는 외국영화의 언어를 한국어로 번역하는 외화 번역과 한국어를 외국어로 번역하는 일을 모두 한다. 영어로 한정하자면 한역과 영역인데, 둘 다 잘하는 이들도 있지만 각각이 전문 영역이기도 해서 한 가지만 하는 이들도 많다. 영화 번역은 단순히 영화 대사로 된 언어를 번역하는 게 아니다. 문화를 번역하는 일이며, 세상을 번역하는 일이다. 영어, 프랑스어, 러시아어, 일어, 중국어, 스페인어 등 모든 언어에는 그들만의 전통과 문화가 녹아 있다. 더불어 영화에는 감독의 의도, 스토리와 개별 장면이 가지는 맥락, 그 영화 안에서 만들어지는 세계관이 있다. 그 많은 요소를 자막이라는 한정된 글자 수 안에서, 개봉하는 나라의 관객들이 이해하기 쉽게, 그 나라의 언어로 전달해야 한다. 즉, 영화번역가는 언어에 대한 이해(외국어는 물론 한국어에 대한 이해도 깊어야 한다)는 물론이고 영화를 둘러싼 많은 지식, 숙련된 번역 기술을 갖춰야 하는 직업이다. 때로는 주요 장면에서 주인공의 고백을 엉뚱하게 해석하거나 식상한 유행어를 사용하고, 지나친 의역이나 오역으로 장면의 의미를 바꿔 버리는 문제적 번역이 종종 있다. 번역 오류는 작게는 영화 감상을 방해하고 크게는 영화의 본질을 흐린다. 유능한 영화번역가는 끊임없이 대중의 언어를 공부하면서도 그 언어를 적절하게 사용할 줄 아는 책임감도 갖추어야 한다. 두 언어 사이에 다리를 놓는, 스크린 뒤의 숨은 공로자로서, 영화번역가의 노력은 영화를 사랑하는 이들에게 큰 영향을 미친다. 인정받아야 마땅하다.

　　지난 2019년부터 2020년까지 영화 〈기생충〉이 누린 전 세계적인 호평, 칸영화제와 아카데미시상식에서의 수상, 미국·프랑스·영국·독일·스페인·일본 등에서의 흥행 성공은 한 편의 영화가 전 세계로 퍼져 나가는 데 있어 번역이 얼마나 중요한 역할을 하는지를 보여 준다. 그런데 한국영화의 기세는 여기서 그칠 것 같지 않다. 해외 개봉이 빈번해지는 것은 물론, 다양한 OTT 플랫폼을 통해 한국영화를 접하는 해외 관객들이 늘어나고 있다. 글로벌 콘텐츠 시장에서 한국영화에 대한 수요와 관심이 점점 커지고 있기에, 한국영화의 번역이 앞으로 더 중요한 역할을 하게 될 전망이다. 우리와 전혀 다른 문화권에서 살고 있는 이들의 삶의 모습도 다양한 외화 번역을 통해 가까이 접하게 될 것이다. 수많은 이들의 노력이 결집된 한 편의 영화는, 그 영화를 이해하는 좋은 번역가들을 통해 우리 곁으로 다가오고 또 다른 세상으로 나아가며 더 큰 의미로 확장된다.

좋은 영화는 인종, 성별, 나이, 국가, 시대를 넘어서 관객과 만난다. 영화를 좋아한다면 아니 사랑한다면 그 과정에서 우리가 할 일은 꽤 많다. 팬데믹 시대를 살며 바이러스와 결별하기 어려워도, 영화로 세계를 연결하는 사람들은 여전히 뜨겁게 일하고 있다. 영화에 대한 애정과 갈망이 있다면 도전해 보자. 지금 이 순간도 우리는 수많은 영화와 함께하고 있으니까.

14 ___ 영화제 프로그래머

"다양한 경험과 취향 훈련은 필수입니다"

김영덕

· '부천국제판타스틱영화제BIFAN'
  수석 프로그래머

| 출처: BIFAN 누리집

국내 영화제에서 상영작을 발표하면 많은 관심이 쏠린다. 유명 감독들의 신작부터 해외 영화제에서 호평받은 영화까지 수많은 상영작 목록을 보며 관람 스케줄을 짜는 이들도 있고, 어떤 영화인이 영화제를 찾아 관객과 만날지를 호기심 어린 눈으로 보는 사람도 있다. 영화제에서 상영되는 작품들을 결정하는 사람이 바로 영화제의 프로그래머들이다. 프로그래머들은 한국영화와 외국영화, 공포와 SF를 비롯한 장르영화와 독립영화, 실험영화 등 다양한 진영으로 영화제의 색깔을 드러내는 영화들을 선정하고 부문을 나눠 관심을 유도한다. 개막작과 폐막작, 기획전은 그해 영화제의 방향성을 가늠하는 잣대가 되기에 영화제 프로그래머들은 원하는 영화를 가져오기 위해 백방으로 노력을 기울인다. 프로그래머들은 이 영화제에서 저 영화제로 자리를 옮겨 가며 프로그래밍을 하기도 한다. 영화를 보고 고르는 일, 국내외 영화인들과 교류하며 영화제의 프로그램을 풍부하게 만드는 일이 전부 프로그래머의 노력으로 이루어진다. 언뜻 생각하면 좋아하는 영화를 실컷 볼 수 있겠다 싶지만, 영화제가 본격적으로 닻을 올리기 몇 달 전부터 수면 아래서 눈코 뜰 새 없이 바쁜 나날을 보내야 한다.

영화제가 가장 언론과 대중의 주목을 끄는 것은 개막식에 참석한 스타들이 레드카펫을 밟는 순간일 테지만, 영화제의 꽃은 영화제가 아니면 볼 수 없는 영화들이 상영되는 매 회차 그 자체가 아닐까? 여러 영화제에서 경력을 쌓고 현재 부천국제판타스틱영화제 수석 프로그래머로 재직 중인 김영덕 프로그래머는 이렇게 겉으로 드러나는 모습 외에도 행정적인 부분, 직업인으로서의 어려움과 즐거움 등에 대한 이야기를 다각도로 들려주었다.

어떻게 영화계에 입문하고 어떤 과정을 거쳐 프로그래머가 되었나요?

돈을 받고 풀타임으로 일을 한 건 1998년 여름 부산국제영화제 프로그램팀에서였습니다. 부산국제영화제가 3회를 준비하고 있을 때였고, 제일 바쁜 시즌이 막 시작됐을 쯤입니다. 그때 저는 '문화학교 서울'에서 자막 번역과 운영위원을 맡고 있었거든요. 자판기 관리도 하고, (웃음) 소식지도 쓰고요. 그런데 이용관 선생님이 들러서 "여기 영어 좀 잘하는 사람 없나? 스태프가 필요한데" 그러셨어요. 제가 자막 번역을 워낙 많이 했으니까 영어를 제일 잘한다 그래서 갑자기 2, 3일 후에 내려간 거죠. 그렇게 영화제에서 일을 하게 됐습니다.

해외 마케팅 경력도 있는 것으로 알고 있습니다.

그전에 해운회사에서 일한 경력이 있어요. 해운회사에서 배운 유통 시스템 지식을 활용해서 영화제에서 2년간 트래픽traffic[#] 일을 했어요. 그러던 중 영화 서클에서 알고 지냈던 선배가 영화투자사 '유니코리아' 이사로 일하고 있었는데 저한테 같이 일해 보자고 제안을 했어요. 당시 유니코리아에서 제작 지원한 영화 〈박하사탕〉(이창동, 1999), 〈오! 수정〉(홍상수, 2000) 등이 칸영화제에 초청되면서 해외 마케팅을 관리할 사람이 필요했거든요. 그래서 제가 그 일을 하게 된 거죠.

[#] 영화제 프로그램팀에서는 상영작과 관련된 다양한 업무를 담당하는데, 그중 하나가 선정된 상영작의 상영본과 자막, 영화와 관련된 자료들을 가져오는 일이다. 일반적으로 운송, 운반 등을 뜻하는 트래픽traffic이 여기서는 이러한 상영본 및 자막의 수급을 뜻하는 말로 쓰였다.

한국영화계에서 1990년대가 대기업 또는 새로운 세대가 등장해 영화를 만드기 시작한 시기라면, 2000년대는 한국영화의 예술성이 해외 영화 시장에서 본격적으로 인정받기 시작한 시기라고 할 수 있죠. 한국영화들이 해외 영화제에 적극적으로 진출하고 해외 반응도 좋았습니다. 이후 본격적으로 프로그래머 경력을 시작한 곳은 부천국제영화제였죠?

지금 생각하니까 운이 좋았네요. 20년 전에 프로그래머를 했다니! 필연적인 것은 영화를 좋아했다는 것, 나머지는 다 우연인 거 같아요. 유니코리아에서 장선우 감독님의 애니메이션 〈바리공주〉(박재동·장선우, 2001)를 준비하다가, 저는 애니메이션과는 맞지 않는 것 같아 고민하던 차에 마침 부천영화제에서 연락을 받았어요. 그때 부천영화제가 5회를 맞으면서 인적 구성이 큰 변화를 겪고 있었거든요. 당시 원혜영 부천시장님이 삼고초려를 해서 김홍준 집행위원장을 모셔 왔죠. 초대 프로그래머였던 분을 집행위원장으로 모시고 오면서 약간 체제도 바뀌고 새로운 프로그래머도 찾고 있던 시기였어요. 그때 유니코리아에서 함께 일한 송유진 프로그래머가 저를 추천해서 가게 됐습니다.

'프로그래머는 어떤 사람인가'라고 물으면 뭐라고 답할 수 있을까요?

옛날에 홍콩에서는 '프로그램 코디네이터'라고도 했어요. 영화제마다 좀 다르게 부르지만 공통적으로 프로그래머의 지위는 전체 프로그램을 짜는 사람이죠. '프로그래머'를 컴퓨터 프로그래머라고 생각하는 분들도 있는데 큐레이터 같은 역할이죠. 그래서 '큐레이터'라는 용어를 쓰는 사람도 있습니다. 특히 영화제 특별전 같은 경우는 큐레이터란 말을

영화제에서는 창작자와 관객이 만나 소통할 수 있다. 왼쪽은 제25회 부천국제판타스틱영화제 상영작인 〈슈퍼히어로〉(김민하, 2021) GV Guest Visit, 오른쪽은 〈권총〉(뤼후이줘우, 2020)의 GV 현장 | 출처: BIFAN 누리집

많이 써요. 특별전은 어떤 주제에 맞춰서 상영 작품을 선정하니까요. 그런데 프로그래머는 주제에 맞춰서 딱 그것만 한다기보다는 전체적인 프로그램을 다 관장하고, 기획하고, 작품을 선정하는 일을 하니까 '프로그래머'라고 하는 거 같습니다.

영화제의 목적은 무엇이라고 할 수 있을까요?

하나의 답이 없다는 것은 아실 거라고 생각합니다. 다만 제가 여러 영화제들을 보면서 '영화제란 어떠해야 하는가' 생각을 좀 해 봤습니다. 성공하는 영화제를 보면 영화를 보는 문화, 새로운 문화를 하나를 만들어 내는 작업 같아요. 영화를 엔딩 크레디트까지 보고, 관객들이 직접 창작자를 만나고. 길을 가다가 감독과 배우가 앉아 있는 모습을 보게 되기도 하고, 이런 풍경들, 이 모든 것이 하나의 문화를 만들어 내고 그걸 관객은 경험하는 것이고요. 그 경험을 하고 돌아가서 그것이 자기 기억 속에 의미 있는 시간으로 남는다면, 그 영화제가 성공했다고 할 수 있을 것 같아요. 영화제가 어떤 행사를 조직하고, 영화에 대한 정보를 전달하고, 관객들이 직접 영화를 보고 영화제를 체험할 때 그 모든 것이 문화가 되고, 그 문화가 확립되어야 영화제가 성공할 수 있다는 생각이 들어요.

> " 영화제 프로그래머는 기획하고 작품 선정하는 큐레이터 역할.
> 그러나 전체 프로그램 관장한다는 점에서 역할 범위 더 넓어. "

보통 영화제를 구분할 때 경쟁 영화제·비경쟁 영화제로 나눕니다. 칸 영화제는 경쟁·비경쟁 부문이 모두 있고, 부산도 예를 들면 '뉴커런츠 부문'이 경쟁이고 전체적으로 비경쟁입니다. 그럴 때 여러 섹션을 프로그래머가 전방위적으로 맡기도 하고 특정하게 구분해서 맡기도 하니까, 한 영화제에 프로그래머가 한 명일 수도 있고 여러 명일 수도 있을 텐데요. 현재 부천영화제는 몇 명이 어느 정도 역할과 기능을 나눠서 일하고 있는지 설명해 주시겠어요?

저희는 프로그래머가 다섯 명입니다. 그중 한 분은 본인 명함에 'XR 큐레이터'라고 적는 걸 좋아해요. 'XR 큐레이터'는 VRvirtual reality(가상 현실) 쪽 프로그래밍을 하는 분입니다. 아무래도 프로그래머라고 하면, 저 같은 프로그래머를 떠올리게 되기 때문이겠죠. 저희가 좀 아티스틱 VR을 하기 때문에 VR을 큐레이팅 개념으로 생각해요. 어떤 신기술 전시 같은 것이 아니라, 좀 더 다양한 측면의 실감 매체를 활용해서 예술적 체험을 준다고나 할까요? 그리고 다른 프로그래머 네 명 중에 한 분은 인더스트리industry(마켓 프로젝트)와 영미권 프로그램을 같이 하고 계시구요, 나머지 세 명이 각 지역별로 한국과 유럽과 아시아를 담당하고 있습니다.

프로그래머가 영화를 선정하는 기준은 무엇인가요?

제가 일하는 부천영화제는 판타스틱 영화제라는 색깔을 갖고 있는데요, 프로그래머들 각자 생각하는 판타스틱 영화제의 기준이 조금씩 달라요. 가장 마이너한 취향, 가장 실험적인 작품부터 대중적인 것까지 스펙트럼이 다양합니다. 익숙한 것을 뒤집어 보는 시선을 가진 영화, 장르적으로 대중한테 접근하는 영화들을 먼저 살펴보고 그중에서 가장 신선하고 도발적인 영화들을 고르려고 노력하죠. 주제 자체가 전복적인, 또는 상투적이거나 관습적인 시선이 아닌 영화들을 찾아서 상영할 영화를 선정합니다.

약간 세속적인 기준이긴 하지만, 한국의 영화제도 "우리가 월드 프리미어world premiere# 제일 많아" 이런 걸 내세우고, 아시안 프리미어 · 코리

프리미어는 '(연극의) 초연', '개봉'을 뜻하는 말로, 제작된 영화의 첫 상영 또는 이를 위한 행사 등을 통칭한다. 영화제에서 '프리미어'라는 말이 붙으면 해당 영화제를 통해 작품을 처음 공개한다는 의미로, 전 세계 영화인과 대중들의 관심을 받을 수 있어 프로그램 구성에서 매우 중요하게 여겨진다. 영화제 '프리미어'는 각 영화제가 담당하고 있는 권역에 따라 '월드 프리미어'(전 세계 최초 상영), '아시아 프리미어'(아시아 최초 상영), '코리아 프리미어'(한국 내 최초 상영) 등으로 섹션이 나눠지기도 한다.

안 프리미어도 있고요. 칸·베니스·베를린 3대 영화제가 그런 프리미어를 요구하고, 그래서 칸에 출품하면 다른 영화제에는 못 내잖아요. 이렇게 굉장히 배타적인 기준을 세우는 데 몰두했던 시절이 있는데, 지금은 좀 어떤가요?

네. 지금도 몰두하고 있습니다. (웃음) 하지만 지금은 그 기준이 예전만큼 통하지는 않는 것 같아요. 왜냐하면 프리미어인데 영화가 형편없는 경우도 많아서, 차라리 프리미어를 포기하고 좋은 영화를 가져오는 게 낫지 않나 하는 생각도 들어요. 다만 영화진흥위원회에서 여전히 프리미어 상영작 편수를 기준으로 영화제를 평가하고 있어서, 선택을 해야 한다면 프리미어를 선택하기는 합니다. 비슷한 레벨의 영화가 있는데 하나는 인터내셔널 프리미어고 하나는 코리안 프리미어라면 인터내셔널 프리미어를 더 적극적으로 초청하려고 하죠. 하나라도 프리미어 수를 늘리기 위해서. 그런데 그건 행정적 차원이지 영화에 대한 판단에는 프리미어가 하등 중요하지 않아요.

2001년부터 2005년까지 부천영화제에서 프로그래머로 일할 때와 비교하면, 12년이 지난 지금 무엇을 더 고려하게 되었나요? 프로그래밍의 중심이나 철학이 바뀌었나요?

그때는 한마디로 굉장히 좋았던 시절이었어요. 영화계도 그렇고 영화제도 그렇고 분위기가 상승하고 확장하는 시대였고, 지금은 숨 고르기를 해야 되는 시기라고 봐요. 그리고 팬데믹 상황이기 때문에 예전처럼 많이 모일수록 좋은 상황은 아니거든요. 영화제에 대한 일종의 패러다

임이 바뀌는 거죠. 그전에는 사람이 많이 모이면 인기 있는 것이고 그게 힘이 되는데, 지금은 그 많은 사람이 모였다고 해서 그걸 과시하거나 권력화시킬 수 있는 시대가 아닌 거예요.

> " 1년 내내 영화만 봐야 할 만큼 콘텐츠 양 많아져, 예고편으로 후보 좁혀 놓고 작품 선정해. "

고민의 성격이 달라졌겠네요.

'그렇다면 무엇이 제일 중요한가'를 많이 고민하는 시기입니다. 영화를 보는 시간이 반이라면, 그 고민을 하는 시간이 반인 것 같아요. 옛날만큼 영화를 엄청나게 많이 봐야 하는데 많이 보지 못하고, 그때보다 예고편을 더 많이 보는 거 같아요. 그때는 아무 정보 없이 그냥 출장 가서 하루에 5편씩 아침부터 시간표 짜서 내 눈으로 영화 보고 뛰어다니고 또 영화 보고 이렇게 30편 정도 보고 나서야 좋은 영화를 만날 수 있었다면, 지금은 양적으로 일단 콘텐츠가 너무 많아서 그걸 다 보려면 1년 내내 영화만 보다가 지나가고 맙니다. 어느 순간에는 우리 프로그램에 선택될 확률이 많은 작품을 더 길게 보고 아닌 거는 빨리 걸러 내야 하니까, 세일즈 회사별로 라인업을 확인하고 트레일러trailer film(예고편)를 본 다음 후보를 많이 좁혀 놓고 거기서 영화를 보게 됩니다.

예고편을 더 많이 볼 수밖에 없다는 게 흥미롭네요.

조금 더 길게 찍어 놓은 프로모promotion#나 1분에서 1분 30초짜리 예고편을 먼저 다 보죠. 예고편도 극장용 예고편이 아니라 영화를 팔기 위해 만든 예고편이 있거든요. 그런 프로모션용 예고편이나 조금 더 길게 만들어 놓은 것, 그러니까 세일즈 회사별 라인업을 5~10분짜리로 편집한 걸 10편 정도 모아서 1시간 동안 보여 주는 영상 같은 걸 많이 봐요.

한 해에 영화제를 위해 몇 편의 영화를 보시나요?

한번 세어 봤는데 300편 내외? 중저가형 장르영화도 무시할 수 없거든요. 세일즈 회사마다 라인업 성격이 다르니까요. 영화 편수로 밀어붙이는 경우도 있고, 작품 하나하나 부티크처럼 홍보하는 경우도 있어요. 안목이 굉장히 높은 세일즈 회사에서 장르영화를 가지고 있다면 더 눈여겨 보게 되죠.

1년에 300편 정도면 토요일·일요일에도 영화를 보는 셈이네요.

네. 마켓도 있으니까요.

시체스영화제 같은 유사한 영화제와 서로 네트워크에서 추천도 하겠네요. 사전 질문 중에 이런 게 있어요. "비시즌에는 뭘 하나요?"

1월부터는 더 본격적으로 작품들을 찾기 시작하니까, 비시즌이라고 하면 영화제가 끝나고 4개월 내지 5개월 정도입니다. 한 달은 보고

출시할 영화를 홍보하거나 선전하는 일 또는 이를 위한 홍보물이나 영상 등을 말한다.

서를 쓰면서 지나가요. 평가하고 보고하는 시간이죠. 보고용 평가가 있고 내부적으로 디테일하게 사람에 대한 평가도 포함해서 '이 일을 해 보니까 이렇더라', 이런 내용을 정리합니다. 그런 것들을 곱씹으면서 '내년에는 이러지 말아야지' 마음먹죠. 그 다음에 예산을 제출하고요. 영화제가 끝나고 9월, 10월에는 예산을 짜니까 평가와 예산을 짜는 작업이 겹친다고 할 수 있겠네요.

직업으로서 프로그래머의 장단점이 있다면 무엇일까요? '비행기 타고 멀리 가서 탐험하듯이 영화를 본다', 영화를 좋아하는 사람에게는 꿈의 직업이라고 생각되는데요.
꿈의 직업이었었죠. (웃음)

사실은 '극한 직업'인 거죠?
(웃음) 젊었을 때는 좋았는데.

그렇다면 연령에 따라? (웃음)
제가 처음 부천영화제 일을 할 때는 젊기도 했고 그때는 고용이 안정적이었어요. 물론 마지막에 안정적이지 않다는 걸 알게 되었지만. 김홍준 집행위원장님 때는 일하는 동안에는 주변적인 생각을 안 하고 일에 몰두할 수 있는 환경이었어요. 그때는 일을 열심히 잘하고, 새로운 걸 많이 했던 거 같아요, 재미있고 도전적인 일들.

지금은 어떻게 느끼나요?

지금은 전 세계적으로 많은 영화제가 있고, 영화제 프로그래머라는 직업도 아주 좋은 환경에서 일하는 경우도 있고, 영화제 서너 개를 해야지 먹고살 수 있는 경우도 있어요. 외국이든 한국이든 그렇습니다. 그래서 프로그래머 자체가 '꿈의 직업이다' 하던 시기는 이미 지났습니다. 프로그래머는 영화제에서 핵심적이고 중요한 인력인데도 정규직으로 고용하지 않는 곳이 훨씬 많아요. 저는 수석 프로그래머이고 상근을 하게 돼서 상황이 나아졌는데, 그전까지는 고용이 불안정했고요. 저는 굉장히 직업에 만족하고 있다고 말씀 드릴 수 있지만, 많은 프로그래머는 불안한 상황에서도 그냥 영화를 좋아하기 때문에 일하는 경우가 꽤 많을 거예요.

이직률도 높죠?

교수를 한다든지, 외국 영화제 일을 하는 경우도 있어요.

프로그래머로서 언제 자부심을 느끼시나요?

저희가 2017년부터 '장르영화 속 여성 재현'이라는 시리즈를 3년 동안 했는데, 그 부분이 굉장히 뿌듯합니다. 시대의 흐름을 반 발 앞서갔다는 생각이 들거든요. 그 이후에 여성이 주인공이거나, 여성을 장르

2017년부터 3년간 진행된 '장르영화 속
여성 재현' 시리즈. 왼쪽 위부터 시계 방향으로
'강한 여자, 못된 여자, 무서운 여자'(2017),
'장르를 달리는 여성 영화인'(2018),
'웃고 웃기는 여자들의 역사'(2019)
| 출처: BIFAN 누리집

로 다시 해석하려는 시도나, 그런 면을 전면에 내세운 작품들이 굉장히 많이 나왔으니까요. 그리고 사회문화적으로 페미니즘적인 시각에서 모든 것들을 분석하고 다시 새롭게 역사를 쓰려는 움직임들이 많았고요. 이 자리를 빌려 손희정 평론가에게 감사를 드립니다. 사실 영화제 프로그래밍을 하다 보면 주변의 도움 없이는 할 수가 없거든요. 특히 특별전 같은 경우는 본인이 모든 분야의 전문가일 수 없기 때문에, 그냥 기획만 하는 것이지 그 내용은 전문가의 도움을 빌려서 할 수밖에 없어요. 그랬을 때 전문가 분들을 만나서 배우고 하는 과정들이 좋았어요.

어떻게 프로그래머가 되나요?

프로그래머는 인류학을 전공해도 됩니다. 김홍준 감독님도 영화 전공이 아니었고요. 감식안이 중요한데 감식안은 일단 영화도 많이 봐야 하지만 취향을 키우는 훈련을 많이 해야 해요. 문학과 대중문화 전반에 대한 취향이 필요해요. 저희 영화제는 대중문화를 다양하게 잡식성으로 섭취하는 동시에 자기만의 취향도 선명해야 하는 곳이라고 생각해요. 취향은 영화제 성격에 따라 달라서 꼭 어떤 분야를 많이 보라고 말하는 것은 무리고요. 그리고 커뮤니케이션을 할 수 있는 기본 어학 능력은 필수입니다.

> " 기본 어학 능력은 필수. 크리에이티브한 일을 할지, 컨트롤하는 일을 할지 정해야. 현실 감각도 필요. "

작은 영화관 단위의 기획전은 어떻게 준비하는지 궁금해하는 분도 있습니다.

요즘에는 영화제를 참 많이 하죠. 동아리에서도 할 수 있고요. 어려운 일은 아닙니다. 그런데 일반 관객에게 표를 파느냐 아니면 무료 상영을 하느냐에 따라 문제의 크기가 달라져요. 비영리로 운영을 하거나 학술적인 목적일 때는 무료로 상영하니까 개최하는 것이 어렵지 않아요. 그런데 극장을 대관해서 표를 판매하고 스태프를 고용하면 저작권 문제부터 상영 허가를 얻는 절차를 거쳐야 해요. 그러면 예산이 최소한 몇 백만 원에서 크면 억대의 돈이 들어가고, 그러면 지자체나 스폰서가 필요하게 됩니다. 영화제로는 돈을 벌 수가 없어요. 영화제는 복지사업이에요. (웃음) 그럼에도 불구하고 상징적인 가치가 있고, 지자체의 지위가 올라가고 문화적인 권위가 생기니까 하는 거죠.

마지막으로, 영화제 프로그래머 일에 관심이 있는 분들께 하고 싶은 말이 있다면?

영화 일을 할 때는 온갖 것들이 다 도움이 됩니다. 법학을 공부하는 것도 도움이 될 수 있는 것 같아요. 변호사 하다가 영화를 제작하는 분도 있는데, 그러면 계약서를 굉장히 잘 쓰거든요. 감독을 하고 싶으면 음악이나 미술, 문학을 많이 접하는 게 제일 좋고요. 크리에이티브한 일을 할 것인지 컨트롤하는 일을 할 것인지를 생각해야 합니다. 영화는 여러 사람이 참여하는 종합적인 예술이잖아요. 영화는 돈도 알아야 되면서 예술도 알아야 되거든요. 현실 감각도 좀 있어야 됩니다. 저 역시 내가 어떤 일을 해야 되는가 늘 고민하면서 일을 하고 있습니다. 앞으로 저도, 그리고 부천영화제도 관심을 갖고 지켜봐 주세요. ★

15 _____ 영화번역가

"연기를 번역하고, 문화를 번역합니다"

달시 파켓 Darcy Paquet

· 대표작 ──────
〈살인의 추억〉〈만신〉〈국제시장〉
〈곡성〉〈아가씨〉〈공작〉〈택시운
전사〉〈기생충〉

| 제공《씨네21》

영화는 쉽게 국경을 넘는다. 한국에서 한국 자본으로 한국 제작진이 한국어로 만든 〈기생충〉(봉준호, 2019)이 아카데미에서 상을 받는가 하면, 할리우드의 '어벤져스 시리즈'는 신작이 개봉될 때마다 한국에서 엄청난 사랑을 받으며 화제가 된다. 이렇게 영화가 다른 언어권에서 상영되려면 반드시 필요한 중간 단계가 자막 제작이다. 영화 번역은 중요한 정보나 정서를 누락 없이 전달해야 하는 동시에, 자막의 제한된 글자 수 안에서 그 모든 것을 표현해야 한다는 어려움이 있다. 번역의 대상이 되는 언어와 옮긴 언어(출발어와 도착어라고 한다) 양쪽에 모두 능통해야 하며, 영화를 포함한 양쪽 문화 전반에 대한 이해 역시 필요하다. 긴 말을 짧게 응축해야 할 때는 상당한 창의력도 요구된다. 〈기생충〉에 나온 '짜파게티'와 '너구리'를 섞어 만든 '짜파구리'를 라면과 우동의 영단어를 혼합해 람동Ramdong으로 옮긴 것은 창의적 해석의 예로 적절할 것이다. 이 번역은 영화번역가 달시 파켓의 손에서 탄생했다.

영화 제작 과정에는 일절 관여하지 않지만, 자막 번역은 그 영화가 다른 언어를 사용하는 나라에서 얼마나 잘 이해되고 받아들여지는지에 큰 영향을 미친다. 대체로 영화 자막 번역가는 혼자 일하지만, 때로는 영화감독의 도움을 받기도 한다. 완벽한 번역을 하기 위해 애쓰지만, 대개는 백퍼센트 만족할 수 없는 상황에서 작업을 이어 가야 한다는 달시 파켓의 말에서는, 오랜 시간 고민하며 작업을 이어 온 사람 특유의 성실함이 묻어난다. 말맛을 살리면서 영화의 메시지를 효율적으로 전달하기 위해 어떤 노력을 할까? 어순이 다른 언어들 사이에서, 혹은 긴 대사를 축약하는 과정에서 겪는 어려움은 어떤 것이 있을까? 그의 말을 듣고 나면 영화 자막을 지금까지와는 다른 눈으로 보게 될지도 모르겠다.

달시 파켓 번역가님이 〈기생충〉에 등장하는 '짜파구리'를 '람동Ram-dong'으로 번역한 것이 화제가 되었습니다. 번역이 언어만큼이나 두 문화를 잘 이해해야 가능하다는 것을 알게 된 계기가 되었는데요, 바로 그 점이 영화 번역뿐 아니라 모든 번역 작업의 어려움 아닐까요? 영화번역가는 어떤 일을 하는지 궁금합니다.

영화번역가는 국내 관객뿐 아니라 해외에서도 한국영화를 볼 수 있게 하는 직업입니다. 제가 처음 한국에 왔을 때, 영화제에서 한국영화를 볼 때 자막 번역이 잘되어 있으면 영화의 감정이 잘 전달되지만 번역이 엉성하면 영화를 보는 데 방해가 되더라고요. 제가 한국영화를 보기 시작하던 때부터 번역의 중요성을 알고 있었기 때문에 일해 보고 싶다는 마음이 있었어요. 어떻게 보면 간단한 일이지만 잘하려고 하면 끝이 없어요.

한국영화가 해외에 소개되는 과정에서 영화의 이야기를 전달하는 아주 중요한 역할을 하고 계신 거죠. 특히 전 세계 많은 영화제에서 다양한 영화와 영화인이 만나 서로 교류할 때 굉장히 중요한 것이 자막 번역입니다. 자막이 충분히 잘 전달되지 않으면 보는 사람 입장에서는 어떤 상황인지 정확하게 파악하기가 어렵고, 심지어는 잘못 번역되는 경우도 많으니까요. 한 편의 영화를 번역하기까지 작업하는 순서는 어떻게 되나요?

자막 번역은 영화 제작이 끝나기 전에 시작하기도 해요. 주로 후반작업을 하고 있을 때 번역에 들어갑니다. 해외 영화제 출품 마감도 있고, 해외에 판매해야 할 때도 미리 자막을 준비해야 하니까요. 그래서 주로 편집이 끝나고 CG와 음악이 다 완성되지 않은 상태에서 일하게 되죠.

영화 파일을 받고 대본과 한글 시나리오를 같이 받으시나요?

시나리오를 번역하는 경우는 대사 밑에 그냥 영어를 쓰는 것이고요. 영상 번역에 '스포팅spotting'이라는 것이 있습니다. 쉽게 말해 문장을 끊는 것, 그러니까 대사가 길게 이어지면 영화 번역은 중간에서 나눠서 작업하거든요. 아니면 자른 대사 두 개를 한 자막에 넣기도 하고요. 배우들의 목소리를 듣고 정리하면서 번역하는 방식이죠.

기본적으로는 시나리오를 가지고 작업하되, 영상이나 사운드를 같이 확인하면서 보충해 나가는 작업이군요. 영화 자막 번역에서 중요한 것이 한 화면에서 무리 없이 이해할 수 있게 대사를 늘이거나 줄이는 것 아닌가요?.

처음 시작할 때 익숙하지 않아서 힘들었어요. 지금도 힘들지만, 경험이 없을 때는 어떻게 하면 가능한 많은 정보를 짧은 문장으로 전달할 수 있을지 고민이 많았어요.

영화 자막 번역을 시작하게 된 작품이나 계기는 무엇이었나요?

한국에 와서 한국어를 배우고 싶었고 한국영화에 관심이 많았습니다. 그런데 그때는 인터넷에서 한국영화를 검색하면 나오는 자료가 없었어요. 특히 영어로 된 자료가 없었어요. 한국에서 지낸 지 2년 정도 지나서 '내가 한국영화에 대한 웹사이트를 만들면 어떨까' 생각했죠. 그래서 취미 삼아 한국영화를 소개하는 영어 웹사이트(koreanfilm.org)를 만든 게 시작이었어요.

취미로 시작했지만 굉장히 빠르게 성장했죠.

웹사이트 운영을 시작한 해가 1999년이었어요. 〈쉬리〉(강제규, 1999)가 나오고. 이듬해에 〈공동경비구역 JSA〉(박찬욱, 2000)도 개봉했고요. 한국영화 붐이 막 일기 시작하는 시점이었어요. 그래서 이메일을 많이 받게 되고 웹사이트가 계속 커졌거든요. 그러다가 영국에서 이메일을 받았는데 "영화 기자로 일해 볼 생각이 없냐"고 하더라고요.

한국에서 지내면서 한국영화 개봉작들을 실시간으로 챙겨 보고 리포트하는 사람이 정말 드물었으니까요. 주변에 영화 자막 번역하는 분들이 많을 것 같은데, 그중에서 특이하게 영화번역가로 데뷔한 사례가 있나요?

한국에서 영화 번역을 배우는 게 만만치 않았어요. 가장 필요한 것이 영화감독이나 한국영화를 해외에 판매하는 사람과 연결되는 것이었거든요. 그래야 일을 얻을 수 있으니까요. 저는 기자가 된 뒤 그런 사람들과 알게 되어서 일을 시작한 경우이고, 그러다 보니 한국에서 절차를 밟아서 일을 시작한 분들과 교류가 많은 편이 아닙니다. (웃음) 게다가 번역은 혼자 하는 일이니까요. 아는 사람이 몇 명 있지만 모르는 사람이 훨씬 많죠. 그런데 이 일을 하는 대부분의 사람들은 영화에 대한 관심으로 시작해서 영화에 대해서 글을 쓰다가 영화 만든 사람을 알게 되고 그 다음엔 번역할 수 있는 기회를 얻는 식인 것 같아요.

영화 자막 번역을 하는 분들을 보면 영화 관련 경력이 있는 경우도 꽤 있더라고요. 영화제 번역을 시작으로 천천히 실력을 쌓고 인맥도 늘리면서 조금씩 일을 시작하는 식으로요. 다른 번역 일을 하다가 조금씩 영화 번역을 늘려 가는 분들도 많고요. 영화번역가가 되는 과정에서 제일 어려웠던 부분은 뭔가요?

한-영 번역과 영-한 번역 사이에 차이가 좀 있어요. 영-한 번역은 한-영 번역보다 배울 수 있는 기회가 더 많으니까요. 근데 아무래도 처음 시작할 때 어려웠던 점은 대사를 짧게 축약해서 쓰는 것입니다. 앞에서 말한 스포팅도 간단해 보이지만 긴 대사를 나눌 때 영어와 한국어의 어순이 다르기 때문에 배우가 말하는 순서와는 다른 순서로 자막 정보가 전달되기도 하고요.

본의 아니게 스포일러를 하는 셈이 될 수도 있겠네요.

그래서 관객이 듣는 순서와 읽는 순서가 크게 어긋나지 않도록 신경 써야 하는 점이 어렵습니다.

대사가 간단하더라도 그런 문제가 덜 생기게 하려면 영화를 여러 번 반복해서 봐야 될 것 같아요. 번역하는 과정에서 감독이나 시나리오 작가와 상의하는 편인가요?

그런 경우도 있고 아닌 경우도 있어요. 영화마다 다릅니다. 〈기

〈기생충〉에서 Ram-don(짜파구리), Oxpord(서울대) 등 해외 관객도 공감하고 이해할 수 있는
대사 번역이 주목을 받았다
| 제작: 바른손이앤에이, 배급: CJ엔터테인먼트

생충〉은 처음에는 혼자 번역하다가 그 다음에는 감독님 만나서 작업했어
요. 감독님만 만난 것도 아니고 CJ 관계자도 함께 작업했고요. 감독님과
함께 천천히 영화를 보고 한 문장씩 전부 이야기하면서 작업했어요. 그렇
게 이틀이 걸렸죠. 굉장히 재밌는 작업이었습니다. 모든 사람이 아이디어
를 던지고 그중 가장 좋은 것으로 수정하면서 작업했어요.

그렇게 되면 다른 사람들의 참견도 많아질 텐데요.

가끔 그런 마음이 있는데…, 그래도 직접 만나서 함께 작업하는
편이 좋아요. 이메일로 작업물을 주고받는 경우도 있습니다. 물론 때로는
내가 잘 쓴 것 같은데 바꾸라고 답장이 오는 일도 있고요.

바꾸자는 의견이 오면 설득하는 쪽인가요?

설득할 때도 있죠. 감독님 작품이니까 감독님이 마지막 결정을
하게 되고요.

감독이 영화는 알지만 영어를 잘 모를 수도 있잖아요.

그런 경우는 제가 조금 더 하고 싶은 대로 할 수 있어요.

〈기생충〉을 일반 관객보다 훨씬 더 먼저 봤을 텐데요. 〈기생충〉은 예술적인 성취로도 높은 평가를 받고 상업적으로도 큰 성공을 거둔 영화인데, 먼저 보면서 어떤 인상을 받았는지 궁금합니다.

맨 처음에는 시나리오를 받았고, 그 다음에 비디오 파일을 받았어요. 작업이 완전히 끝난 상태는 아니고 후반작업이 남아 있는 파일이었지만, 영화가 너무 잘 나와서 한국에서도 외국에서도 인기가 많겠다 싶었어요. 운이 좋으면 칸국제영화제에서 큰 상을 받을 수 있겠다고 생각했는데 오스카 작품상까지 받았습니다. 당시만 해도 이 정도 결과를 예측하지

'스텝 바이 스텝' 현장에서 인터뷰하는
이다혜 기자와 달시 파켓

못한 사람이 저 하나만은 아니었을 거예요. 그때는 영화가 너무 재미있어서 친구들하고 얘기하고 싶은데 전혀 언급할 수 없어서 답답했어요. 3개월 동안 아무 말도 하면 안 되는 상황이었거든요.

〈기생충〉은 개봉 직전까지 내용이 알려지지 않도록 보안을 철저하게 했죠. 국내 시사회를 한 다음에도 '특정 배우가 어떤 역할을 하는지는 얘

기할 수 없다라는 식으로 말했고요. 그러니 내용을 다 알고도 함구해야 했겠네요.

비밀유지 문서에 사인도 했어요. (웃음)

영화번역가라는 직업의 만족도는 어떤가요?

저는 굉장히 잘 맞는 케이스 같아요.

어떤 면에서 잘 맞는다고 느끼는지 궁금합니다.

혼자 오랫동안 일을 하는 것이 불편하지 않아요. 워낙 혼자 있는 걸 좋아하는 스타일이라서. 또 한 가지, 너무 완벽주의라면 번역 일을 하기가 어렵거든요. 특히 자막 번역은 그래요. 대사마다 내가 하고 싶은 번역이 있지만 너무 길어서 안 쓰는 경우가 대부분이이니까 백 퍼센트 만족할 수 없는 상황에서 작업을 이어 가야 해요. 이 일의 재미라면, 제가 영화를 좋아하기 때문에 영화 만드는 과정을 좀 더 가까이서 볼 수 있는 것이 좋고, 가끔 감독을 직접 만나서 얘기할 수도 있다는 것도 꼽을 수 있습니다.

완벽주의적인 성격이면 힘들다고 하셨는데, 이른바 명대사라고 불리는 대사들이 있잖아요? 영어로도 명대사지만 한국어로 옮겨도 대사의 맛이 잘 살아서, 또 한국어 대사를 영어로 옮겼을 때에도 말맛이 잘 살아서 명대사라고 할 텐데, 그런 경우가 진짜 힘들 것 같아요.

섬세하게 잘 옮기려고 하면 문장이 길어질 수밖에 없어요. 영화에서는 정확한 번역만큼이나 분량에 맞는 번역이 중요해요. 다른 창작자의 작업을 잘 옮겨 주는 작업이라고 생각하면 더 좋지 않을까 생각합니다.

가장 힘들 때는 언제인가요?

제가 작업 시간이 굉장히 오래 걸리는 편이에요. 마감을 앞두고 있는데 작업 분량을 반도 못 끝냈을 때. 저는 특히 천천히 번역하는 편이라 그런 스트레스가 많은 편입니다.

번역 외에 한국영화에 대한 글도 많이 쓰시는데, 제가 경험한 바로는 달시 파켓 번역가님이 원고 마감을 늦게 해서 문제가 된 적은 없었어요.

옛날에는 그랬는데 (웃음) 갈수록 어려워요. 그때는 하루에 5~6시간 자고 계속 원고에 매달려 있었어요. 이젠 나이가 들어서 점점 어려워지는구나 합니다.

영화감독·촬영감독 같은 직군은 여러 사람과 함께하는 현장 작업이 중요한 반면, 영화번역가는 시나리오 작가와 비슷하게 혼자 일하는 시간이 많아요. 또 작업을 끝내더라도 컨펌 과정이 남아 있어서 내 선에서 완전하게 일이 마무리되진 않는다는 특성이 있습니다. 게다가 영화 시나리오의 경우 영화를 찍다가 고치는 일도 비일비재해서 그것들을 다 반영하는 것도 보통 일이 아닐 것 같아요.

맞아요. 봉준호 감독님은 시나리오와 완성된 영화가 큰 차이가 없죠. 아마 머릿속에 다 있어서 그렇겠죠. 하지만 영화에 따라서 끝까지 조금씩 조금씩 계속 바뀌는 경우도 있거든요. 그런 작품은 번역을 한 번 끝낸 다음에 또 하고, 또 하고 해서 몇 달 동안 계속 일하게 되기도 해요. 최종 편집본에서 바뀐 내용을 반영해야 하니까요.

> **"** 정확한 번역만큼이나 분량에 맞는 번역이 중요. 긴 대사 줄이기, 듣는 순서와 읽는 순서 조율 어려워. **"**

달시 파켓 님이 생각하는 좋은 번역 혹은 잘된 번역이란 무엇인가요?

자막 번역은 할 때마다 신경 쓸 부분이 달라요. 번역할 때 대사만 보면 안 되고 그 장면에서 무엇이 가장 중요한지, 감정이 중요한지 정보를 전달해야 하는지를 결정하는 과정이 필요합니다. 배우 연기도 계속 봐요. 소설 번역이 글을 옮기는 것이라면, 자막 번역은 연기를 번역한다고 말할 수도 있을 것 같아요. 특히 관객이 한국말을 몰라도 배우 얼굴을 보면 감정을 어느 정도 전달받을 수 있잖아요. 목소리, 몸의 움직임… 그래서 감정이 맞아떨어지면 좋은 번역이 되지만, 감정이 안 맞으면 한국말을 모르는 관객이 봐도 뭔가 안 맞는다는 느낌을 받게 됩니다.

한국영화가 영어로 번역되는 경우, 번역된 자막을 보는 사람들은 한국어를 전혀 하지 못하는 사람들일 가능성이 높습니다. 그러니 단순히 말을 번역하는 것 이상의 공이 들 수밖에 없겠네요. 보통 일이 아니겠는데요?

처음엔 어렵지만 계속 하면 조금씩 조금씩 쉬워져요.

단순히 '직역이냐 의역이냐'의 문제가 아니네요.

맞아요. 신마다 좀 달라요. 어떤 신에서는 직역하는 것도 좋고, 어떤 신에서는 완전히 다르게 번역하는 것도 좋고.

작업할 때 '아, 이 배우 연기는 번역하는 맛이 있다'고 느낄 때가 있나요? 연기가 확실하게 다가오면 번역하기가 쉬울 것 같은데요.

(웃음) 네. 사실 쉬운 배우보다는 어려운 배우가 있어요. (웃음)

누가 어렵나요?

조진웅 배우? 조진웅 배우 작품을 여러 편 번역했는데요. 조진웅 배우를 개인적으로 좋아하고 연기를 잘한다고 생각하는데 자세히 보면 말을 중간에 쉬지 않고 또 길게 이어지는 대사들이 꽤 있었어요. 긴 대사를 한 호흡으로 하는 거죠. 그런 대사를 번역하기가 어려워요. 중간에 나누기 어렵고, 많은 정보를 짧게 번역해야 해서 긴장하게 됩니다. 특히 어려운 작품 중 하나는 〈공작〉(윤종빈, 2017)이었어요. 전달해야 할 정보도 많았고요. 특히 해외 관객이 한국의 90년대 정치 상황을 잘 모르기 때문에 설명을 추가해야 하는 부분도 있어서 신경을 많이 썼죠.

한국 관객과 달리 영어로 〈공작〉을 보는 관객은 사전 지식이 없고 한국어로 된 자료들을 찾아보기도 어려우니까 배경 설명을 섬세하게 할 필요가 있었겠네요. 특별히 좋아하는 배우는 없나요? 번역하면서 연기를 볼 때.

송강호 배우를 굉장히 좋아합니다. 대사를 하는 스타일이 재미있고요. 말에 리듬감이 있어서 쉽지는 않지만 번역하는 재미가 있어요. 그런 느낌을 살리려고 많이 노력하고 잘되면 보람을 느끼죠.

> " 긴 대사 한 호흡에 하는 조진웅 배우 어려워. 말에 리듬감 있는 송강호 배우 어렵지만 재미있어. 느낌 살리려 노력. "

한국어만의 특징, 예들 들어 외국인들이 이해하기 힘든 '애먹었다' 같은 표현은 어떻게 번역하나요? 또 사투리나 한국만의 유머, 관용구 등을 번역할 때는 어떻게 하나요?

둘 다 어렵죠. 일단 문화적으로 특별한 표현은 다른 언어문화권에서 그걸 대체할 만한 똑같은 표현이 없으니까 어렵습니다. 그런 경우에는 '내가 작가라면' 어떤 말을 할지 생각해 보고, 가장 비슷한 것을 하나 선택합니다. 사자성어는 아무래도 좀 더 길게 설명하게 되죠. 사투리는, 사투리는…. (웃음)

영어의 경우 미국 남부 사투리를 부산 사투리로, 일본어의 경우 오사카 지역 방언을 부산이나 전라도 지역 사투리로 번역하기도 하더라고요. 하지만 지역색이라는 것도 있어서 그런 번역이 정확하게 일치하지는 않기 때문에 사투리를 번역하지 않는 경우도 많고요. 어떻게 하시나요?

저는 사투리를 번역하지 않기도 하는데, 항상 문제이기는 해요.

일본어는 한국어와 비슷한 점이 있어서 사투리를 옮겨도 느낌이 난다고도 하는데요, 영어로 하면 어떻게 해도 자연스럽지는 않아요. 그래서 저도 사투리가 많이 들어간 영화를 작업할 때마다 고민해요. 미국에서 대학 다닐 때 제가 좋아하던 교수님이 있었어요, 폴란드어를 영어로 번역하는 분인데, 최근에 만날 일이 있어서 사투리 번역 문제를 물어봤어요. 그 교수님 답은 "하지 마세요"였어요.

그래도 모든 사투리를 표준어로 번역하지는 않을 것 같은데요?

작은 마을에 사는 모든 캐릭터가 사투리를 쓴다면, 그들은 모두 보통 말로 얘기하는 셈이거든요. 그런 경우에는 잘 번역하진 않아요. 하지만 경상도 사람하고 전라도 사람이 대화한다면? 혹은 어떤 캐릭터가 평소에는 표준말을 쓰는데 스트레스를 많이 받을 때만 갑자기 고향 사투리로 얘기한다면? 이런 때는 어떻게든 뉘앙스를 옮길 수 있도록 하죠. 그런 때는 제가 할 수 있는 만큼 다 하려고 해요. 하지만 너무 노력하면 오히려 관객이 어색하게 느낄 수도 있을 것 같아서 적당한 선을 찾으려고 노력합니다.

번역하면서 가장 많이 고민했던 영화, 가장 기억에 남는 영화는 뭔가요?

앞서 얘기한 〈공작〉이 어려웠고요. 다른 사람 번역을 감수한 경우였지만 박찬경 감독의 다큐멘터리 〈만신〉(2014)도 어려웠어요. 한국 관객도 모르는 단어가 많았거든요.

〈공작〉과 〈만신〉은 한국 특유의 역사적 상황들을 짧은 자막 속에 담아야 했기 때문에 번역 작업이 어려웠다

| (왼쪽) 〈공작〉 제작: 영화사 월광·사나이픽처스, 배급: CJ엔터테인먼트
 (오른쪽) 〈만신〉 제작: 볼, 배급: 엣나인필름·CAN·더콘텐츠온

'이건 내가 생각해도 좀 센스가 있었다, 잘했다'는 번역이 있다면요?

(웃음) 한 문장만 얘기할게요. 〈히말라야〉(이석훈, 2015)에서 황정민 배우가 연기한 주인공 캐릭터가 밤늦게 집에서 소주를 마시는데 안주가 없어요. 아내가 방에서 나와서 주인공을 보고 "그냥 안주도 없이…"라고 해요. 다른 나라에서는 혼자 술만 마셔도 이상할 게 없거든요. 안주가 없어도요. 그래서 많이 고민하다가, 그것도 아주 짧은 대사라서 길게 번역할 순 없고 결국은 "At least eat something"(최소한 뭘 먹기라도 해)으로 번역했습니다. 의미는 다르지만 감정이 어느 정도 전달됐던 거 같아요.

많은 분들이 물어본 질문입니다. 고등학생으로서 영화번역가가 되기 위해 어떤 준비를 하면 좋을까요?

영화 번역도, 문학 번역도 결국 글이잖아요? 그래서 잘 쓰는 게 가장 중요해요. 잘 쓰려고 하면 아무래도 책도 많이 봐야 되고, 글도 많이 써야죠. 글을 잘 쓰는 사람이 그렇지 않은 사람보다 번역가가 되기는 더 쉬울 거예요.

영-한 번역의 경우 한국어는 모국어니까 영어만 잘하면 될 것 같지만 사실은 절대 그렇지 않고 영어 잘하는 것은 기본이고 한국말도 잘해야 한다고 하거든요. 한-영 번역도 한국말만 잘하는 게 아니라 영어를 어떻게

> 영화 좋아한다면 재미있게 할 수 있는 일. 글쓰기 좋아하는 사람에게 좋은 직업. 책 많이 보고, 글 많이 쓰면 도움될 것.

쓸지 고민을 많이 해야 할 것 같습니다. 마지막으로 영화 번역에 관심 있는 분들께 한 말씀해 주신다면?.

영화를 좋아한다면 정말 재미있게 할 수 있는 일입니다. 글쓰기를 좋아한다면 좋은 직업이 될 거고요. 책을 많이 보고 영화도 많이 보고 글도 많이 쓰면 도움이 되리라 생각합니다. 나중에 영화제에 가서 단편영화를 봤는데 재미있으면 감독님에게 직접 "영화 잘 봤습니다. 제가 번역하는 사람인데 나중에 도움 필요하면 연락 주세요" 이렇게 적극적으로 자신을 알리는 것도 도움이 될 거예요.

영화제에서 자막 번역하는 자원봉사자들을 찾기도 하니까요. 영화 번역에 관심을 갖고 입문하려는 분들은 그렇게 해보는 것도 좋은 기회가 될 수 있겠네요. ★

영화계 직업 탐구

우리가 영화를 만듭니다

2021년 12월 31일 초판 1쇄 발행
2024년 12월 31일   2쇄 발행

지은이 | 김혜선 · 이다혜
엮은이 | 한국영상자료원
펴낸이 | 노경인 · 김주영

펴낸곳 | 도서출판 앨피
출판등록 | 2004년 11월 23일
주소 | 우)01541 경기도 고양시 덕양구 향동로 218
        (향동동, 현대테라타워DMC) B동 942호
전화 | 02-710-5526   팩스 | 0505-115-0525
블로그 | blog.naver.com/lpbook12
전자우편 | lpbook12@naver.com

ISBN 979-11-90901-72-7